PER J. ANDERSSON

Vom Elefanten,
der das Tanzen lernte

MIT DEM RUCKSACK
DURCH INDIEN

*Aus dem Schwedischen übersetzt
von Susanne Dahmann*

C.H.BECK

Mit Vignetten von Shutterstock

Teile dieses Buches erschienen unter dem Titel
«Moderna Indien» © Alfabeta Bokförlag, 2006
bzw. als «Indien. Elefanten som började dansa» © Bilda Förlag, 2007
Published by agreement with agentur literatur
gudrun hebel, Berlin.

Mit einer Karte © Peter Palm, Berlin

© Verlag C.H.Beck oHG, München 2019
Umschlaggestaltung: Geviert, Grafik und Typografie, Katharina Fusseder
unter Verwendung von Motiven von Shutterstock
Satz: C.H.Beck.Media.Solutions, Nördlingen
Druck und Bindung: GGP Media GmbH, Pößneck
Gedruckt auf säurefreiem, alterungsbeständigem Papier
(hergestellt aus chlorfrei gebleichtem Zellstoff)
Printed in Germany
ISBN 978 3 406 73160 0
www.chbeck.de

Inhalt

Vorwort

Es begann alles mit einem Hin- und Rückflugticket mit der Aeroflot von Stockholm nach Neu-Delhi im Jahr 1983. Im Radio liefen Bowies *Modern Love* und Nenas *Neunundneunzig Luftballons*, und ich war 21 Jahre alt. Auf dem Rücken hatte ich einen grünen Rucksack, in der Hand ein Heft mit Reiseschecks und im Kopf tausend Erwartungen und Befürchtungen.

Diese erste Indienreise dauerte fünf Monate. Ich machte mich mit einem leeren Blatt auf den Weg und kam … ja, wenn nicht mit einem fertig geschriebenen Buch, so doch zumindest mit einem vollgekritzelten Notizblock zurück, der unbedingt in Erzählungen verwandelt werden musste. Seither bin ich im Grunde jedes Jahr wieder nach Indien zurückgekehrt und habe für schwedische Zeitungen über das Land geschrieben. Ich bin wie besessen davon, den westlichen Lesern Indiens ungeheure Vielfalt von widersprüchlichen Eindrücken zu beschreiben.

Ende der 80er Jahre war ich Mitbegründer des Reisemagazins *Vagabond*, das viele meiner Indienreportagen veröffentlicht hat, und ich arbeite immer noch zeitweilig als Redakteur dort. Seit der Jahrtausendwende habe ich als freier Journalist unter anderem auch für die Kulturbeilage von *Dagens Nyheter*, einer der größten schwedischen Tageszeitungen, gearbeitet sowie für das Kulturprogramm *Obs* im Schwedischen Radio, habe für die schwedische Nachrichtenagentur TT über die indischen Parlamentswahlen berichtet und mehrere Reiseführer und Reportagebücher über das Land herausgegeben, wie zum Beispiel *Moderna Indien* («Modernes Indien») 2006 und *Indien – personlig guide* («Indien – ein persönlicher Reiseführer») 2007. Auch meine zwei letzten Bücher *Vom Inder, der mit dem Fahrrad nach Schweden fuhr, um dort seine große Liebe wiederzufinden* (2015) und *Vom Schweden, der die Welt einfing und sie in seinem Rucksack nach Hause brachte* (2018) handeln zu großen Teilen von Indien.

Mein Interesse für dieses Land mag einem vielleicht etwas schräg vorkommen. Aber warum? Jeder siebte Mensch auf der Erde ist Inder. In naher Zukunft wird Indien die zweitgrößte Volkswirtschaft der Welt sein. Und dann wird es umfassenderen politischen Einfluss auf der internationalen Bühne einfordern. Ob wir wollen oder nicht – wir können sicher sein, dass wir von diesem Land in den kommenden Jahrzehnten sehr viel mehr hören werden. Für meine Kinder und Enkelkinder wird das bald bevölkerungsreichste Land der Welt nicht mehr so anonym sein, wie es für meine Generation war.

Indien wird von den Medien immer noch stiefmütterlich behandelt. In Europa sind es nur mehr die Briten, die mit ihrer Vergangenheit als Kolonialherren eine lange Tradition haben, sich für dieses kunterbunte Riesenland in Asien zu interessieren.

Es ist an der Zeit, das zu ändern. Auch die anderen Länder Europas müssen ihren Blick in das Land der aufgehenden Sonne richten.

1. Wie Indien mein Herz eroberte und mir auch im Herzen blieb

Indien ist ein Angriff auf alle Sinne. Farbenfrohe Götterstatuen aus Pappmaché und Stroh, die durch die Stadt getragen werden, während Feuerwerk den Abendhimmel erleuchtet. Tanzende Hochzeitsgäste vor einem weißen Pferd, das vom Bräutigam geritten wird, der einen roten Turban und ein langes, silbern besticktes Hemd trägt. Der Duft von Räucherstäbchen, Holzfeuern und Currypfannen. Das Klingeln von hinduistischen Tempelglocken und muslimische Gebetsrufer.

Als ich 1983 im Alter von 21 Jahren zum ersten Mal nach Indien kam, war ich zunächst neugierig erstaunt, dann hingerissen. Nichts erinnerte dort an die Welt, die ich gewohnt war. Vor dem Flughafen von Neu-Delhi sah ich auf dem Parkplatz ein Meer von Autos – nicht weiter verwunderlich, wären sie nicht allesamt vom selben Fabrikat gewesen, nämlich dem Hindustan Ambassador, mit einer Karosserie, die eine exakte Kopie des Morris Oxford von 1954 war. Ich war nicht nur nach Osten gereist, sondern auch zurück in der Zeit. Das Design von eigentlich allem, was ich sah, erinnerte mich an meine eigene Kindheit. Im Kiosk, in den ich ging, um ein kaltes Getränk zu kaufen, gab es keine westlichen

Limonademarken, die wurden nirgends in Indien verkauft, stattdessen bekam ich eine eiskalte Camp Cola *Make in India* in die Hand. Und die schmeckte ja auch gut. Westliche Moden und Produkte waren abwesend. In den Geschäften und auf den Basaren sah man eigentlich ausschließlich indische Waren. In den Kinos wurden nur indische Filme gezeigt. Im Radio wurde ausschließlich indische Musik gespielt. Im Fernsehen gab es nur indische Programme.

Wenn ich vor meiner Abreise mehr gelesen hätte, dann hätte ich gewusst, dass Indien, was die globalen Markenartikel und den westlichen Kulturimperialismus anging, ein weißer Fleck auf der Karte war. Indien hatte seit der Unabhängigkeit von den Briten 1947 getreu dem Rezept von Mahatma Gandhi auf Selbstversorgung gesetzt. Nur indem man selbst alles produzierte, was man zum Leben benötigte, so die Überlegung, konnte man sich von der kolonialen Vergangenheit und den imperialistischen Strukturen lösen und wirklich frei werden.

Auf den Straßen in den Städten wanderten viele bucklige Kühe mit bunt bemalten Hörnern herum. In den Straßenecken saßen in weiße Gewänder gewickelte Männer und servierten Tee aus großen, verbeulten Aluminiumkannen. In den Dörfern schritten Frauen in roten und gelben Saris mit Wasserkrügen auf den Köpfen. Ja, das war wirklich eine andere Welt für einen 21-jährigen Schweden, der mit geordneter Wohlfahrt in einem Reihenhaus am Rande von Västerås aufgewachsen war.

Meine Nase sog eine Duftmischung aus Rauch von brennendem Holz, stockigem Abflusswasser, Räucherstäbchen, Tageteskränzen und merkwürdigen Kräutermischungen ein. Damals konnte ich die Bestandteile des Duftes allerdings noch nicht benennen. Ich fand nur, dass es anders roch.

Als ich am allerersten Tag mit zitternden Knien mein Hostel verließ und direkt in das indische Gewimmel geriet, merkte ich, wie mich die Menschen mit unverstellter Verwunderung ansahen. Sie taten gar nichts, um ihren Gesichtsausdruck zu verbergen, und ich meinte in ihren Blicken lesen zu können, was sie spürten, wenn sie mich sahen (Erstaunen, Neugier ...). Ich sah Männer mit dicken Backen, die frenetisch kauten und hin und wieder Kaskaden von roter Spucke ausspien. Blut!, dachte ich erschrocken, bevor ich in einem Reiseführer, den ich von einem Reisenden im Indian Coffee House auslieh, las, dass ihr Speichel vom Saft der *Paan*-Blätter und Betelnüsse gefärbt war, die wegen ihrer stimulierenden Wirkung gekaut wurden.

Ich sah Kioske, die Chinos, Shampooflaschen und Zigaretten von Marken verkauften, von denen ich noch nie gehört hatte. Und ich saß auf Holzbänken an kleinen Feuerstellen aus zusammengefügten Ziegelsteinen und trank süßen Tee mit warmer Milch aus roten, ungebrannten Lehmbechern. Ich sah vollbeladene Karren, die von Büffeln gezogen wurden, und Busse, die auf abgenutzten Ballonreifen rollten, Gitter vor den Fenstern hatten und an denen Menschentrauben aus den offenen Türen hingen, während das Gefährt schwarzen Dieselqualm aus dem Auspuff stieß. Überall Konstruktionen kurz vor dem Zusammenbruch: keuchende, rasselnde, dröhnende, klappernde Blechmonster, die wirkten, als würden sie nur von einer einzigen zentralen Schraube zusammengehalten. Ich dachte mir: Wenn sich diese eine Schraube lockerte, dann würden Indiens Straßen von Haufen rauchenden Eisenschrotts und verbrannten Gummis gesäumt sein.

Ich grübelte darüber nach, was das, was ich alles sah, eigentlich bedeutete. Meine Eindrücke waren schwer zu deuten. Drei weiße Striche auf einer Stirn, Kühe mit einem rot und einem blau bemalten Horn, ein fülliger Frauenbauch, der ohne Scheu in der Lücke zwischen verschiedenen Sari-Schichten hergezeigt wurde, weißer Baumwollstoff, um Hüften gewickelt und über schmale Männerbeine herunterhängend. Hohe dunkelblaue Turbane, üppige hennagefärbte Bärte, Männer in der Hocke, die ewig lang an kleinen, erdbraunen, tütenförmigen Zigaretten zogen, die nach verbranntem Gartenkompost rochen, zuckende und rollende Kopfbewegungen, als wäre der Kopf mit einem überbeweglichen Kugellager befestigt, Bewegungen, von denen ich nur schwer entscheiden konnte, ob sie ja oder nein oder nur «ich höre, was du sagst» hießen.

Und dann die Religion. Man musste die Schuhe ausziehen und sich mit nackten Füßen auf dem kalten Steinfußboden dem Gott nähern. Man hörte klingelnde Glocken, sah Hände im Lotusgruß und Steinchen mit brennenden Feuern, die in magischen, S-förmigen Bewegungen vor vielarmigen Göttern mit Rüsseln verschüttet wurden; man spürte fast das Kitzeln des Räucherwerks und des schweren, süßen Blumenduftes. Wie seltsam, dachte ich.

Vor den Schaltern am Bahnhof ringelten sich Schlangen von Männern, ausschließlich Männern. Brust an Rücken, Atem im Nacken, so als gebe es keinen Millimeter Privatsphäre. Jedes Paar Füße das Glied eines riesigen Tausendfüßlers. Dort standen, wie mir schien, nicht Hunderte von eigenständigen Individuen, sondern ein einziger Leib, ein indischer Körper, der erstaunliche Bewegungen machte.

Manchmal verlor ich die Geduld und schrie Taxifahrer, die zweideutig mit dem Kopf wackelten, an. Oder den Touristenstalker, der mich nicht in Ruhe lassen wollte, oder die Männer in den Schlangen, die nicht merkten, dass ich dort stand und um das kleinste bisschen Bewegungsfreiheit kämpfte. Natürlich hätte ich nach Hause reisen und nie wiederkommen können, hätte mein Leben in Europa weiterleben und an Indien als etwas Anderes, Furchterregendes und Beklagenswertes denken können, das fast nicht zu verstehen war. Hoffnungslos anders und exotisch und deshalb nicht der Mühe wert.

Vielleicht herrscht in China ein wenig mehr Ordnung, dachte ich. Vielleicht sollte ich Indien verlassen und stattdessen dorthin reisen. Also ging ich in ein Reisebüro und fragte, was ein Flugticket nach Peking kosten würde. Als ich eine Antwort bekam, drehte ich auf dem Absatz um und kehrte in das chaotische indische Leben zurück. Das konnte ich mir wenigstens leisten.

Doch nach ein paar weiteren Reisewochen erkannte ich, dass sich eigentlich alle meine Erwartungen nach und nach erfüllten. Ich hatte schließlich woandershin reisen wollen, weg von der durchorganisierten Welt zu Hause in Europa, wo der nächste Tag bereits im Kalender geplant ist. Das Leben in Indien, so dachte ich, kam dem Leben auf einem anderen Planeten so nah, wie man ihm auf dieser Erde kommen konnte. Und Indien war voller Eingebungen, Überraschungen, Aha-Erlebnisse und Geheimnisse. Ich war am richtigen Ort angekommen. Jetzt hieß es nur noch, die Eindrücke aufzunehmen. Meine Güte, ich konnte ja wohl kaum erwarten, dass ich schon nach wenigen Wochen alles verstand. Aber ich konnte zumindest aufhören, gegen alles anzukämpfen, und dann mal sehen, was passierte.

Der Kulturschock ließ ab dem Moment nach, in dem ich es wagte, auch mit anderen Menschen als Kellnern, Taxifahrern und Youth-Hostel-Angestellten zu reden. Ich wollte im Laufe des folgenden halben Jahres den indischen Subkontinent durchqueren und die Orte sehen, die Indienreisende normalerweise sehen wollen, was vermutlich nicht die beste Art ist, ein Land kennenzulernen. Meinen Weg zum richtigen Indien und weg vom Touristen-Indien fand ich dann aber in meiner Art zu reisen: mit den indischen Zügen. Es ist der Fluch eines Rucksacktouristen, dass es einen an Orte zieht, wo man hauptsächlich andere Reisende trifft. Doch es ist ein Segen für den Rucksacktouristen, dass er sich die gecharterten Touristenbusse oder Flugzeuge nicht leisten kann, sondern zweiter Klasse zusammen mit der Durchschnittsbevölkerung des Landes im Zug fahren muss.

In den Abteilen der indischen Züge begegnete ich einer anderen Art Menschen als denen, die ich in den ersten Wochen in Neu-Delhi abzuschütteln versucht hatte. Hier traf ich Menschen, die *nichts* verkaufen, mich nicht gegen Bezahlung durch die Stadt führen oder mich in den Lebensmittelladen ihrer Cousins locken wollten. In den Zügen geriet ich stattdessen mit neugierigen Indern der Mittelschicht in lange Gespräche über das Leben in dem fremden Land. Die Menschen, denen ich begegnete, waren Lehrer, Studenten und Staatsangestellte, Bankleute, pensionierte Militärs und literaturinteressierte Hausfrauen. Wir saßen stundenlang und sprachen über Aussaat, Feldfrüchte, Bollywoodfilme und skandinavische Freizügigkeit, boten einander Erdnüsse und Bananen an und tranken Tee und Sodawasser, während wir an verbrannter roter Erde und gelben Weizenfeldern vorbeifuhren, durch grüne Gummiplantagen rauschten und auf Brücken über breite Flüsse donnerten.

Es gab so viel Allgemeinmenschliches, über das man reden konnte. Eine Erkenntnis war, dass die größte Gemeinsamkeit weder mit Ethnien noch mit Religion zu tun hat, sondern mit Klassenzugehörigkeit und Ausbildung. Die Träume, Werte und Ideen, die mir begegneten, glichen keineswegs immer meinen, doch sie wurden zumindest auf eine Weise und in einer Sprache ausgedrückt, dass ich sie halbwegs nachvollziehen konnte. Das genügte, um mir und meinen neuen indischen Zufallsbekanntschaften aus dem Zug das Gefühl zu geben, dass wir immerhin auf demselben Planeten lebten und dass es deshalb mehr Verbindendes als Trennendes zwischen uns gab.

Das war einfach phantastisch! Ich war in Bewegung und hatte doch die ganze Zeit irgendwen, mit dem ich reden konnte, in einer Sprache, die ich verstand. Andere mutige Reisende, die ich in den einschlägigen Cafés und Hostels traf, hatten als Volontäre in den Kinderheimen von Mutter Theresa gearbeitet oder sich in einem heruntergekommenen Dorf niedergelassen, um konkret etwas gegen die Armut unternehmen zu können. Ich aber blieb Tourist, oder Reisender, wie ich es lieber nannte, und wurde im Laufe der Zeit immer abhängiger von diesen indischen Mittelschicht-Fremdenführern in Zügen (und manchmal in Bussen und auf Fähren), die mich an dem pittoresken, dem touristischen Indien vorbei in den indischen Alltag entführen konnten.

Der indische Zug rollte weiter. Langsam, aber beharrlich. Der Staub wirbelte durch die mit Gittern versehenen Fenster, und die sinkende Sonne sah an dem fremden Horizont aus wie eine Tomate mit verwischten Konturen. Die ziegelsteinroten Waggons mit grünen Kunststoffsitzen trugen mich über die Ganges-Ebene, die Westghats und das Hochland von Dekkan, durch die Indische Wüste hinauf in den Himalaya und im Herzen unbekannter Städte vorbei an wimmelnden Bahnsteigen, von denen ein Lärm aus unbekannten Sprachen aufstieg – bis hin zu der «nicht-indoktrinierten Ungezähmtheit der Sinne, voller unbekannter Geheimnisse und wilder Vorstellungen», wie die Schriftstellerin Arundhati Roy es ausdrückte.

Das andere, das mich erst lockte und dann schockierte, begann nun durch meine Poren zu sickern und Teil meiner selbst zu werden. Das erste, kalte Entsetzen war verschwunden und durch Freude, Vertrauen, Wärme ersetzt. Ich war gefangen und musste erkennen, dass ich begonnen hatte, Indien zu lieben.

Diese Liebe ist trotz der 35 Jahre, die seit meiner ersten Reise vergangen sind, nicht verblasst. Aber es war natürlich auch keine völlig unproblematische Liebe, sondern sie ist vielmehr durch einige tiefe Krisen gegangen. Ich war extrem verärgert und wütend, manchmal außer mir vor Zorn über alles, was so schlecht funktionierte, ich war sauer über den ganzen Betrug und das

Blendwerk, die Korruptionsskandale, den Aberglauben, die abgrundtiefen Klassenunterschiede und harten Lebensbedingungen und nicht zuletzt über all die Mittelschichtmenschen, die schweigend die Ungerechtigkeiten akzeptierten und sich nur dafür zu interessieren schienen, wie sie sich selbst bereichern konnten.

Im Grunde bin ich jedes Mal, wenn ich Indien besuchte, mit dem Gefühl nach Hause gereist, dass ich von dem Land die Schnauze voll habe, um dann zu Hause nach wenigen Wochen wieder Sehnsucht zu verspüren. Intensiv und glühend. Und so ist es geblieben. Jedes Mal, wenn wir uns sehen, stellt sich auch die Wut ein, doch ebenso die Sehnsucht nach der Rückkehr. Indien ist ein Teil meiner selbst geworden. Und mit diesem Buch möchte ich Indien auch zu einem kleinen Teil von Ihnen machen.

2. Es heißt nicht Mumbai

Ich blicke aus dem Fenster des Spice-Jets, der zur Landung auf
dem Flughafen von Bombay ansetzt. Die Regenwolken hängen
schwer über Hochhäusern, Slums und waldbedeckten Hügeln.
Das Flugzeug beschreibt eine Kurve über dem Indischen Ozean,
um auf der schmalen Halbinsel zu landen, auf der Indiens größte
Stadt liegt. Da sagt der Mann neben mir, der sich zu Beginn des
Fluges als «Mister Cucu Godhwani, Geschäftsmann aus Bombay»
vorgestellt hat:

«Stellen Sie sich einen Käfig von einmal einem Meter vor. Sie
sperren eine Ratte in den Käfig und geben ihr täglich ein Kilo
Fressen.»

Ich nicke, denn er ist dabei, eine Art Gleichnis zwischen einem Rattenkäfig und seiner Heimatstadt zu entwickeln.

«Ein Kilo Fressen ist viel für eine Ratte, und sie frisst sich dick
und fett», fährt er fort. «Dann lassen sie eine weibliche Ratte dazu,
sie paaren sich und bekommen Junge, die ihrerseits groß werden,
sich paaren und Junge bekommen. Jetzt haben Sie Hunderte von
Ratten in dem Käfig. Doch es gibt immer noch nur ein Kilo Fressen, und der Käfig bleibt einmal einen Meter groß. Was passiert
dann? Ist doch klar, sie fangen an, sich um Futter und Raum zu
streiten.»

«Genau so», meint Cucu Godhwani, «ist Bombay.»

Wir teilen uns ein Taxi, weil wir in dieselbe Richtung wollen – ich in ein Hotel in Colaba und er in seine Wohnung in Malabar Hill. Der Verkehr fließt zäh auf dem Mahim Causeway, der Straße, die den größten Slum Asiens mit den Mittelklassevororten Andheri und Bandra verbindet, wo die meisten Bollywoodstars leben. An den Ampeln verkaufen barfüßige Slumjungen *The World is Flat* – die Streitschrift des Amerikaners Thomas L. Friedman für Globalisierung – an wohlmeinende Autofahrer. Es ist, als versuchten die Verlierer des Wirtschaftssystems die Gewinner von der Vortrefflichkeit der Globalisierung zu überzeugen.

Cucu Godhwanis Leben vereint alle Seiten Bombays: Er betreibt eine Lederfabrik im Slum Dharavi, und sein Zuhause liegt im vornehmsten Viertel auf dem Malabar Hill.

«Fühlt sich das nicht schizophren an, täglich zwischen diesen beiden Extremen zu wechseln?», frage ich.

«Nein», antwortet Cucu und beschreibt einen anderen Widerspruch: «Bombays Enge ist die Ursache ständiger Konflikte, doch alle, die Armen wie die Reichen, haben eins gemeinsam, das uns zu Brüdern und Schwestern macht: die Hoffnung, das Glück einzufangen.»

Deshalb ist Bombay im Alltag eine funktionierende Multikultur mit erstaunlich niedriger Kriminalitätsrate, während gleichzeitig die Frustration über die Unzulänglichkeiten des Lebens das wilde Tier plötzlich wecken kann.

Das geschah vor nicht langer Zeit. Bombay war für seine tolerante Harmonie bekannt, während im restlichen Land hin und wieder religiöse Streitigkeiten aufflammten. Doch im Winter 1992 verlor die Stadt ihre Unschuld. Die Krawalle wurden ausgelöst, als in der nordindischen Stadt Ayodhya – nach dem Hindu-Epos Ramayana das Reich von König Rama – eine Gruppe Hindu-Nationalisten eine alte Moschee zerstörte. Die armen

Muslime in den Slums von Bombay stürzten sich daraufhin auf ebenso arme Hindus, die wiederum einen zornigen Mob versammelten, der Muslime verfolgte und verbrannte. Die hindu-fundamentalistische Partei Shiv Sena («Shivas Armee»), die seit den 8oer Jahren den Kommunalrat in Bombay bestimmte, wurde beschuldigt, die antimuslimischen Stimmungen angeheizt zu haben. Die muslimische Mafia, die bis dahin lediglich säkular agiert und Verbrechen nur der Beute wegen, aber nicht aus religiösen Gründen begangen hatte, schritt nunmehr zur Tat, um die Ehre der Bombay-Muslime zu retten. Eine Reihe von Bombenattentaten wurde gegen Symbole des modernen Indiens verübt: das Hauptkontor von Air India, ein Luxushotel am Flugplatz und den Wolkenkratzer der Börse.

Als der Zorn verraucht und die Feuer in Bombay heruntergebrannt waren, kehrte wieder Normalität ein. Mit einem Gebet an diverse Götter, dass so etwas nie wieder geschehen möge, wurde das friedliche Zusammenleben wiederhergestellt. Am Tag nachdem der hinduistische Mob getobt hatte, waren über 200 indische Freiwilligenorganisationen im Slum vor Ort. Seite an Seite: Geschäftsmänner und Tagelöhner, Muslime, Hindus, Christen und Parsen. Eine Manifestation der Einheit. Denn so funktioniert Bombay, wo die Menschen nach Krawallen oder Bombenattentaten nicht wegrennen, um sich in Sicherheit zu bringen, sondern in das Zentrum der Ereignisse oder Explosionen gehen, um den Betroffenen zu helfen.

Ich denke, vielleicht stimmt doch, was der Schriftsteller Victor Hugo behauptete: dass alle Großstädte schizophren sind.

Cucu Godhwani, der Hindu ist, war auch dort, um betroffenen Muslimen zu helfen. Er sagt, niemand, nicht einmal die schlimmsten Hindu-Chauvinisten, hätte gewollt, dass die Sache derart aus dem Ruder läuft. Im nächsten Atemzug fügt er aggressiv hinzu, wenn die Muslime in ihren Theokratien im Nahen Osten sich weigern, andere Religionen zu tolerieren, warum sollte dann Indien seine 180 Millionen Muslime akzeptieren? Und entwickelt ein Zukunftsszenario, das mir eine Gänsehaut über den Rücken jagt: ein dritter Weltkrieg, auf der einen Seite die Diktaturen dieser Welt mit Muslimen und Chinesen, auf der anderen die Demokratien der Welt mit dem Westen und den Hindus.

Dann sprechen wir, was wie ein absurder Beweis für Victor Hugos These von der schizophrenen Megastadt klingt, darüber, was für ein phantastisch toleranter Ort Bombay trotz allem ist.

Bald werde ich mich auf eine Reise durch ganz Indien begeben, doch ein wenig verweile ich noch in der Stadt, die mich unablässig fasziniert, weil sie so voller Toleranz, Energie, Luxus, Flair und Armut ist. Man fühlt sich auf den Straßen sicher, die Bewohner von Bombay sind, wenn sie nicht zu gestresst sind, oft zuvorkommend. Als ausländischer Besucher begegnet man lächelnden Gesichtern, neugierigen Fragen und macht leicht neue Freunde. Es gibt jede Menge phantastische Restaurants, Cafés, Dachterrassen mit Bars und einem Blick auf das Arabische Meer, Eisbuden mit erstklassigem italienischem Eis, coole Clubs und schöne Art-déco-Kinos. Die Kunstgalerien sind renommiert, die Diskussionen in den Cafés sind spannend, und es ist herrlich, zusammen mit Hunderten schneller Bombay-Bewohner in schicken Sportklamotten am frühen Morgen entlang der Strandpromenade des Marine Drive – oder der Netaji Subhash Chandra Bose Road, wie ihr neuer Name lautet – zu joggen. Kurz gesagt: Man kann in Bombay eine wunderbare Zeit verleben.

Doch auf dem Bürgersteig vor dem Restaurant sitzt eine Familie und späht in den klimatisierten, lichterglitzernden Salon, riecht den Duft von Essen, verspürt Sehnsucht. Bettelt die satten Gäste an, die in die heiße, feuchte Nacht hinaustreten. Verflucht ihr Unglück, weint, fleht, baut Luftschlösser. Und so ist es in der gesamten Stadt: Reichtum und Armut, Seite an Seite und ohne Zäune dazwischen.

Im Herbst, wenn der Monsunregen aufgehört hat, sind die Abende heiß. Wenn die Nachmittagsbrise vom Meer eingeschlafen ist, kommt einem die feuchte Luft zwischen den verfallenden, abblätternden Villen der letzten Jahrhundertwende wie eine Wolldecke in einer Dampfsauna vor. Mein Körper fühlt sich wie ein frisch gebackener Zuckerkuchen an, das Gehirn wie ein frisches Soufflé, dampfend, zitternd. Das Wasser im Rinnstein schimmert wie Öl im gelben Schein der Straßenlaternen. Die Obdachlosen wälzen sich auf ihren Nachtlagern aus Karton. Der Asphalt klebt. Die Hunde jaulen und knurren hinter den Mülltonnen, die oft süßlich nach Verwesung riechen.

Doch an diesem heißen Oktoberabend und an vielen anderen Abenden am Meer in Bombay spürt man, wie die Verzweiflung von Hoffnung übertönt wird. Der flehende Blick der Bettler in den Gassen vergeht, und ihre heiseren, kaum hörbaren Rufe verklingen. Die Reklameschilder werden eingeschaltet. Der Abend erleuchtet, ein Widerschein der reichen Welt. «Intel». «Titan». «Microsoft».

Das Knattern von Mopeds auf dem Colaba Causeway; das Surren der Klimaanlagenkästen vor den Büros auf der Henry Road; Murmeln und Gläserklirren von Leopold's Restaurant; die Musik aus der CD-Jukebox im Café Mondegar. Jetzt höre ich deutlich: Queens *Bohemian Rhapsody*. In der verrauchten Luft des fast voll besetzten Pubs dann «Mamma Mia, Mamma Mia» – hinten zwischen den dunkel gebeizten Holztischen auf dem abgenutzten Steinfußboden. Ich bleibe stehen, sehe an den Wänden zu den ewig kreisenden Deckenventilatoren empor. «Salaam Bombay!» («Hallo, Bombay!»). An der Längswand die von den 50er Jahren inspirierten Strichzeichnungen des aus Goa stammenden Illustrators Mario Miranda, die fröhliche, verrückte Menschen darstellen, die essen, trinken und sich vergnügen. An der Bar gibt es London Pilsner, Kingfisher und San Miguel. In der Ecke der Fernseher, wo die aktuelle Folge dieser Woche von *Kaun Banega Corepati? («Wer wird Millionär?»)* läuft. Der Moderator schaut einen der Kandidaten, einen Sikh in blauem Turban und mit einer Brille mit dünnem, intellektuell anmutenden Metallgestell, forschend an: «In welchem der folgenden Züge kann man reisen, ohne reserviert zu haben? Palace on Wheels, Rajdhani Express, Chennai Mail ...»

Der Kandidat antwortet korrekt und klettert auf 10 000 Rupien.

Die Halbinsel, auf der Bombay liegt, war ursprünglich eine von einem Fischervolk namens *Kolis* bewohnte Inselgruppe. Die Portugiesen fanden, die Bucht sei gut geeignet, um einen Handelsplatz anzulegen, und nannten sie *Bom Bahia*, die schöne Bucht. Im 17. Jahrhundert kamen die Inseln in die Hände der Briten, und der Name wurde zu Bombay.

1996 beschloss die Shiv Sena, diese kosmopolitische und ansonsten so tolerante Stadt Bombay in Mumbai umzutaufen. Das ist Marathi, die lokale Sprache im Bundesstaat Maharashtra, dessen Hauptstadt Bombay ist und in dem die hinduistisch-nationalistische Partei der Shiv Sena aktiv ist. Der Name Mumbai soll von der hinduistischen Göttin Mumba stammen, die wiederum von den *Kolis* angebetet wurde.

Viele Gruppen in Bombay – Christen, Parsen, Jain, Muslime und nicht zuletzt die Immigranten aus Südindien – weigern sich auch heute noch, den neuen Namen zu akzeptieren. Sie vermuten darin nämlich den Versuch einer ethnischen Gruppe, die hier zuerst wohnte (die «Söhne und Töchter der Erde», die Maratherna), die Stadt auf der Halbinsel im Arabischen Meer für sich zu reklamieren.

«Ich weigere mich, Mumbai zu sagen. Es heißt Bombay», sagt Armin Wandrewala in scharfem Ton und schaut durch das wilde Haar, das ihr vor den Augen hängt.

Wir treffen uns an einem ungewöhnlich heißen Oktobertag in ihrem schuhkartonähnlichen Büro mit klaustrophobisch niedriger Decke, das zwischen zwei Etagen eingebaut ist, als stamme es aus dem Film *Being John Malkovich*. In den schmalen Korridoren und auf den engen Treppen riecht es nach gebratenem Fisch vom Café Mondegar im Erdgeschoss. Zwischen Papierstapeln und dem Computer auf ihrem Schreibtisch wandert eine Kakerlake, die sie erfolglos mit einem Papier zu fangen versucht.

«Wer Mumbai sagt, verleugnet die kosmopolitische Atmosphäre der Stadt. Es ist unmöglich, Bombay zu einer homogenen Stadt zu machen. Bombay hat schon immer alles und alle akzeptiert – das ist unser größtes Problem und unser kostbarster Schatz.»

Armin Wandrewala ist wie die Stadt, in der sie wohnt, eine Mischung aus mehreren Kulturen. Ausländerin und Einheimische, exotisch und heimatverbunden zugleich. Sie gehört den Parsen an mit ihrem Glauben an den zoroastrischen Gott, hat Vorfahren, die ursprünglich aus dem Iran stammen, die aber, als der Islam stärker wurde, nach Osten und nach Gujarat in Indien flohen. Als Armin klein war, zog die Familie nach Bombay.

Sie müsste sich eigentlich fühlen wie eine Einwanderin ohne Wurzeln, aber dennoch sagt sie, Bombay sei ihre Vergangenheit, Gegenwart und Zukunft. Ihr Leben kreiste lange um das Zuhause im Mittelklasseviertel Malabar Hill und die Arbeit in dem ethnisch und sozial problematischen Hafenviertel Colaba. Sie ist ein Kind ihrer Stadt: beschäftigt, gestresst, viele Eisen im Feuer und leidenschaftlich verliebt in die Stadt, die sie mit geschaffen hat.

«Ich habe etwas beschlossen», verkündet sie, als wir da in ihrem Büro sitzen und schwitzen.

Armin Wandrewala sucht die Kakerlake, die sich hinter der Tastatur verkrochen hat.

«Aufgrund meines crazy Lebensstils habe ich beschlossen, keine Kinder zu haben.»

Armin und ihr Mann sind beide Juristen. Ihre Büros liegen nebeneinander im selben Haus. Jeden Morgen verlassen sie gemeinsam gegen acht Uhr ihr Zuhause, arbeiten den ganzen Tag, essen dann in den Cafés im Viertel um das Büro mit Freunden und fahren nach Hause, um gegen halb elf Uhr am Abend schlafen zu gehen. Sicherheitshalber, falls sie einmal Überstunden machen muss – «ich wohne ja praktisch bei der Arbeit» –, hat sie einen Schrank, ein Bett und einen Schminktisch in ihrem winzigen Büro.

Im Büro kümmert sie sich nicht nur um ihren Job als Juristin mit dem Spezialgebiet Zivil- und Unternehmensrecht, sondern schreibt auch Krimis.

«Das nächste Buch wird in einem Monat fertig sein», sagt sie und schiebt ein paar Papierstapel beiseite, um Platz für das verbeulte Blechtablett zu machen, auf dem Kaffee in weißen Porzellantassen und kleine süße Kuchen stehen.

Sie erzählt, dass sie die Inspiration für ihren nächsten Krimi durch die Forschung bekommen hat, die Professor Olle Lindvall am Institut für Klinische Neurowissenschaften an der Universität Lund in Schweden geleistet und wo er untersucht hat, wie man mit Gehirnzellen von abgetriebenen Föten Parkinson heilen könnte. Armin Wandrewala hat die Globalisierungsdebatte in die Kriminalintrige eingearbeitet: Arme Frauen in Bombay werden schwanger, um ihren Fötus an die wissenschaftliche Forschung im Westen verkaufen zu können. Die Frage ist: Wer besitzt das Patent aufs Leben?

Sie schiebt sich die langen Haare aus dem Gesicht, um sehen zu können, und sucht eifrig nach früheren Krimis, die auf ihrem

Schreibtisch unter hohen Stapeln von Laserausdrucken versteckt
sind.

«Ich arbeite und schreibe sieben Tage die Woche. Nein, stimmt
nicht, sonntags fahren wir ein paar Stunden später ins Büro.»

Ist es denn nicht gefährlich für eine Mittelschicht-Frau, in einer Stadt zu leben, in der zwei Drittel der Bevölkerung in Bruch-
buden und Kartons leben und kaum genug zu essen haben?

«Als Frau in Bombay herumzulaufen ist sehr sicher», sagt sie.
«Kein Problem. Auf der ganzen Welt gibt es keinen so sicheren
Ort.»

An einem Dezembertag zwei Jahre später, als die Meeresbrise
angenehm lauwarm ist, stehe ich an ihrem Empfang und warte
darauf, dass sie die schmale Treppe von ihrem Büro herunter-
kommt. Es ist schon eine Stunde nach der vereinbarten Zeit für
unser Treffen, als ich endlich höre, wie sie hustend und schniefend von der Zwischenetage heruntersteigt. Sie hat etwas Gejag-
tes im Blick. Die Haare, die vor zwei Jahren noch wild und zer-
zaust aussahen, sind nun streng hochgesteckt. Ihr Gesicht wirkt
erschöpft.

«Sie müssen wissen», erklärt sie schniefend, «mein Mann ist
gestorben.»

Einige Monate zuvor waren Armin und ihr Mann im Urlaub
in Sikkim im indischen Himalaya. Armin liebt es zu reisen und
schreibt manchmal auch Reiseberichte in indischen Zeitungen.
Sie war allein in den Bergen gewandert, doch ihrem Mann war
das zu strapaziös gewesen, und er hatte es deshalb im Hotelzim-
mer langsamer angehen lassen.

«Plötzlich, ohne Vorwarnung ...»

Sie schnäuzt sich in ein Papiertaschentuch, versichert aber
mit brüchiger Stimme, dass alles okay sei, ihr gehe es gut.

«... ein Herzanfall! Er starb in meinen Armen. Er hat ein stressiges Bombay-Leben gelebt, so wie ich. Und er hat dazu noch geraucht. Der Stress hat ihn fertig gemacht.»

Sie wehrt sich gegen meine tröstenden Worte und sagt mit kräftigerer Stimme:

«Ich komme langsam wieder zurück. Meine laufende Nase … ich bin nur erkältet, deshalb schniefe ich … und ich habe den ganzen Nachmittag Besprechungen gehabt, und in fünf Minuten habe ich wieder eine. Wir können jetzt nicht mehr reden. Das müssen wir verschieben.»

Auf dem Colaba Causeway donnert ein roter Doppeldeckerbus vorbei. Aus der Küche des Café Mondegar ist das Klappern von Geschirr zu vernehmen.

«Aber eins weiß ich», sagt Armin Wandrewala, ehe sie wieder die Treppe hinaufeilt, «er ist ohne Schmerzen gestorben.»

Eine Digitaluhr mit roten Ziffern leuchtet zornig «5.55 PM» über der tausendköpfigen Schlange aus Pendlern in weißen Hemden, die sich sanft in der Nachmittagshitze der unterirdischen Gänge beim Bahnhof Churchgate ringelt.

Der Verkehr auf dem mehrspurigen Marine Drive steht frustriert still, während die Strahlen der Sonne intensiv die rußigen und rissigen Art-déco- und Neubaufassaden anstrahlen, die nach Back Bay gewandt stehen. Rote Doppeldeckerbusse, proppenvoll mit Pendlern mit schweißglänzenden Stirnen und weit, weit entfernten Blicken.

Auf den bröselnden Steinmauern der Strandpromenade, die immer mehr an eine Reihe gotländischer Raukar erinnern, sitzen Hunderte Nine-to-five-Sklaven und betrachten in der einzigen halbwegs kühlen Stunde des Tages den Sonnenuntergang. Eine gestohlene Pause im gehetzten Großstadtleben. Ein salziger und kühlender Wind vom Meer entspannt verbissene Mienen.

Und wieder wird die Reklame eingeschaltet und strahlt vor

Hoffnung. «BPL Mobile – Believe in the Best ... Welcome to the Wireless World».

Auf der Mauer sitzt ein Mädchen um die zwanzig mit gepuderten Wangen und gezupften Augenbrauen. Sie trägt ein weißes Hemd, schwarze, glänzende Hosen mit Schlag und schwarze Plateauschuhe und spricht in ihr Handy, was sie und ihre Freundinnen heute Abend machen werden. Bewegungen und Worte sind selbstsicher, souverän und voller Erwartung.

Auf dem Bürgersteig vor ihren Füßen rutscht ein etwa zehnjähriges Mädchen vorbei, ihre Beine sind von einer Skelettkrankheit zu Fragezeichen verdreht. Eine glänzende Edelstahlschale hat sie in der Hand. Verfilztes, dreckiges Haar, das an der Stirn klebt. Kleider, Haare und Haut in derselben schmutzig braunen Nuance wie der Bürgersteig und die Schuhsohlen der Abendflaneure. Man sieht sie kaum, hört sie nicht, wenn man sich nicht vorbeugt und genau hinhört. Es gibt sie fast nicht. Trotzdem streckt sie die Metallschale vor. «... Sir!», flüstert sie, ohne einen Hauch der Erwartung. Trotzdem landet eine Zweirupienmünze mit einem Klappern in der Schale. Sie nimmt sie, steckt sie in den Mund, spielt gedankenverloren damit zwischen Zunge und Gaumen, als wäre es ein Bonbon, rutscht dann weiter im Schein noch eines Reklameschildes. «BPL – Connecting the Wirefree Generation».

«Ich bin eine Mischung aus allem», sagt Ashok Banker, wie er da in einem locker sitzenden T-Shirt und Shorts in dem verqualmten Wohnzimmer seiner Zweizimmerwohnung mit dem Riss in der Wand («ein Erdbeben vor ein paar Jahren») im Vorort Khar West sitzt. Der Abend kocht, alles klebt einem am Leib, und der Deckenventilator von Ashok Banker kämpft gemeinsam mit Tausenden Ventilatoren von Bombay gegen die stehende Hitze an.

«Meine Mutter ist Christin, der Vater Hindu. Mama hatte sowohl holländische als auch irische Wurzeln, doch ich selbst bin durch und durch Inder. Voilà!»

Ashok Banker schreibt Chroniken für Zeitungen und Websites und Manuskripte für Seifenopern und Dramen für das indische Fernsehen, daneben schreibt er auch Kriminalromane. Die Intrigen seiner Krimis spielen fast immer in Bombay, so wie *The Iron Bra*, in dem eine Polizistin die Mafiosi der Großstadt jagt.

Die begehrte Zweizimmerwohnung, in der Ashok Banker mit Frau und zwei Kindern wohnt, hat er von seiner Mutter geerbt.

«Ich könnte mir heute niemals leisten, die Wohnung zu kaufen», sagt er und führt mich herum: das Stockbett der Kinder und das Doppelbett der Eltern nebeneinander im Schlafzimmer, die kleine, aber moderne Küche, das fast leere Wohnzimmer mit einem Computer in der einen Ecke.

«Bombay», sagt er, «ist wie schwarzer Kaffee. Man will ihn nicht, weil er gut ist, sondern weil man ihn braucht. Ich könnte überall wohnen, und doch kann ich hier nicht weg. Hier sind alle Teile Indiens in einem Mikrokosmos versammelt. So frei wie hier ist es nirgends in Indien. Ich muss mich nicht nach irgendeinem religiösen Code kleiden. Hier können Frauen abends allein in Rock und T-Shirt spazieren gehen.»

Durch das offene Fenster: der Bombay-Abend mit dem Lärm von dramatischen Polizeisirenen und wütenden Automotoren. Ashok wirkt ruhig und entspannt.

«Hier ist man frei von der unterdrückenden Tradition. In Bombay», sagt er in seinem wohlartikulierten Englisch und auf seine ebenso gutmütige wie sarkastische Weise, die Welt zu betrachten, «essen sogar orthodoxe Vegetarier Fleisch und trinken sogar Antialkoholiker Alkohol.»

Ein Jahr nachdem ich Ashok Banker kennengelernt habe, bekomme ich zu Hause in Schweden eine Mail. Er berichtet, dass ihm der Durchbruch als Schriftsteller gelungen ist. Er schreibt eine Serie Bücher, die alle zusammen eine Modernisierung des 1800 Jahre alten hinduistischen Epos Ramayana darstellen, und dank eines gutdotierten Verlagsvertrags kann er jetzt mit einem Chauffeur Auto fahren und ein gutes Leben führen. Die Wohnung mit der gerissenen Wohnzimmerwand hat er gegen etwas beträchtlich Schickeres getauscht. Aber Bombay hat er nicht aufgegeben.

Trotz allem ist Bombay nicht, was es einmal war. Die Beamtenelite versucht eine Stadt zu schaffen, in der die Marathen, die 40 Prozent der Bevölkerung von Bombay ausmachen, die politische Macht über alle anderen haben.

«Das Mumbai von heute ist eine andere Stadt als das Bombay, in dem ich aufgewachsen bin», sagt Nilufer Bharucha, die auf einem Lehnstuhl aus dunklem, abgenutztem Holz mit geflochtenem Plastiksitz unter dem ewig kreisenden Ventilator in ihrem Arbeitszimmer in der Universität sitzt.

Sie trägt eine marineblaue Tunika und locker sitzende Baumwollhosen, dazu hat sie einen grünen Schal über die Schultern geworfen.

«In den 70er und 80er Jahren rechnete man damit, dass sich Bombay zur tolerantesten Stadt Indiens entwickeln würde. Ethnische Volksaufstände gab es im Rest von Indien, aber doch nicht hier. Nach den Aufständen zu Beginn der 90er Jahre hat das kosmopolitische Bombay begonnen, Mumbai zu werden – eine homogene Stadt», sagt sie und fragt, ob wir lieber Sprite oder Coca-Cola möchten.

Nilufer Bharucha gehört auch der wirtschaftlich erfolgreichen Minorität der Parsen an. Sie stammt aus einer in Gujarat verwurzelten Familie, die jetzt aber schon seit drei Generationen in Bombay sesshaft ist. Sie ist Professorin für englischsprachige Literatur an der Bombay University und lebt allein ohne Kinder.

Sich als Frau für ein aktives Berufsleben zu entscheiden, bedeutet oft, dass man zwischen Familie oder Job wählen muss. Nilufer musste auf Familie verzichten, um Karriere zu machen.

«Es gibt vieles in Bombay, was nicht funktioniert», erklärt sie und putzt ihre staubige Brille mit einem Zipfel ihres Kleides. «Der Wohlstand wächst, doch leider nur im gleichen Takt wie die Slums.»

Und fügt eilig hinzu: «Trotzdem bedeutet Bombay Hoffnung.»

Sie sieht hinaus zu den Studenten, die im Park des schattigen Campus auf den Betonwegen unterwegs sind, und dann sagt sie, wie alle, die nicht in den pechschwarzen Abgrund haben blicken müssen:

«Ich würde nirgends anders wohnen wollen.»

Das Taxi gleitet mit einem metallischen Rasseln durch die Bombay-Dämmerung. Vorbei an den Palmen mit ihren ausgebreiteten Blättern, dem Glockenturm aus hellbraunem Ziegel, den buckligen roten Doppeldeckern, dem Strom von Pendlern, die mit einem Auge auf der Uhr von den Wolkenkratzern am Nariman Point zu den Zügen in die Vororte an der Churchgate Station eilen. Ich höre hier keine traditionelle indische Kakophonie aus Kreaturen, Stimmen und Tempelglocken. Ich höre ein tropisches London, in dem der Verkehr rauscht, während die Menschen schweigen.

Raus auf den Marine Drive und zum Arabischen Meer, das im Sonnenuntergang ockergelb blinkt. Salziger Meeresduft durch die heruntergekurbelte Scheibe. Die Lichter, die eins nach dem anderen auf der anderen Seite der Bucht in Malabar Hill, dem Reichenviertel, angezündet werden. Indische Touristen in mit Federbüschen geputzten, vorbeiklappernden Pferd-und-Wagen-Kutschen. Kinder, geborgen auf dem Schoß von Mama oder Papa, schauen mit großen Augen auf alles, das in der Stadt der Träume, der Filme und der Hoffnung glitzert. Andere Kinder zwischen den Autos auf der mehrspurigen Straße schauen illusionslos in die Taxis, die an der roten Ampel stehenbleiben, und flüstern leise ihr «Sir, eine Rupie, Sir!»

Der Moderator von *Kaun Benega Corepati* schaut von großen Reklameplakaten für den Fernsehkanal Star Plus auf uns herab, auf arm und reich, kaputt und heil. Er sieht nett aus mit seinem wohlgepflegten Bart und seinen mandelförmigen, sanften Augen.

Er hat eine Frage. An diesem heißen Abend, als der Asphalt der Straßen weich ist und die Luft dicht von feuchter Wärme, fragt der Moderator, wer von uns vielleicht schon heute Abend Lust hat, Millionär zu werden.

3. Elefantenritt in die Zukunft

Dalal Street ist eine unansehnliche Sackgasse im Zentrum von Bombay, wo sich ein moderner Wolkenkratzer aus Glas und Beton hoch über die heruntergekommenen dreistöckigen Häuser aus grauem Ziegelstein erhebt. Auf dieser kleinen, schattigen Straße im alten kolonialen Stadtviertel stehen Gruppen indischer Männer in weißem Hemd und Schlips. Sie rauchen nervös und trinken Kaffee aus Plastikbechern. Über dem Eingang zum Treppenhaus des Wolkenkratzers hängt ein riesiger Plasmaschirm, der Aktienkurse und Börsenindex anzeigt.

Als ich den Männern folge, die nach der Pause zurück in den Eingang des Hochhauses strömen, lande ich in Indiens erfolgreichster Börse, dem Bombay Stock Exchange, der zehntgrößten Börse der Welt. Und wie ich so dastehe und den Fahrstühlen nachschaue, die im Turm verschwinden, kommt es mir folgerichtig vor, dass Indien sich binnen weniger Jahrzehnte von einem hilfebedürftigen Entwicklungsland mit wiederkehrenden Hungerkatastrophen in eine der am schnellsten wachsenden Volkswirtschaften der Welt verwandelt hat.

Bombay ist Indiens Wirtschaftszentrum und Dalal Street ist das Pendant zur Wall Street der USA. Bombay Stock Exchange wurde 1875 gegründet und war Asiens erste Aktienbörse. Heute an zehnter Stelle, wird sie zu den schnellsten gerechnet, da hier jede siebte Mikrosekunde eine Aktie ihren Besitzer wechselt. Der Ort, an dem ich mich in diesem Moment befinde, sollte mit anderen Worten zu den reichsten und modernsten Plätzen des Landes gehören. Doch wenn ich den Blick wende und zurück auf die Straße hinausschaue, dann wird mir klar, dass man noch einen langen Weg vor sich hat, ehe das alte Armuts-Indien der Geschichte angehört.

Indien wird gern mit einem Elefanten verglichen. Groß, klobig und langsam. Während die Entwicklung im Westen und in Südostasien vorwärts raste – dort wird der Fortschritt gern mit einem Tigersprung verglichen –, stampfte Indiens Wirtschaft auf der Stelle oder schaukelte sich bestenfalls langsam voran, unfähig, mit dem eigenen, rasanten Bevölkerungswachstum Schritt zu halten. Im Westen hat man lange verächtlich vom «hinduistischen Zuwachstempo» gesprochen. Indien war der Elefant, der nie vollkommen stehenblieb und auch nicht rückwärts ging, der aber auch nicht schnell vorwärtskam, sondern langsam, aber beharrlich dahinschritt, scheinbar unbekümmert über die schnelle Jagd der anderen. Gleichzeitig wütete nach wie vor das Gespenst der Armut, Klassen- und Kastenhierarchien blieben intakt, die Korruption grassierte und die Bürokratie funktionierte schlecht.

Doch dann kam die Wende, und die begann wie so oft mit einer Krise. Der erste Irakkrieg zu Beginn der 90er Jahre ließ die Ölpreise dramatisch steigen, und die Anzeichen für einen globalen Konjunkturabschwung verdichteten sich. Gleichzeitig war das indische Modell mit hohen Zollhürden und einer streng regulierten Wirtschaft zum Stillstand gekommen. Die Erfinder dieses Modells hatten selbst schon zu zweifeln begonnen und suchten nach neuen Entwicklungschancen. Man sah, wie China sich aus der Armut emporkämpfte und Wohlstand und Modernität anpeilte, während die indische Wirtschaft rote Zahlen schrieb. Die Inflation nahm zu, und die Valutareserven waren praktisch aufgebraucht.

Zunächst einmal musste die indische Regierung einen totalen Wirtschaftskollaps verhindern. Im Juni 1991 beschloss man deshalb, den Protektionismus, sprich, die Idee, innerhalb der Landesgrenzen und hinter hohen Zollschranken alle Waren, die man brauchte, selbst zu produzieren, abzubauen. Nun wollte man sich dem internationalen Handel öffnen. Die Internationalisierung zeigte rasch Wirkung. Die Wachstumsrate nahm Fahrt auf, die Inflationsrate kam zum Stillstand. Die unmittelbare Krise war gebannt.

Und was dann? Die Kritiker befürchteten, dass die Liberalisierungsmaßnahmen die Kluft zwischen den Klassen und die vorhandene Armut noch vergrößern würden, und das in einem Land, wo die Ungleichheit bereits gigantisch war, mit mehr Armen als in jedem anderen Land auf der Erde.

Was geschah? Ja, die Kluft wurde größer. Der Abstand zwischen den Reichsten und den Ärmsten nahm zu. Heute gibt es eine wachsende Gruppe extrem reicher Inder, die dank eines freien Marktes Milliarden Rupien an den Konsumwünschen der wachsenden indischen Mittelklasse verdient hat.

Doch die große Volkszählung des Jahres 2011 zeigte auch, dass dies nicht notwendigerweise auf Kosten der Ärmsten geschehen war. Denn während die Reichen reicher wurden, erhöhte sich auch der Lebensstandard von mehreren hundert Millionen Indern, die sich am untersten Ende der Einkommensskala befunden hatten. Große Gruppen Armer wurden in die untere Mittelschicht gehoben, während die unterste Mittelschicht in die etwas höhere Mittelschicht gelangte, und so weiter. Die gute Nachricht des letzten Vierteljahrhunderts lautet, dass die Armut in Indien rasch zurückgeht. Der Lebensstandard hat sich, von einigen ein-

schlägigen Ausnahmen abgesehen, für nahezu alle Gesellschafts-
gruppen verbessert. Allerdings hinken vor allem noch Landbewohner, die niedrigen Kasten angehören, und die Angehörigen
der Ursprungsbevölkerung in acht Bundesstaaten Nord- und Ost-
indiens der Entwicklung hinterher. Die geringste Armutsquote
finden wir in den Großstädten im südlichen und westlichen Teil
des Landes und ganz oben im Nordwesten im Himalaya.

In Südindien lebt der größte Anteil Armer auf dem Land,
doch in den Städten ist der Wohlstand gleichmäßiger verteilt und
die Armut geringer. Im Norden verhält es sich genau umgekehrt,
dort leben mehr Arme in den Städten und weniger auf dem Land.
Der Hauptgrund dafür, dass Südindien generell weniger Armut
und mehr Wohlstand kennt, ist ein effektiveres Ausbildungssys-
tem mit mehr Chancengleichheit, das unter anderem auf bessere
englische Sprachkenntnisse setzt, was für die Etablierung der
IT-Industrie wichtig ist. Außerdem gibt es im Südteil des Landes
weniger Gegensätze zwischen unterschiedlichen ethnischen und
religiösen Gruppen, während gleichzeitig die Bürokratie besser
funktioniert und Gesetz und Ordnung wirkungsvoller eingehalten werden.

Schließlich scheinen auch die Kastenhierarchien eine Rolle zu
spielen, die vor 3500 Jahren mit der Einwanderung der Indoarier
aus den weitläufigen Steppen Zentralasiens eingeführt wurden
und sich im Norden fester verankert haben als in Südindien. Übrigens eine Machtordnung, die zwischen dem 11. und dem 18. Jahrhundert noch verstärkt wurde, als muslimische Herrscher den
Nordteil des Landes unter sich hatten. In den traditionell eher
matrilinearen Gesellschaften Südindiens wirkte der Einfluss von
strikter Kastenlehre und einer patriarchalen Machtordnung nicht
so stark, was zu weniger männerdominierten, weniger hierarchischen und eher meritokratischen Gesellschaften führte. Außerdem unterhielt Südasien dank der Nähe zum Meer schon seit der

Antike immer globale Verbindungen, was schon früh zu einem vielfältigen Austausch neuer Einflüsse, Ideen und Lehren führte. Während der ersten Hälfte des 20. Jahrhunderts war Nordindien zudem mit dem Unabhängigkeitskampf gegen die Briten beschäftigt und kümmerte sich nicht um seine eigene innere soziale Schieflage. Zur gleichen Zeit arbeiteten im südlichen Teil des Landes politische Gruppen – unter anderem Vaikom Satyagraha und das Self-Respect-Movement – daran, den «inneren Feind» in Form des «Brahmanismus» (der sozialen und politischen Dominanz der höchsten Kaste) zu bekämpfen. Erklärtes Ziel war es, eine größere soziale und wirtschaftliche Gleichheit zu schaffen und den Status der Angehörigen der niedrigen Kasten zu erhöhen, unter anderem, indem man verlangte, dass auch die Unberührbaren das Recht bekommen sollten, Hindutempel zu besuchen. Und das blieb nicht ohne Folgen.

Als Reisender in Südindien erkennt man den Unterschied gegenüber dem nördlichen Teil des Landes daran, dass die Armut in den Städten weniger sichtbar ist, die Atmosphäre im öffentlichen Raum entspannter und weniger hitzig und dass die Frauen, denen man begegnet, freimütiger, forscher und selbstsicherer wirken. Wenn mich alleinreisende westliche Frauen fragen, in welchem Teil des Landes sie ihre Reise beginnen sollten, antworte ich deshalb immer: Südindien.

Seit die Briten eines Augusttages 1947 den Union Jack eingeholt und den Dampfer nach Hause genommen haben, steht Indien auf eigenen Beinen. Doch erst in den letzten Jahren sind diese Beine so kräftig geworden, dass sich das Land international behaupten kann. Auf den Konferenzen der Welthandelsorganisation WTO ist Indien nunmehr ein Machtfaktor, den der Westen berücksichtigen muss. Viele meinen sogar, es sei bald an der Zeit für einen ständigen Sitz im UN-Sicherheitsrat.

Die Gedankenschmiede des amerikanischen CIA hat ein Szenario entworfen, in dem die USA nicht mehr die einzige Supermacht der Erde sind, sondern das Machtgleichgewicht sich Richtung China und Indien verschiebt. Nach dem Bericht des amerikanischen Nachrichtendienstes *Global Trends 2030: Alternative Worlds* wird schon 2030 die Wirtschaftsmacht Indiens und Chinas die der EU und Nordamerikas übertrumpfen. Mit der Wirtschaftsmacht folgt die Forderung nach politischer Macht. Deshalb, so sieht der Bericht voraus, werden China und Indien ihre historischen Rollen als «Machtzentren der Welt» wieder einnehmen, «genau, wie es vor dem Jahr 1500 war». Es geschehen große Dinge. Die Machtverschiebung, so glauben die Wissenschaftler des CIA, wird von derselben geopolitischen Bedeutung sein wie die Reichsgründung Deutschlands Ende des 19. Jahrhunderts. Die Frage ist natürlich, was diese Verschiebung der Macht für die politische Weltordnung bedeuten wird.

Als die größte liberale Demokratie der Welt hat Indien gewisse Vorteile. Es ist eine internationale Atommacht, die 1974 und 1998 eigene Atombombentests durchgeführt hat. Man hat sich geweigert, ein Atomabkommen zu unterschreiben, und lehnt damit die Sichtweise ab, dass ausschließlich die fünf Siegermächte des Zweiten Weltkriegs das Recht haben sollen, sich Atombomben zuzulegen. Trotzdem ist das Land in den Nullerjahren in den Atomclub aufgenommen worden. Es wurde eine Vereinbarung zur Zusammenarbeit geschlossen, die Indien das Recht gab, Atomtechnik aus den USA zu importieren, ohne die Verschrottung der indischen Atombomben zu verlangen. In der Praxis bedeutete das, wie viele meinen, dass die Siegermächte des Zweiten Weltkriegs damit Indien als die sechste offizielle Atomwaffenmacht der Welt akzeptiert hätten. Als ich vor einigen Jahren mit Mark Fitzpatrick, Kernwaffenexperte am International Institute of Strategic Studies in London, sprach, nannte er die Einladung Indiens in den Atom-club eine «Katastrophe für den Kampf gegen die Verbreitung von Atomwaffen» und ein «krasses Beispiel für Doppelmoral».

«Pakistan, Iran und Nordkorea werden diese Doppelmoral als Rechtfertigung dafür benutzen, ihre Atomwaffenaktivitäten fort-zusetzen», sagte Fitzpatrick.

Doch warum waren die USA plötzlich Indien gegenüber so wohlwollend eingestellt? Das Ende des Kalten Krieges spielt hier natürlich eine wichtige Rolle, ebenso wie der Schulterschluss In-diens mit Washington im Krieg gegen den Terrorismus nach den Angriffen des 11. September. Für Washington hat auch Indiens neue, positive Haltung gegenüber Israel eine Rolle gespielt. Bis in die 80er Jahre hinein herrschte eine politische Eiszeit zwischen beiden Ländern, und man zeigte israelischen Bürgern, die das Riesenland im Osten besuchen wollten, die kalte Schulter. Die Kongresspartei, die noch in Indien herrschte, war pro-arabisch und pro-palästinensisch mit dem strategischen Ziel, den Einfluss des Erzfeindes Pakistan im Nahen Osten zu begrenzen. Außer-dem misstraute man Israel, weil das Land, ebenso wie Pakistan, auf religiöse Kriterien gegründet sei. Heute ist die Lage völlig an-ders, und Tel Aviv und Neu-Delhi verbindet sogar eine militäri-sche Zusammenarbeit.

Indien hat lange Zurückhaltung geübt, wenn Demokratie und Menschenrechte in Nachbarländern wie Afghanistan oder Burma verletzt wurden, was viele erstaunt hat. Sollte nicht Indien, die größte Demokratie der Welt, die Werte verteidigen, die man im Land hegte? Das Schweigen kann zum Teil damit erklärt werden, dass Indien dreißig Jahre lang vergeblich versuchte, mit Friedens-truppen den in Sri Lanka tobenden Bürgerkrieg zu beenden. Seit-her pflegt Indien eine entschiedene Nichteinmischungsdoktrin. Man mischt sich ganz einfach nicht in die inneren Angelegenhei-ten anderer Länder ein, seien es nun wirtschaftliche, die Sicherheit betreffende oder strategische Interessen, die auf dem Spiel stehen.

Hingegen ist Indien auf anderen Gebieten aufmüpfiger geworden. In den Verhandlungen zum Thema Freihandel in der Weltwirtschaftsorganisation hält man den Ball keineswegs flach. Neu-Delhi will zwar die wirtschaftliche Liberalisierung fortsetzen, doch solange Indien nicht seine Lebensmittel frei in den Westen exportieren darf, hat man auch nicht vor, sich zum Tummelplatz für westliche Großunternehmen zu machen.

Indiens Beziehung zum Westen hat sich in den vergangenen Jahrzehnten drastisch verändert. Heute ist es Indien, das auf das Ausland zugeht – nach Jahrhunderten der Unterwerfung unter muslimische Fürsten aus Zentralasien und Händler aus Europa und nach Jahrzehnten eines geschützten Daseins hinter hohen Zöllen. Indische Unternehmen sind nicht nur ganz vorne, wenn es um Outsourcing von Service- und Technikjobs geht, die indische Wirtschaft hat in den letzten zehn Jahren auch viele ihrer Konkurrenten im Westen aufgekauft. Die ehemalige Kolonialmacht Großbritannien muss heute hinnehmen, dass Indien dabei ist, sich in viele typisch britische Wirtschaftszweige einzukaufen, zum Beispiel in die Stahlindustrie, einen der Pfeiler der Kohle- und Stahlunion und das Vorzimmer der EU. Zuerst kaufte die indische Mittal den französischen Stahlkonzern Arcelor, dann kaufte die indische Tata Steel den britisch-niederländischen Stahlriesen Corus. Die globale Stahlindustrie wird also nicht mehr von den ehemaligen Kolonialherren dominiert, sondern vom einstigen Kolonialvolk.

In den letzten zehn Jahren bin ich durch Schweden gereist und habe vor den Angestellten schwedischer Unternehmen, die nun indische Eigentümer bekommen haben, Vorträge über indische Kultur, Sitten und Gebräuche gehalten. Vor einigen Jahren unternahm ich einmal eine Autoreise mit meinem 87-jährigen Va-

ter in den kleinen Industrieort, in dem er aufgewachsen war –
Surhammar im Herzen von Bergslagen in Nordschweden. Dort
entdeckte ich, dass die Blech- und Eisenbahnradfabrik Surham-
mars Bruk, in der mein Großvater einst arbeitete, heute – ich
musste mir die Augen reiben, um sicherzugehen, dass ich das
Schild am Eingang zur Fabrik nicht falsch gelesen hatte – Tata
Steel aus Bombay gehört. Das erinnerte mich an die Schlagzeilen,
die ich in indischen Zeitungen lesen konnte, als einige der größten indischen Aufkäufe öffentlich gemacht wurden: «Das Imperium schlägt zurück» und «Tata kolonialisiert die Welt». Die indischen Redakteure, die diese Schlagzeilen aufsetzten, taten dies
wahrscheinlich in dem schönen Gefühl bittersüßer, später Rache.
Ein Leitartikler in der *Times of India* schrieb sogar, dass Indiens
Expansion nach Westen «das neue Gesicht des Neokolonialismus»
sei. Weiter fragte sich der Autor des Artikels, ob Indien damit zur
neuen Kolonialmacht der Welt werde, nur um seine Frage aber
sogleich selbst zu negieren: «Die Idee vom imperialistischen
Kampf um die Weltherrschaft ist falsch», schrieb er, «bei der globalen Integration von heute geht es nicht um Kolonialismus, sondern um gegenseitige Abhängigkeit.»

Doch in Großbritannien nahm man die Aufkäufe seitens der
indischen Unternehmen ernst. Ein britisches Wirtschaftsblatt formulierte die Zukunftsaussichten für krisengeschüttelte europäische Unternehmen wie folgt: «Mumbai, Shanghai, Dubai – or
Goodbye.» Was heißen sollte: Entweder werdet ihr von asiatischen
Industriekonzernen aufgekauft – oder ihr geht in Konkurs.

Da ist es wenig verwunderlich, dass indische Leitartikler die
Chance nutzten, die alte Metapher von Indien als Elefant wieder
aufzugreifen. Jetzt ist Schluss mit dem «hinduistischen Zuwachstempo» und dem gemächlichen Trott des indischen Elefanten.
Jetzt, so schrieb die *Times of India*, habe der Elefant das Tanzen
gelernt.

In den letzten Jahren hat die indische Regierung unter dem Slogan *Make in India* hart daran gearbeitet, auch die ausländischen Investitionen in Indien zu steigern.

Ein Meilenstein dieser Art war es, als 2018 nach langen, zähen Verhandlungen das schwedische Möbelhaus IKEA in Hyderabad sein erstes indisches Warenhaus eröffnete und gleichzeitig weitere vierundzwanzig Häuser bis 2025 plante.

Ebenfalls hat man Reformen durchgeführt, um den Schwarzhandel in den Griff zu bekommen. Eine solche Reform war zum Beispiel der drastische Beschluss im Herbst 2016, mit nur wenigen Tagen Vorlauf alle 500- und 1000-Rupien-Scheine für ungültig zu erklären, deren Gesamtwert ungefähr 86 Prozent allen im Umlauf befindlichen Bargelds ausmachte. Der Mangel an Bargeld hemmte den Handel und bremste den Zuwachs, doch gleichzeitig beschleunigte die Reform den Übergang von der «cash is king»-Philosophie zu einer Wirtschaft mit wachsendem Gebrauch von Bankkonten und Kreditkarten, was es für die Behörden leichter macht, große Ströme von Schwarzgeld zu stoppen.

Eine andere Reform bestand darin, dafür zu sorgen, dass alle Inder, unabhängig von ihrem finanziellen Status, ein persönliches Konto mit einem kleinen Kredit in einer sogenannten *public sector bank* erhalten, also einer Bank, die zu mehr als 50 Prozent in staatlicher Hand ist. So verhindert man das «Versickern» von öffentlichen Mitteln, das früher an der Tagesordnung war, wenn lokale Beamte öffentliche Gelder in die eigene Tasche gesteckt haben, anstatt sie als Beitrag an die Bürger auszuzahlen. Denn wenn alle ein Bankkonto besitzen, kann das Geld jetzt direkt ausgezahlt werden und muss nicht durch eine Menge andere Hände gehen. Darüber hinaus hat die indische Regierung im ganzen Land eine allgemeine Mehrwertsteuer eingeführt (*goods and services tax*), um die Zollbürokratie zu verringern und den Handel zwischen den Bundesstaaten zu befördern.

Doch kehren wir in die Dalal Street zurück, die Börsenstraße in Bombay, die nicht sehr beeindruckend wirkt, wenn man bedenkt, dass sie die zentrale Rolle in einer der am schnellsten wachsenden Ökonomien der Welt einnimmt und man deshalb eigentlich Modernität und Wohlstand erwartet. Nicht weit von dem Plasmaschirm mit den Aktienkursen stehen zwei Kühe und kauen Kraut, der Milchmann radelt mit kuhwarmer Milch in verbeulten Aluminiumkannen, die von seinem Gepäckträger hängen, vorbei, und ein Junge rollt auf einem Stück Karton auf dem Bürgersteig Chapati-Teig aus, als befände man sich nicht in der 16-Millionenstadt Bombay, sondern in einem von Tausenden Armendörfern Indiens.

Wenn man genau hinsieht, erkennt man auch, dass zwischen dem Eisenzaun und der abgeblätterten Fassade direkt gegenüber der Börse Kleider, Decken und Tüten mit Zahnbürsten, Kämmen und Seifenstücken hängen. Der neu angekommene Besucher fragt sich natürlich, wem diese persönlichen Gegenstände wohl gehören. Und warum sie an einem Zaun in der Börsenstraße von Bombay hängen.

Die Antwort sagt viel über das heutige Indien aus. Bombay, die Stadt des Fortschritts und der Träume, ist ein ebenso süßes wie salziges und bitteres Gebräu. Jeden Tag steigen Hunderte von verarmten Landbewohnern aus den Zügen und Bussen, um sich auf die Jagd nach dem Glück zu begeben. Die Chance, einen Job zu finden, ist groß. Die Chance, eine Behausung zu finden, ist minimal. In der Folge lebt fast die Hälfte der Einwohner Bombays in den Slums, in einem Karton auf der Straße oder auf dem Fußboden in einer Ecke ihres Arbeitsplatzes.

Neben der Modernität – den Plasmabildschirmen, dem Raumfahrtprogramm, den Breitbandkabeln und der Spitzenkompetenz innerhalb der IT – gibt es eine Parallelwelt aus einem vergangenen Jahrhundert. Modernität und Tradition sind eng miteinander verbunden. Die Mittelklasse-Inder der Großstädte sind komplett abhängig von den Armen, die ihre Häuser putzen, ihre Kinder in den Schlaf wiegen, den Fahrstuhlknopf für sie drücken und dafür sorgen, dass kein Angestellter seine Kaffeetasse selbst füllen oder seine Arbeitspapiere selbst fotokopieren muss.

Der Besitzer der Zahnbürste und der Decke, die zwischen Fassade und Zaun klemmen, heißt Anil Singh und arbeitet auf der Börsenstraße Dalal Street. Er liefert Essensdosen aus, oder *tiffin boxes*, wie sie in Bombay genannt werden – kleine, runde Dosen aus Edelstahl –, die von den Hausfrauen in den Vororten an ihre Männer in den Büros in Indiens Wirtschaftszentrum geschickt werden. Mit dem Geld versorgt er sowohl sich selbst als auch seine Eltern, Schwester, Frau und die Kinder im Heimatdorf tausend Kilometer entfernt im Norden. Er ist ein Wirtschaftsmotor, der sicherstellt, dass Börsenmakler und IT-Techniker ihr Essen bekommen. Fragt man ihn, wie er sein Leben findet, was ich natürlich getan habe, dann antwortet er, dass es für ihn in Bombay gut läuft. Er hat schließlich einen Job. Er verdient Geld. Er kommt klar. Aber was ist das denn für ein Leben, das er lebt? Er hat kein Dach über dem Kopf, und seine Toilette ist ein öffentlicher, stinkender Rinnstein mit Blick auf die Börsenkurse vom Plasmabildschirm. Typisch Indien. Weltklasse in Sachen IT-Dienste, Unternehmertum und privater Service. Miserabel in der öffentlichen Wohlfahrt.

Chinas Wirtschaftsboom ist darauf gegründet, dass die großen Massen für die reiche Welt Fußbälle und T-Shirts nähen, Computer, Handys und Fernseher zusammenbauen. Indiens Erfolg baut eher darauf, dass relativ kleine Gruppen gut Ausgebildeter sich um die Verwaltung und den Kundenservice der reichen Welt kümmern, die Software ihrer Computer programmieren und die Forschung und Entwicklung der hochtechnologischen Systeme vorantreiben. Man sagt, wenn China die Werkstatt der Welt ist, dann ist Indien ihr Büro.

Werkstatt und Büro fügen sich zwar zu einem vereinfachten, aber doch auch eingängigen Bild, wie die beiden asiatischen Riesen sich in den Nischen der globalen Wirtschaft eingerichtet haben. Indiens Telefondienst- und IT-Industrie ist in den letzten zehn Jahren um das Zehnfache gewachsen und schafft jedes Jahr Hunderttausende neuer Jobs, vor allem in den Städten. Und mit jedem neuen hochwertigen IT-Job entstehen mehrere neue gering entlohnte Servicejobs. Deshalb wächst die Stadtbevölkerung schnell.

Doch parallel zu Wohlstand und Zukunftshoffnung wachsen auch die Slumgebiete. Die Hälfte der Stadtbewohner Indiens muss immer noch ihr Zuhause verlassen, um Wasser aus Brunnen oder öffentlichen Wasserhähnen zu holen. Und ein Viertel von ihnen hat keinen Zugang zu einer Toilette. In Bombay, das sich gern als Indiens Shanghai betrachtet, sind die Slums am größten. Hier herrscht alarmierender Wohnungsmangel. Auf jedem Quadratkilometer drängen sich 27 000 Menschen, viermal so viele wie in Hongkong. 73 Prozent der Stadtbevölkerung wohnt in nur aus einem einzigen Raum bestehenden Wohnungen, in denen sich dann auch noch die Küche befindet.

Es gibt großangelegte Pläne, die riesigen Slumgebiete Bombays abzureißen und kommunale, siebenstöckige Häuser für die Armen zu errichten. Auch wenn man über den Planungsstatus bisher nicht hinauskam, ist Eile geboten, denn wenn Indien das Büro der Welt ist, dann befindet es sich in einem Haus, das bald renoviert werden muss, um nicht einzustürzen.

Trotz der enormen Urbanisierung arbeitet immer noch mehr als die Hälfte der Bevölkerung Indiens in der Landwirtschaft. Vor 40 Jahren kam die grüne Revolution mit neuem Saatgut und Kunstdünger. Dennoch ist die indische Landwirtschaft im internationalen Vergleich extrem ineffektiv, und trotz vieler Traktoren und Erntemaschinen ist es immer noch mehr die Regel als die Ausnahme, dass Ochsen den Pflug übers Feld ziehen und unterbezahlte und schikanierte Landarbeiter den Reis, den Weizen, die Hirse, die Baumwolle und das Zuckerrohr von Hand säen und ernteten.

Die letzte indische Hungerkatastrophe ereignete sich 1943 in Bengalen, wo zwischen zwei und drei Millionen Menschen verhungerten. Heute sind solche Katastrophen nur mehr eine Erinnerung. Das bedeutet natürlich nicht, dass die Armut ausgerottet wäre. Weit entfernt. Der Anteil Inder, die unter der von der Weltbank aufgestellten Armutsgrenze von 1,25 Dollar pro Tag leben, hat sich zwar seit den 1980er Jahren halbiert. Doch Tatsache ist: Knapp 70 Jahre nach der Selbständigkeit muss jeder vierte bis fünfte Inder als arm gelten und ist fast die Hälfte aller indischen Kinder unterernährt.

Doch eins ist sicher: Die Entwicklung geht in die richtige Richtung. Polio ist 2012 dank eines umfassenden Impfprogramms ausgerottet worden. Durch Trockenlegung von Sümpfen und konstante Anwendung von imprägnierten Mückennetzen in den Risikogebieten ist die Anzahl von Malariafällen stark zurückgegangen, und in den letzten 40 Jahren sind mehrere hundert Millionen Menschen aus der Armut geholt worden. Zudem ist der Anteil Menschen, die lesen und schreiben können, von 52 Prozent zu Beginn der 90er Jahre auf heute 75 Prozent gestiegen.

Man könnte sagen, dass Indien einen ländlichen Raum hat, der sich, was das technische Entwicklungsniveau angeht, zu großen Teilen auf demselben Stand befindet wie Europa vor hundert Jahren – und gleichzeitig sind die IT-Unternehmen im High-Tech-Bereich weltführend.

Da kann man gut verstehen, dass Millionen Menschen sich jedes Jahr dafür entscheiden, das 19. Jahrhundert zu verlassen, um ins 21. Jahrhundert zu ziehen.

4. Der Kaffeeautomat in Bangalore

In Bangalore sehe ich zum ersten Mal in Indien einen Kaffeeautomaten, der auch wie ein Kaffeeautomat funktioniert. Und nicht nur einen. An jeder Tankstelle entlang der Einfallstraßen ins Zentrum stehen diese neuen Automaten.

Und ich sehe auch andere, vertrautere Zeichen. Alle Ampeln auf der Fahrt vom Flughafen in die Stadt hinein funktionieren. Das ist inzwischen in immer mehr indischen Großstädten der Fall. Die Verkehrsadern und die Eisenbahnschienen von Bangalore werden auch nicht, wie in Neu-Delhi, Bombay oder Kalkutta, von elenden Slums gesäumt. Allerdings können die Slums von der Stadtregierung auch eingeebnet worden sein, das Gefühl von Wohlstand ist somit trügerisch.

Die Kaffeeautomaten an sich sind keine revolutionäre Veränderung. Das Neue ist, dass sie auch so benutzt werden, wie es ihr Hersteller vorgesehen hat. Die Kunden stecken Münzen hinein, drücken auf einen Knopf und bekommen ihren Kaffee. Eine Maschine – und kein Mensch daneben, der sein täglich Brot damit verdient, die Münze entgegenzunehmen, sie in den Schlitz zu stecken, auf den Knopf zu drücken und den Pappbecher rüberzureichen. Die Kaffeeautomaten sind ein Zeugnis dafür, dass es eine Mittelschicht gibt, die einen Lebensstil pflegt, der an reichere Länder der Welt erinnert, ohne allein schon etwas über die Verteilung des Wohlstands auszusagen. Dass jedoch kein Mann oder keine Frau vom untersten Boden der Gesellschaft mehr danebensteht, um für andere auf einen Knopf zu drücken, ist ein verteilungspolitisches Lackmuspapier: Die Menschen in dieser Stadt sind nicht mehr bereit, jeden gering bezahlten Mistjob anzunehmen.

Heute gibt es andere Jobs, die etwas mehr Ausbildung verlangen, erträglicher sind und definitiv besser bezahlt werden. In und um Bangalore gibt es Hunderte von Callcentern, wo junge Bewohner der Stadt in eingeübtem amerikanischen oder britischen Akzent die Fragen von Kunden von britischen und amerikanischen Telefon-, Flug- oder Versicherungsgesellschaften auf der anderen Seite der Erde beantworten.

Natürlich gibt es selbst in Bangalore noch Bettler um die Bus- und Bahnstationen und gering bezahlte Haushaltshilfen bei der konsumierenden Mittelschicht, Menschen, die es nicht auf den Schnellzug zu Wohlstand und Konsum geschafft haben. Doch es sind weniger Bettler als früher und weniger als in anderen indischen Großstädten. Bangalore ist nicht nur Indiens modernste Stadt, sondern auch die mit der größten sozioökonomischen Ausgewogenheit. Und es gibt mehr Kaffeeautomaten.

Koshy's Café auf der Saint Mark's Road in Bangalore ist ebenfalls ein Ausdruck für das, was man eine globale Kultur nennen könnte. Doch es ist eine Kultur aus einer vergangenen Zeit, ehe Indien selbständig wurde und seine Tür dem Rest der Welt öffnete. Im Koshy's verschmilzt seit 1940 Indien mit seiner Umgebung. Damals eröffnete P. O. Koshy, syrisch-orthodoxer Christ aus dem Bundesstaat Kerala weit im Süden, im Herzen von Bangalore diese Mischung aus Café, Restaurant und Bierkneipe. Zu der Zeit war die Stadt eine kleine britische Garnisonsstadt im Schatten des zweihundert Kilometer entfernten Mysore, wo der Palast des Maharadschas Macht und Herrlichkeit ausstrahlte.

Im Laufe der letzten 20 Jahre sind große Teile des alten Bangalore abgerissen worden, um in Form von Büros und Shopping-Galerien aus Glas und Stahl der neuen Wirtschaft Platz zu machen. Die Einwohnerzahl der Stadt hat sich in nur wenigen Jahrzehnten vervielfacht. Mit ihren zwölf Millionen Einwohnern ist Bangalore Indiens fünftgrößte Stadt, das Zentrum des Wachstums für Südindien und ein Magnet für frisch gebackene Hochschulabsolventen aus dem ganzen Land. Das Koshy's, Bangalores ältestes Restaurant, liegt in einem der letzten alten Häuser im Zentrum. Hier ist man nicht der Versuchung erlegen, zu modernisieren. Die Kellner sind alt, haben Falten und tragen Anzüge aus dünnem, locker fallendem weißen Stoff. Die Tischplatten sind aus hellem Laminat, und Stühle und Sofas haben durchgesessene Kunststoffsitze. Zur Straße hin Bambusrollos und an der Decke nackte Leuchtstoffröhren und Ventilatoren in gebrochenem Weiß. Die letzte Bastion der alten Welt, seufzen ältere Bewohner von Bangalore traurig und dankbar. Die alte Welt – ehe Indien selbständig wurde und England immer noch herrschte. Oder zumindest ehe die Wirtschaft des Landes liberalisiert wurde und die ursprünglichen Unabhängigkeitsideale der Kraft der Globalisierung weichen mussten.

Ein Mann in brauner, taillenkurzer Lederjacke kommt breitbeinig und schwankend zwischen den Tischen hindurch, als sei er eben auf der Saint Mark's Road von seinem Cowboypferd gestiegen. Es ist Prem Koshy, der Sohn von P. O. Koshy. Er betreibt heute das Restaurant.

«Ist es nicht wunderbar?», sagt er mit seinem amerikanischen Akzent und hebt die Arme, als wolle er mich an sich drücken.

Prem Koshy hat breite Schultern und einen untersetzten Körper, eine hohe Stirn, ein sehr breites Lächeln und ein krächzendes Lachen, das er großzügig bei jeder Gelegenheit erschallen lässt.

«Das hier ist nicht nur ein Esslokal», fährt er fort, «es ist eine Institution. Es ist wie in Europa vor langer Zeit. Oder in den USA in den 50er Jahren. Oder irgendwo anders, irgendwann anders. Aber trotzdem indisch – und hier und jetzt. Viele meiner Gäste sind seit Jahrzehnten Stammgäste und nehmen drei Mahlzeiten täglich im Koshy's ein. Die gehen nie nach Hause. Und einige der Kellner haben hier angefangen, als ich noch gar nicht geboren war.»

Prem Koshys Dialekt ist nicht aufgesetzt. Er hat acht Jahre in den USA gelebt, wo er zum Bäcker und Barkeeper ausgebildet wurde und auf der Bourbon Street in New Orleans in einer Bluesband auftrat. Sein Restaurant bewahrt das Erbe aus der Zeit seines Großvaters, das koloniale Indien mit seinem Plumpudding und Christmas Cake, doch er selbst findet die USA entschieden spannender.

Die Sicht auf die Briten war während des Kampfes gegen den Kolonialismus und vor der Selbständigkeit 1947 paradox. Die gebildete Mittelschicht als Träger der Unabhängigkeitsbewegung hasste den britischen Kolonialismus und die Arroganz des weißen Mannes, bewunderte auf der anderen Seite aber den wirtschaftlichen Fortschritt und die Modernität des Westens. Und schließlich wollte man mit Maschinen und Wissenschaft die «bösen» Strukturen der indischen Klassen- und Kastengesellschaft bekämpfen.

Der Kampf um die Unabhängigkeit wurde von Jawaharlal Nehru und Mahatma Gandhi angeführt, die in vielerlei Hinsicht gegensätzliche Zukunftsvisionen hatten. Gandhi förderte und romantisierte alte und lokal verortete Produktionsmethoden – symbolisiert durch das indische Spinnrad – und das autarke indische Dorf. Nehru hingegen, der später der erste Ministerpräsident des

Landes wurde, wollte Indien schnell ins Industriezeitalter führen. Im Januar 1948, als Indien weniger als ein halbes Jahr unabhängig war, wurde Mahatma Gandhi von einem hinduistischen Fundamentalisten erschossen. Von da an dominierte Nehrus Position den Aufbau des neuen Indien. Volle Kraft voraus. «Unser Leben ist mit den toten Wäldern der Vergangenheit belastet, alles, was tot ist und seine Rolle zu Ende gespielt hat, muss weggeräumt werden», schrieb Nehru in *Entdeckung Indiens*. Für Nehru war Modernität gleichbedeutend mit rationalem Denken und westlicher Wissenschaft. Der Staat, so meinte er, müsse über der Religion stehen und die Modernität über der Tradition. Wenn nötig, müsse man das Alte dem Neuen opfern. Nehru war beeinflusst von der Fabian Society, einer Gruppe britischer Sozialisten, die zwischen 1880 und 1930 aktiv war und sich gegen die Revolution stellte, und so war sein Modell für die Entwicklung Indiens ein Sozialismus mit liberalem Einschlag. Die Fabianer glaubten nicht, dass die Massen selbst imstande wären, die Gesellschaft zu verbessern, sondern dass die Veränderungen vielmehr von einer kleinen, intellektuellen Elite gelenkt werden müssten, die gute Reformen zum Wohle aller durchführte. Private indische Unternehmen sollten frei handeln können, aber durch Zölle und Valutabestimmungen vor ausländischer Konkurrenz geschützt werden. Indien sollte mit Hilfe eines starken Staates, der die Hauptverantwortung trug, aus dem Sumpf der Armut gezogen werden: mit Fünfjahresplänen und einer Konzentration auf Schwerindustrie – Stahlwerke, Dämme, Raffinerien – und neuen, symbolträchtigen Mammutprojekten.

Die Bewunderung für den technischen Fortschritt des Westens war ebenso stark wie die Aversion gegen die koloniale Arroganz. Kulturell war Großbritanniens Einfluss auch nach der Unabhängigkeit enorm. Doch wenn es darum geht, wo Indiens Jugend heute studieren und arbeiten möchte, haben die USA langsam aber sicher England als begehrtestes westliches Zielland abgelöst. Seit Beginn der 90er Jahre wählen junge Inder eher Silicon Valley und Manhattan als London und Manchester. Doch dabei geht es wohl mehr um die Karrieremöglichkeiten, als dass eine besondere Bewunderung für die amerikanische Kultur dahintersteckte.

«‹Prem, du hattest es so gut in Amerika, warum bist du denn zurück nach Indien gekommen?›, fragen mich meine Freunde. Aber das ist doch selbstverständlich. Hier in Indien gibt es alles. Moderne Autos und Ochsenkarren. Ja, auch Armut und Tod, aber ebenso richtige Demokratie. Es gibt hier eine Freiheit, zu tun, was man will, und zu werden, was man will. Ich weiß nicht, ob das irgendwo anders auf der Welt so möglich ist.»

In großen Teilen Indiens sind Kastenzugehörigkeit und der Titel des Vaters immer noch von enormer Bedeutung für ein erträgliches Leben. Wenn man die falsche Abstammung hat, dann kann es schwer sein, nach oben zu kommen, ganz gleich, wie begabt man ist. Doch in Bangalore, sagt Prem Koshy, würden amerikanische Werte zählen.

«Bangalore galoppiert in die Zukunft», erklärt er in seinem überzeugenden Optimismus. «Und hier spielt es keine Rolle, woher du kommst oder wer du bist, sondern nur, was du tust.»

Als ich 1986 durch die Mahatma Gandhi Road in Bangalore spazierte, war die Straße sehr traditionell indisch in ihrer Mischung aus staatlichen indischen Banken, Teeverkäufern mit schnaufenden Gaskochern und Kiosken, die indische Zigaretten und Blattbündel mit Betelnüssen verkauften. Im Reisebüro tippte das Personal auf indischen Computern, und jede einzelne Ware in den Basaren der Quergassen, von der Nagelschere bis zum Deckenventilator, war in Indien hergestellt.

Nach einem Spaziergang in der brennend heißen Sonne war ich durstig, wagte aber nicht das Wasser aus dem Hahn zu trinken, das in den Lokalen in Edelstahlkrügen serviert wurde. Mineralwasser gab es nicht zu kaufen. Ich musste mich mit Sodawasser begnügen, in bulligen, dicken Glasflaschen mit einem wiederverwendbaren Verschluss in Form einer kleinen Steinkugel, die von einem Metallhaken festgehalten wurde und sich mit einem lustigen Plopp öffnete. Es war, als würde man durch eine Stadt auf einem anderen, aber verwandten Planeten spazieren. Auch ein indisches Auto hat vier Räder, dachte ich, doch da hörten die Ähnlichkeiten auch schon auf. Damals, 1986, war Indien das am weitesten autarke, nicht-kommunistische Land der Welt. Die Möglichkeiten für ausländische Unternehmen, in Indien zu investieren, waren reglementiert, nur wenige Waren wurden importiert, und die einheimische Industrie machte unter ihrem protektionistischen Schutzschirm große Gewinne. Doch diese Abgeschlossenheit drohte das Land schließlich zu zerreißen. Die Oppositionellen argumentierten, das indische System der Autarkie habe drei Gesellschaftsklassen erzeugt: die Reichen, die Armen und schließlich die staatlichen Angestellten mit ihren vielen Privilegien, «die Priviligentia» genannt. Die Privilegien bestanden unter anderem darin, dass man schnell einen Telefonanschluss bekam oder eine Lizenz, um eine neue Firma zu gründen, und dass man Quoten bei der Indian Railways hatte, die es einem ermöglichten, jederzeit eine Zugfahrkarte zu erhalten, während die gewöhnlichen Leute eine Ewigkeit warten oder sich mittels Bestechung voranbringen mussten.

Heute erinnert die Mahatma Gandhi Road, wie die Hauptstraße in vielen indischen Großstädten heißt, nur noch dem Namen nach an die Ideen der indischen Unabhängigkeitsbewegung, an Autarkie, Protektionismus und traditionelle Produktionsmethoden. Ansonsten handelt es sich längst um eine andere Welt.

In Bangalore verkörpert die Straße heute das neue Indien. Doch wird diese Welt keineswegs nur von der westlichen Kultur geprägt. Ausländische und einheimische Marken und Gewohnheiten verschmelzen hier miteinander. Im Fernsehgeschäft schlendern Familien herum und träumen von einem neuen Großbildfernseher der japanischen Marke Sony oder dem indischen BPL. Aus der grauen Dämmerung leuchtet einem die Reklame für San Francisco Jeans und traditionelle indische, selbstgewebte Kleidung entgegen. Coffee Day bietet Kaffee *to go* an und Reebok zehn Prozent Rabatt. Und das Leuchtschild mit der Werbung für ayurvedische Seife blinkt rhythmisch über dem Straßencafé von Barista Coffee, wo junge Inder Caffè Latte trinken und Brownies essen.

Entlang der Straße: Hunderte von geparkten Mopeds, deren Chrom die Leuchtreklamen mit ihren verschnörkelten Neonbuchstaben reflektiert. Auch hier versuchen indische neben importierten Marken zu bestehen. Die japanischen Honda, Suzuki und Yamaha neben den indischen Prakash Motor und Bajaj Chetak.

Hier finden sich auch Reste des alten protektionistischen Indien. Das Indian Coffee House in derselben Straße ist eines von 400 mitarbeitergeführten Kaffeehäusern, die es in ganz Indien gibt. Hier wird unter der Devise «Be Indian, buy Indian» traditioneller südindischer Kaffee mit südindischem Masala Dosa (Reis- und Linsenmehlpfannkuchen mit Kartoffel- und Zwiebelfüllung) verkauft. Draußen erklärt ein großes Schild: «Mitglied der kooperativen Vereinigung der indischen Kaffeearbeiter». Kellner in weißen Gewändern mit breitem grün-gelben Gürtel um die Taille, Sandalen und einer Kopfbedeckung, die mit einem Fächer in weißer, gestärkter Baumwolle verziert ist, servieren schwarzen Kaffee in weißen Porzellantassen mit Untertasse und milchigen Eiskaffee in hohen Gläsern. Der Boden ist mit einem lokal produzierten Kokosfaserteppich bedeckt, und an den grünen Wänden hängen bräunlich gefärbte Reklameschilder aus den 50er Jahren: «*A fine type ...*» (ein Bild von einem stolzen, weißbärtigen Bauern mit weißer Baumwollmütze), «... *a fine coffee*» (ein Bild von Kaffee-bohnen). «*Both are Indian!*»

Heute ist die dem Weltmarkt geöffnete indische Wirtschaft dabei, eine, wie Sunil Khilnani es in *The Idea of India* von 1997 aus-drückt, panindische Klasse von Konsumenten zu schaffen. Der Konsum vereint, und dabei sind nicht nur globale Marken ge-fragt. Im letzten Jahrzehnt wurden unterschiedliche regionale Unternehmen wiederentdeckt, doch mit dem Unterschied, dass sie nicht mehr nur lokal, sondern im ganzen Land verfügbar sind. Nunmehr industriell verpackt und mit Preisschild versehen.

Vorgekochtes südindisches Essen, das man in der Mikrowelle aufwärmen kann. Pauschalreisen in traditionelle Gesundheits-institute. Indische Folklore in Form bestickter Kissen und ge-schnitzter Holzmöbel, mit denen man sein Zuhause einrichtet. Designkleider mit traditionellen Mustern, die in den Boutiquen der klimatisierten Einkaufsgalerien der Großstädte verkauft wer-den. Ein Reisebürobesitzer in Kerala in Südindien jubelt, dass die neue indische Mittelschicht begonnen hat, Urlaub im eigenen Land zu machen, und durch Sightseeing ihr Kulturerbe wieder-entdeckt. Eines der Geschäfte auf der Mahatma Gandhi Road in Bangalore, das die meisten Passanten anzieht, ist das *Caucery Arts and Crafts Emporium*, das handgewebte Stoffe und traditionelles Handwerk verkauft. Sunil Khilnani nennt diesen Trend zurück zu den eigenen Wurzeln die «innerindische Exotisierung».

Das Angebot an Waren auf der Mahatma Gandhi Road stellt nicht nur einen Kampf zwischen einheimischen Traditionen und ausländischem Einfluss dar. Hier verschmilzt Indisches mit Aus-ländischem. Einflüsse von außen werden aufgenommen, doch wenn sie sich einmal etabliert haben, werden sie in die indische Kultur eingepasst und verwandelt – manchmal nur ein wenig, dann wieder bis zur Unkenntlichkeit. Indien war leicht zu er-obern, doch schwer zu verändern. Die herrschenden Eliten – vor allem die Brahmanen – hielten es für wichtiger, die soziale Hierarchie aufrechtzuerhalten, als die politische Unabhängigkeit und die rechte Lehre zu verteidigen. Karl Marx schrieb 1853 in einem Artikel in *The New York Tribune* über die indischen Dörfer. Auf dem Dorf, so Marx, seien das traditionelle Spinnrad und der Webstuhl der Nabel der Wirtschaft. Die sozialen Verhältnisse seien seit der Antike unverändert. Zur Unterstützung seiner Behauptung zitierte er einen Bericht an das britische Unterhaus, in dem alle Berufsbezeichnungen und Kasten des Dorfes aufgelistet wurden. Indiens ländliche Regionen müssen dem europäischen Betrachter im 19. Jahrhundert – mitten in einer Zeit der Veränderung und zunehmenden Industrialisierung – ungewöhnlich statisch erschienen sein. Das indische Dorf hatte seit Ewigkeiten dieselben Namen, dieselben Grenzen, dieselben Interessen und sogar dieselben Familien. Die Einwohner hatten kein Problem damit, wenn die Königtümer, denen sie angehörten, zersplittert und erobert wurden, wenn neue Herren kamen. Die Dorfeinwohner, schrieb Marx, würden sich nicht darum scheren, welcher Macht sie angehörten, solange die eigene Struktur des Dorfes unverändert bliebe. Ganz gleich, wer das Reich lenkte: Der Dorfbürgermeister blieb am Ende doch der Dorfbürgermeister, der Priester der Priester und der Schmied der Schmied.

Perser, Afghanen und Moguln sind eingewandert. Christentum, Islam und Kommunismus sind auf den Markt getragen worden. Westliche Bildung und westliche Konsumgewohnheiten haben sich aufgedrängt. Alle diese Einflüsse hat Indien angenommen, manchmal skeptisch, manchmal enthusiastisch, doch am Ende wurden sie «indisiert» und zu einem Teil dessen, was wir heute Indien nennen. Indo-sarazenisch nennt man einen Stil, den man in Tausenden von Maharadscha-Palästen, öffentlichen Monumenten und *Havelis* (Häusern von Reichen, Herrensitzen) in ganz Indien sehen kann. Dieser Stil ist wahrscheinlich aufgekommen, als der Sultan Ahmed Shah 1411 beschloss, die Stadt Ahmedabad in Westindien zu errichten. Da die muslimischen Herrscher hinduistische Handwerker beauftragten, wurden tausendjährige indische Traditionen mit muslimischer Architektur vermischt. Als die Briten im 19. Jahrhundert Bahnhöfe und andere öffentliche Gebäude bauten, fügte man noch europäische Gotik und hie und da ein wenig Barock hinzu.

Während der britischen Kolonialzeit nahm die indische Oberschicht europäische Gewohnheiten des Alkoholkonsums an. Wenn man heute eine indische Bar oder ein Spirituosengeschäft betritt, dann begegnet man immer noch der Abkürzung IMFL, die für *Indian Made Foreign Liquor* steht, während importierte Wein- und Spirituosensorten selten und richtig teuer sind. IMFL erzeugt ausländische Geschmacksrichtungen (Whiskey, Rum, Gin), in Indien hergestellt. Sie werden zu moderaten Preisen verkauft und tragen Namen, die den bekannten internationalen Marken verwirrend ähnlich sind: der Weißwein namens Chantili, der Whiskey heißt Peter Scot und der Rum Old Monk.

Es gibt unglaublich viele Beispiele für diese indisch-europäische Melange. Eines sind die indischen Marschkapellen, die man zum Beispiel für eine Hochzeit, einen runden Geburtstag, eine religiöse Prozession oder ein politisches Treffen buchen kann. Auf den ersten Blick spielen sie in einer britischen *military tattoo*-Tradition mit Trompeten, Posaunen, Pauken, Uniformen und Gamaschen. Doch bei näherem Hinsehen kommt einem alles sehr indisch vor: Die Applikationen auf den Uniformen sind nicht militärisch streng, sondern leuchten in verschiedenen, klaren Farben. Die Kapelle spielt voller Wehmut und Freude. Es dröhnt, heult und tutet wie eine Mischung aus einem Roma-Orchester und hinduistischer Festivalmusik. Importierte Ideen, *made in India*.

Seit Beginn des 20. Jahrhunderts besitzt Indien eine große einheimische Klasse aus Kapitalisten, die indische Industrieimperien aufgebaut haben. Sie haben in einer sicheren Umgebung arbeiten können, denn der globale Protektionismus der Kriegsjahre und die hohen Importzölle des selbständigen Indien haben sie vor ausländischer Konkurrenz geschützt. Dasselbe gilt für die kleinen Unternehmen, die alles von traditioneller Kleidung und Teppichen bis hin zu Klebeband und Wäscheleinen aus Plastik hergestellt haben. Das Angebot war nie zu klein, im Gegenteil: Es war genauso groß wie in der Konsumgesellschaft des Westens. Wenn man zu der Zeit der hohen Zölle ein indisches Geschäft betrat, konnte man zwischen zehn gleichartigen Klebebändern oder Wäscheleinen von zehn verschiedenen Herstellern wählen – *alle* waren indisch. Doch sie hatten eine Eigenheit: Sie waren für den indischen Konsumenten gemacht, der nicht viel bezahlen konnte, und deshalb war die Qualität schlecht. Wer aus dem Westen kam und ein gewisses Qualitätsniveau gewohnt war, fluchte über alle indischen Produkte, die sich auflösten oder plötzlich aufhörten zu funktionieren.

Als Indiens Wirtschaft liberalisiert wurde und die Zölle auf Importwaren sanken, bekamen indische Unternehmen zum ersten Mal seit der Selbständigkeit echte Konkurrenz. Doch dank der ersten vier Jahrzehnte mit hohen Importzöllen sind Indiens Kapitalisten gut mit ihr klargekommen. Ohne die geschützte Stellung wären sie wahrscheinlich bereits in den 50er Jahren von der westlichen Konkurrenz verdrängt worden.

Indische Fabrikanten reagieren schnell. In der harten Konkurrenzsituation von heute wird eine höhere Qualität verlangt – also erzeugen sie Produkte von höherer Qualität. Heute sind Waren gefragt, die international wirken – also erfinden sie Produkte, die hundert Prozent indisch sind, aber ausländisch aussehen. Als sich der Trend durchsetzte, Caffè Latte in Pappbechern und dazu amerikanische Muffins zu konsumieren, konnte das amerikanische

Starbucks nicht mal blinzeln, da hatten die einheimischen Unternehmen Barista und Coffee Day schon die amerikanische Kaffeekultur geklont und Hunderte Coffeeshops in ganz Indien eröffnet.

Im Koshy's hat man Routine, wenn es darum geht, das Indische mit Einflüssen der Umwelt zu vermischen. Prem Koshy möchte, dass sein Lokal eine reichhaltige Mischung aus allem ist, ein Indien *en miniature*. Früher umfasste die Speisekarte beeindruckende 1200 Gerichte, inzwischen ist sie auf immer noch beeindruckende 900 geschrumpft. Stark gewürzte, regionale indische stehen neben faden britischen Gerichten. Die Cajun-Küche trifft auf die koreanische. Die Einrichtung des Hauptspeisesaals ist in 50 Jahren nicht verändert worden («... das wage ich nicht, da müsste ich erst die Stammgäste fragen»), aber trotzdem, oder vielleicht gerade deshalb, lockt er viele junge Bewohner von Bangalore an.

Prem Koshy krempelt die Arme der Lederjacke hoch, stützt die Ellenbogen auf die Resopalplatte des Tisches und spricht davon, was das Leben lebenswert macht: mit Schlangen umzugehen (er hat mehrere in seinem Terrarium zu Hause), Blues zu spielen, einen ökologischen Lebensstil zu pflegen und das Koshy's als einen Ort für unwahrscheinliche Begegnungen zu bewahren. Ein Ort der Begegnung, der subversiv sein kann. Architekten, Politiker, Journalisten, Kulturarbeiter, Studenten – sie alle treffen sich im Koshy's, diskutieren Erfahrungen und machen Pläne. Einmal, erzählt Prem Koshy und lacht zufrieden in sich hinein, ehe er weiterspricht, einmal habe man in einer Gruppe im Koshy's über die Globalisierung und das amerikanische Skandalunternehmen Enron (ein Elektro-, Naturgas- und Papier-Megakonzern, der 2001 wegen umfangreichen Insiderhandels, Buchführungsbetrug und Korruption in Konkurs ging) diskutiert. «Müsste man Enron nicht aus Indien rausschmeißen?», fragte einer. «Man sollte was tun», antwortete ein anderer.

«Einer unserer Stammkunden, den wir den Buddha nennen, ging nach der Diskussion nach Hause und schrieb eine Eingabe beim höchsten Gericht Indiens. Dann wurde Enron aus Indien rausgeschmissen. Sowas gibt's einfach nur hier im Koshy's», schmatzt Prem mit einer verlockenden Krokette auf der Gabel.

Manchmal diskutiert man auch abseitigere Fragen bei Koshy's. Zum Beispiel, wenn sich eine andere Gesellschaft, der Club «Dirty Old Men», trifft. Das ist ein Herrenclub, in dem es heißt, dass man eine *stiff upper lip* und eine korpulente Körperform wertschätzt. Da wird dann unter Umständen laut «… wie konnte er nur!» ausgerufen, während man koloniale Gerichte wie *Mulligatawny soup* speist und General Percevals Kapitulation vor den Japanern in Singapur im Zweiten Weltkrieg diskutiert.

«Hierherzukommen, das ist für manche, wie in ihre Kindheit zurückzukehren», erklärt Prem Koshy und fragt neugierig, wie mir das Lammsteak geschmeckt hat.

«Oder in die Kindheit der eigenen Eltern», fügt er hinzu, während sein Handy die Ouvertüre von Wilhelm Tell zu pfeifen beginnt.

Als er fertig telefoniert hat, sieht er mich mit seinem intensiven, entgegenkommenden Blick an und schließt seine Überlegungen in großem Stil ab:

«Die Vergangenheit bewahrend gehen wir weiter in die Zukunft.»

Als er gegangen ist, denke ich darüber nach, ob er das Koshy's meinte oder Bangalore oder vielleicht ganz Indien.

5. Rote Politik im grünen Kerala

Der Kanyakumari Express schlängelt sich gen Süden nach Thiruvananthapuram, die Hauptstadt des Bundesstaates Kerala. Es ist
ein Expresszug, der niemals richtig Fahrt aufnimmt, gerade so,
als wären die Gleise mit Kaugummi beklebt. Ich liege auf meinem Bett mit Kunststoffpolster in der zweiten Klasse und lese
Der Gott der kleinen Dinge von Arundhati Roy, der weltberühmten
Autorin des südindischen Flusslandes. Vor dem Zugfenster ein
Panorama mit der Heimat der Schriftstellerin im Rhythmus des
Kladunk-Kladunk der Gleisschwellen: hellgrüne Reisfelder und
dunkelgrüne Weiden, Reihen von beschnittenen Gummibäumen
mit ihrem weißen Saft, der in blaue Eimer rinnt, rote Wasserpfützen wie Risse und Wunden in dem grünen Körper.

Arundhati Roy geht in ihrem Buch der Frage nach, warum in
Kerala – das 1957 als erstes Land der Welt in einer allgemeinen,
demokratischen Wahl eine kommunistische Regierung wählte –
der Kommunismus seinen Siegeszug antreten konnte. Doch anders als in der Sowjetunion, in Osteuropa und bestimmten sozialistischen Ländern Afrikas war der gesetzliche Rahmen der
indischen Demokratie derart robust, dass die Politiker auf ausgrei-
fende Verstaatlichungs- und Kollektivierungsmaßnahmen ver-
zichteten. Keralas Kommunisten luden zu einer Cocktailrevolu-

tion ein, schreibt Arundhati Roy: «Eine betörende Mischung aus östlichem Marxismus und orthodoxem Hinduismus, gewürzt mit einem Schwung Demokratie.»

Die Communist Party of India (marxistisch) wagte es zwar nicht, die Verfassung zu übertreten und eine Revolution anzuzetteln, weil sie bereits mit den Gepflogenheiten der Demokratie vertraut war. Doch sie handelte wahrhaft revolutionär, indem sie eine staatliche Grundschulausbildung und eine allgemeine Krankenversorgung ins Leben rief – zwei Gebiete, die im übrigen Indien auf sträfliche Weise vernachlässigt wurden.

Kerala verzeichnet geringe wirtschaftliche Wachstumsraten, das Pro-Kopf-Einkommen ist niedrig und die Arbeitslosigkeit extrem hoch. Gleichzeitig hat Kerala die höchste Alphabetisierungsrate in Indien (94 Prozent bei Männern wie bei Frauen), die gesündeste Bevölkerung, die geringste Säuglingssterblichkeit, das geringste Bevölkerungswachstum, das höchste Durchschnittsalter und die emanzipiertesten Frauen. Die Statistiken über die Lebensbedingungen für die Einwohner von Kerala liegen näher beim I–Land USA als beim Mutterland Indien. Arm, was materiellen Wohlstand angeht, reich im Hinblick auf menschliche Wohlfahrt.

Der Expresszug gelangt mehrere Stunden verspätet nach Thiruvananthapuram.

«Willkommen in Kerala», sagt ein kleiner, dunkelhäutiger Mann, der uns auf dem Bahnsteig entgegenkommt.

Er heißt Vinod, ist Mopedtaxifahrer und hofft, uns irgendwohin in die Stadt kutschieren zu können. Vinod spricht perfekt Englisch und trägt ein glänzendes Handy in der Brusttasche.

«Heute demonstrieren die Textilarbeiter auf der Mahatma Gandhi Road, wir müssen uns also beeilen, ehe die Straße gesperrt wird», sagt er und kickt das dreirädrige Moped in Gang.

«Es gibt immer irgendeine Demonstration», seufzt er, und es klingt so, als spräche er von wiederkehrenden Kopfschmerzen.

Das Mopedtaxi schlängelt sich an den Staus in Thiruvananthapurams schmalen, gewundenen Straßen vorbei. Palmen beugen sich über rissige Steinmauern. Häuser, fleckig von schwarzem Schimmel und mit Sprüngen im Mauerwerk, weil sie nicht renoviert wurden. Trotz seiner relativ gesunden und gut ausgebildeten Einwohner hat Kerala große Probleme. Die Wirtschaft tritt auf der Stelle. Der Bundesstaat ist extrem dicht bevölkert. Die Bauern werden von den Lebensmittelimporten, die seit der Liberalisierung der Wirtschaft in Indien angestiegen sind, aus dem Rennen geschlagen. Es gibt nicht genügend Jobs. Drei Millionen Keraliter – zehn Prozent der Bevölkerung des Bundesstaates – leben als Gastarbeiter in Ländern um die Persische Bucht, vor allem in Kuwait, Katar und den Arabischen Emiraten. Doch diese Töchter und Söhne des Landes verdienen auf der anderen Seite des Arabischen Meers viel Geld. Nicht selten sind ihre Löhne zehn-, zwanzigmal höher als in Indien. Sie schicken Geld nach Hause und versorgen so den Rest der daheimgebliebenen Großfamilie.

«Kerala ist nicht zu retten, es genügen acht Personen, um eine Gewerkschaft zu gründen und seine Rechte zu verlangen», beklagt Vinod, als er an Hauswänden vorbeifährt, die mit Demonstrationsaufrufen für den Abend beklebt sind.

«In Delhi, wo ich studiert habe, war es anders. Da halten die Arbeiter still, da gibt es jede Menge Jobs.»

Wir fahren an den roten Fahnen des Gewerkschaftsverbandes mit Hammer und Sichel vorbei, die vor einer handgemalten Mauerreklame für Internetlieferanten, Eiscafés und Handykarten in die rote Erde gesteckt sind. Am Hotel werden wir abgesetzt, bekommen Vinods Handynummer und versprechen, anzurufen, wenn wir einen Fahrer brauchen.

Vom Dachrestaurant des Hotels mitten in der Hauptstadt von Kerala schaue ich auf eine Illusion: Es sieht aus, als seien wir von einem dichten Kokospalmen-Dschungel umgeben. In Wirklichkeit bilden die Palmblätter ein grünes Dach und verbergen eine ebenso dicht bebaute Stadt mit einem niemals versiegenden Strom von Bussen und Autos und einem wimmelnden Volksgetümmel. Ich höre Transistorradios lärmen, Autos hupen, Fahrräder klingeln und Handys läuten, sehe aber nur eine unendliche Weite von Blatt an Blatt.

Die Kokospalmen neigen sich über den Highway 47, Keralas Hauptader von Norden nach Süden. Unser Taxi saust nach Süden durch einen Tunnel aus raschelnden Fotosynthesen. Je enger, desto schneller. Je grüner, desto unwirklicher. Brüllende, mit Ananas und Kokosnüssen beladene Lastwagen pflügen durch eine undisziplinierte Armee von schaukelnden Herrenfahrrädern in schwarz und chrom. Vorbei an weißen Kirchen – stand da nicht eben Jesus? –, grünen Moscheen, grauen Fabrikgebäuden und farbsprühenden, handgemalten Reklamebildern auf niedrigen Steinmauern.

Die Fragen drücken mehr als der Plastiksitz des Taxis.

Warum können in Kerala fast alle lesen und schreiben, wenn im restlichen Indien jeder vierte Mensch Analphabet ist?

«Der Maharadscha von Travancore (dessen Königreich die südliche Hälfte von Kerala umfasste) war der aufgeklärteste aller Maharadschas in Indien. Und die höchsten Kasten, die Namboodiripad und die Nair, stellten sich der Verbreitung der Bildung in den unteren Kasten nicht in den Weg», antwortet ein junger Zoologie-Doktorand.

«Das ist die Frucht all der von den christlichen Missionaren gegründeten Schulen. Ja, und außerdem leben wir an der Küste, und da war man von jeher gezwungen, mit Leuten von draußen zu reden», meint ein bärtiger Biologe.

Ja, aber warum sind die Armen nicht genauso arm wie in Nordindien?

«Das verdanken wir den radikalen Landreformen der Kommunisten von 1957 und 1969», antwortet der örtliche Direktor eines expandierenden Elektronikkonzerns.

«Das liegt an den starken Gewerkschaften. In Kerala kann man ein Träger mit Tageslohn sein und trotzdem anständig verdienen», gibt der aus dem Nachbarland Karnataka stammende Zoologe zu bedenken, dem die Unterschiede aufgefallen sind.

Schon, aber warum funktioniert dann die Wirtschaft, wo doch die Kommunisten normalerweise das Großkapital abschrecken?

«Wir haben günstige und gut ausgebildete Arbeitskräfte, wir arbeiten hart, die Spareinlagen sind hoch und die Regierung befördert den Export», erwidert die Vizedirektorin, als hätte sie die Antwort auswendig gelernt.

Ich nehme den Bus in die Kardamomberge. Der Fahrer fährt forsch durch einen Wald aus Kokospalmen die Serpentinen entlang der Schluchten hinauf, wo feuchter Dunst in die Taleingänge wabert und Wasserfälle die Abhänge hinunterstürzen. Dann bin ich in der Bergstadt Munnar angekommen, die von Hügeln mit Teeplantagen umgeben ist.

Am nächsten Tag erwache ich zu wehmütigem muslimischen Gebetsgesang, nehme mein Mittagessen zum dumpfen Klang christlicher Glocken ein und schlafe bei frenetischem hinduistischen Klingeln von etwas, das wie eine Kuhschelle klingt, ein. Aus meiner Pension auf dem Hügel sieht das Zentrum der Stadt wie ein Spielzeugdorf aus. Ein Wirrwarr aus Menschen, Bussen, Büschen, Bananenstauden und kleinen, rußigen, kaputten, verbeulten Kisten mit verrostetem Blechdach – Kisten, in die ein dicht zusammengepresstes Sortiment an Kleidern, Hausgerät aus Edelstahl, Radio- und Fernsehapparaten passt, und ein paar wenige Quadratmeter für den Verkäufer, auf denen er steht.

Hier treffen sich drei sprudelnde Flüsse, drei verschlungene

Straßen und drei mächtige Weltreligionen. Doch weder Allah noch Brahma oder der christliche Gott herrschen hier über die Lebendigen und die Toten, sondern ein privates indisches Großunternehmen. Der Megakonzern Tata besitzt sämtliche Teeplantagen um die Stadt und dazu noch die Arbeiterwohnungen, die Tagesstätten, das Krankenhaus, die Schulen – einfach alles. Die von den Kommunisten geleitete Linksfront hat die Großgrundbesitzer nicht angetastet. Tatas Tee-Imperium sind die ansonsten konsequent durchgeführten Bodenreformen und die radikale Gleichstellungspolitik der Kommunisten erspart geblieben. Es ist in Kerala wie in Skandinavien: Auch die mit dem Bau des Volksheims betrauten sozialistischen Ingenieure hatten immer eine Schwäche für die größten Kapitalisten.

Alle, die hier wohnen und arbeiten, sind aus dem Nachbarstaat Tamil Nadu hergezogen.

«Die Arbeiter aus Kerala kann man nicht auf dieselbe Weise behandeln. Hier sind schließlich alle in der Gewerkschaft», gluckst Rajiv Udayabhanu, der Chef eines erfolgreichen Reisebüros in Thiruvananthapuram.

Er scheint sich an seiner Behauptung zu erfreuen, dass sich die Menschen aus seinem Bundesstaat möglicherweise nicht so leicht unterdrücken lassen, weil die Kommunisten ihnen die Ideen einer gewerkschaftlichen Vertretung und gerechter Verteilung regelrecht eingebläut haben.

Millionen von heruntergeschnittenen Teebüschen bedecken Berge und Täler so weit das Auge reicht, vom Rand der lärmenden Stadt bis hin zu den stillen Nebel-Vorhängen am Horizont. Sie sehen aus wie eine große Fläche aus weichem, hügeligem Moos. Ich möchte hingehen, mich in das Grüne und Feuchte legen und das Chlorophyll einatmen. Hinter jeder Wegbiegung eine Teefabrik aus weißem, verschnörkelt geschnitztem Holz und großen Glasflächen, wie aufgedunsene Varianten europäischer Herrensitze und Großhändlervillen. In der Nase ein säuerlicher Duft der Pflanzensäfte von Munnars Exportschlager seit mehr als hundert Jahren. Tee. Tata-Tee.

Während des Pooram-Festivals reiten im Mai jeden Jahres hinduistische Priester mit Pfauenfedern auf goldgeschmückten Elefanten durch den Park vor dem Vaddukanatha-Tempel in der Stadt Thrissur. Die Tabla-Trommeln klingen, und am Nachthimmel explodiert Feuerwerk. Doch an diesem Abend sind andere Töne vor dem stattlichen Tempel zu hören.

Ein Blasorchester spielt Marschmusik, während die Mitglieder der indischen kommunistischen Partei in roten Hemden und beigen Baskenmützen unter den Tamarindenbäumen vor der provisorischen Bühne einziehen. Rote Fahnen wehen im Wind, und die Krähen krächzen dazu. Das abendliche Treffen wird zum Gedenken an den örtlichen Kommunistenparteiführer Azhikodan Raghavan abgehalten, der hier in Thrissur im Herbst 1972 erschossen wurde. Doch weil ich die Reden, die in der lokalen Sprache Malayalam gehalten werden, nicht verstehe, ziehe ich mich aus der roten Volksmenge zurück und treffe auf Nishantip, Parteimitglied und Vorsitzender des *Gramin Pnachayat*, des Ortschaftsrates einer kleinen Gemeinde vor der Stadt. Und er beginnt begeistert davon zu schwärmen, wie gut das rote Kerala ist, berichtet von Muttergeld an arme Mütter, Arbeitslosengeld und der hohen Alphabetisierungsrate, und von der direkten Demokratie, die von der kommunistischen Regierung des Bundesstaates «Kampagne des Volkes» genannt wird.

«Alle drei Monate werden alle Gemeindemitglieder zu einer großen Sitzung eingeladen. Da beschließen wir gemeinsam, ob wir eine Brücke über den Fluss bauen wollen oder die Schule renovieren.»

Nishantip ist *cand. phil.* der Universität Kozhikode, aber ar-

67

beitslos. Er erhält Unterstützung vom Gemeinderat, doch damit kommt er nicht weit.

«Wir in Kerala sind gut ausgebildet, kompetent, politisch. Der Rest betrachtet uns als Bettler, aber wir sind eine enorme menschliche Ressource», sagt er und sieht mich neugierig mit seinen pfefferkornschwarzen Augen an.

Eine Woche später spaziere ich auf der Mahatma Gandhi Road in Thiruvananthapuram. Der Vollmond strahlt, und das Hemd klebt einem schweißnass am Körper. Dann betrete ich das Sekretariat, ein Haus im antiken griechisch-römischen Stil mit Pfeilern, Architraven und Arkaden. Ich werde durch die heißen Flure in einen klimatisierten, kühlschrankkalten Raum geführt, der groß ist wie ein Badminton-Feld. Dort – hinter einem gigantischen Schreibtisch – sitzt Thomas Isaac und sieht aus wie eine gepflegte Version von Karl Marx mit grauem Bart und rundem Bauch.

Thomas Isaac ist ein gefragter Mann, und das ist nicht verwunderlich. Er ist der Star-Politiker der Partei, international bekannter Volkswirtschaftler, Finanzminister des Bundesstaates und ständig in irgendeine politische Kontroverse mit der Opposition oder der föderalen hinduistischen Rechtsregierung in Neu-Delhi verwickelt. Die Partei, die er vertritt, die Communist Party of India, ist die größte in der Regierungskoalition des Bundesstaates. Da die kommunistische Partei dort allein zu schwach ist, verbringt er viel Zeit damit, mit Lobbyisten, Allianzpartnern und Parteikollegen zu sprechen, um für verschiedene Eingaben Mehrheiten zu bekommen. Sein Handy klingelt ständig, Mitarbeiter rennen mit Papierstapeln rein und raus. Ich stelle eine Frage, bekomme aber keine Antwort, warte verärgert und werde sauer. Am Ende schenkt er mir doch seine Aufmerksamkeit, hört etwas verschlafen zu, als hätte er mich eben erst entdeckt, und erzählt dann, was er von der Globalisierung der Wirtschaft hält, die seit

1991 von der Regierung in Neu-Delhi befördert wird – und in deren Folge die Reisbauern nicht mehr von ihrer Ernte leben können.

«Vierzig Prozent der Bevölkerung in Kerala sind Bauern. Ihre Einkünfte sind aufgrund der wachsenden Konkurrenz auf dem Weltmarkt gesunken», dröhnt er mit Stentorstimme.

Doch er erkennt auch die Chancen der Globalisierung. Er glaubt, dass die Industrialisierung übersprungen werden kann, direkt vom Reisanbau in die Hochtechnologie.

«Wir setzen auf hochtechnologische Infrastruktur, so dass die IT-Unternehmen Nutzen aus der Globalisierung ziehen können», lautet sein Credo.

Ich bin neugierig, welche Meinung ein vom Volk gewählter Marxist mit politischer Verantwortung zu den Abwicklungen und Privatisierungen der letzten zehn Jahre hat.

Er atmet aus, fängt an, ein wenig freier und weniger programmatisch zu reden, bricht dann aber mitten im Satz ab, um ans Handy zu gehen. Dann erklärt er mir, warum in Kerala nicht die rigiden Kastenhierarchien herrschen wie in Nordindien.

Nein, sagt er, das sei nicht das Verdienst der Kommunistischen Partei gewesen. Schon im 19. Jahrhundert seien unter den niedrigen Kasten der damaligen hinduistischen Fürstentümer Travancore und Cochin soziale Reformbewegungen erstarkt. Schon damals habe man Ausbildung als einen Weg zur Befreiung für die niedrigen Kasten angesehen. Und im 20. Jahrhundert hätten die untersten Kasten für den Bau von Schulen gestreikt.

«Es gab ganz einfach starken Druck von unten, das ist das Geheimnis des Vorbildcharakters von Kerala», fasst Thomas Isaac zusammen.

Aber warum haben die Einwohner in Kerala die Bedeutung der Ausbildung erkannt? Ein Puzzlestein hierzu sind vielleicht die frühen Kontakte zu portugiesischen Händlern und christlichen

Missionaren, die vom Meer kamen und das Bedürfnis erzeugten, mit Ausländern kommunizieren zu können. Vielleicht waren die frühen Kontakte der Malabarküste mit fremden Kulturen ein Katalysator für das Streben nach Bildung.

Thomas Isaac hat auch eine Analyse der Globalisierung von heute parat. Sie ist zweischneidig. Die Globalisierung – meint er, wischt sich den Schweiß von der Stirn und rückt seine dünne Drahtbrille zurecht – habe Probleme wie Chancen geschaffen.

«Fast die Hälfte der Bevölkerung von Kerala sind immer noch Bauern. Da sie nun weniger verdienen, sind viele stark verschuldet, und manch einer sieht im Selbstmord den letzten Ausweg aus der Schuldenfalle», berichtet er. «Die Bauern brauchen finanzielle Hilfe, um den Strukturwandel des ländlichen Raumes bewältigen zu können. Wir müssen bei der Schuldenabschreibung helfen und bei der Umschulung.»

Keralas gut funktionierende Gesundheitsversorgung und Schulen sind das Ergebnis eines Entwicklungsmodells, das darauf zielte, die alten Strukturen des Grundbesitzes zu zerschlagen und das Kastenwesen zu bekämpfen. Die Globalisierung und die Liberalisierung des indischen Modells – mit hohen Zöllen und staatlichen Monopolen – tragen das Risiko, wenn man dem Finanzminister glaubt, dass die sozialen Landreformen unterminiert werden. Doch man könne ja nicht nur kritisieren, meint Thomas Isaac. Man müsse mit der neuen Situation umgehen lernen.

6. Nachhaltiger Tourismus in God's own country

Erde, Schlamm, verrottendes Fallobst, frische grüne Blätter und schießende Sprösslinge. Im Dorf zwischen Reisfeldern, Kanälen, Fluss und Seen wächst hartes, dunkelgrünes Moos auf den Mauern, blühen in den Gärten der Häuser rote Hyazinthen und leuchtet die mit Geld vom Vatikan frisch renovierte Kirche in weißer Pracht am Flussufer.

Die Familie von Thomas Zacharias lebt in diesem tropischen Gewächshaus seit Beginn der christlichen Zeitrechnung. Im Ahnenbuch der Familie steht, dass sie zusammen mit einer Schar Südinder von dem Apostel Thomas, hier bekannt als St. Thomas, christianisiert wurde.

Thomas Zacharias ist ein seriöser, gut organisierter und verantwortungsbewusster Familienvater und Reisbauer. Computer im Wohnzimmer. Gut gepflegte Küchenzeile. Im Garten hängen zwischen den Palmen rote und gelbe Weihnachtssterne, als sei der ganze tropische Garten ein Weihnachtsbaum. Leute wie Thomas sind wahrscheinlich eine Erklärung für Keralas Erfolge. Menschen, die eine Ausbildung, feste Ideale haben und in ihrem Leben Gutes tun wollen, und das nicht nur innerhalb von

Familie, Verwandtschaft und Klan, sondern auch in der Nachbarschaft.

In der rostroten Dämmerung gehen wir auf dem Erdwall durch sein zweieinhalb Hektar großes, wassergefülltes Reisfeld. Das hohe Gras kitzelt an den Beinen. Frösche quaken, eine Kuh muht. Und wie im Traum helle Flötentöne und von Ferne ein Gebet – «Hare Rama, hare Krishna, hare Rama Rama» – aus einem Hindutempel, das gleichzeitig vom eintönigen Glockenklang einer katholischen Kirche überlagert wird.

Thomas wohnt mitten in den Backwaters, Keralas «Reisschale», dem Flussland von Kuttanad – ein tropisches Holland, ein ländliches Venedig –, wo man seit Generationen davon lebt, Reis und Kokosnüsse anzubauen. Hier, wo man die indischen Plagen wie Kastenkrieg und gezielte Abtreibung von weiblichen Föten nicht kennt, muss man nur eine Luke in dem Erdwall öffnen, der den Acker vom Fluss trennt, und schon läuft das Wasser auf das Feld, von dem man mindestens zweimal im Jahr erntet.

«Die kommunistische Partei von Kerala hat das Leben hier im Dorf ein für alle Mal verändert», sagt Thomas, als er mit seinen Flipflops auf dem Pfad aus gestampfter, feuchter Erde zurück zum Dorf geht.

Dass Thomas die Kommunisten lobt, könnte auch seltsam erscheinen. Seine Ahnen waren feudale Grundbesitzer mit besitzlosen Untergebenen. Nach der Tempelreform des letzten Maharadschas von Travancore 1946 wurden die Unberührbaren, die sich nunmehr Daliten nennen, in den Hindutempel hereingelassen. Die Bodenreform der Kommunisten 1957 erwirkte, dass alle im Dorf ein Stück Grund erhielten. Die Großbauern, darunter auch Thomas' Familie, verloren große Teile ihres Eigentums. Manche entschieden sich, wegzuziehen, doch der Großvater von Thomas blieb.

Heute besitzt niemand viel, aber alle etwas, und auch die Ärmsten des Dorfes sind Teil lokaler Vereinigungen und Kooperativen, in denen die ursprüngliche Bedeutung von Unberührbarkeit auf den Müllhaufen der Geschichte geworfen wurde.

Ich esse mit Thomas, seiner Frau, ihren Kindern, seinem Bruder und den Eltern zu Abend. Es gibt *Idiapam* (weiße, dampfende Reiskuchen mit Kokos), gebratenen Reis mit Gemüse, Stücke getrockneten Kokos und gebratenen, frisch gefangenen Fisch. Wir kommen bald auf die Herzensfrage von Thomas zu sprechen: wie man in einer von oben regierten Welt lokal Einfluss ausüben kann.

«Community Greenpalm Homes» steht auf dem Blechschild, das noch frisch gemalt im Schuppen steht, aber bald an die Mauer gehängt werden soll, die zum Pambafluss weist. Das Schild ist neu, das Unternehmen jedoch nicht. Seit den 90er Jahren hat Thomas Bezahlgäste in seinem Haus aufgenommen. Erst waren die Nachbarn skeptisch. Inzwischen haben drei weitere Dorfbewohner ein *Homestay* eröffnet, das sich für viele Familien im Dorf zu einer wichtigen Einkommensquelle entwickelt hat.

«Ich glaube an Tourismus auf niedriger Ebene, Nachbarschaftstourismus, an dem alle verdienen können. So animiere ich meine Freunde im Dorf, Kanus auszuleihen und Volkslieder zu singen und ihre handwerklichen Arbeiten zu verkaufen», sagt Thomas, während wir zwischen rissigen, mit feuchten Flecken bedeckten Gartenmauern und dem nach Schlamm riechenden Fluss an Kiosken mit Keksen, Bananen, Waschmittel, portioniertem Shampoo und Reklame für Matratzen und Wassertanks hindurchspazieren.

Als die Sonne untergeht, folgen zwei pechschwarze Abendstunden, ehe der Mond über dem quakenden, gluckernden, holzbootknarrenden Flussland aufgeht. Da wirkt die Silhouette des Palmenwalds gegen den mondweißen Himmel wie eine schwarze, abstehende Punkfrisur, hier riecht es nach Moor und See, wie an einem zugewachsenen mittelschwedischen Binnensee. Wir gleiten in einem ruhigen Kanu langsam den Pambafluss hinunter. Die beiden Freunde von Thomas singen, während sie uns mit langen Stangen vorwärtsstaken. Erst einen Kerala-Blues über das frühere Leben im Dorf, vor der Bodenreform:

«Wir haben kein Geld, Tapioka zu kaufen ... wir haben kein Öl für unsere Lampen ...»

Dann ein Lied, das in ein und demselben Refrain Lord Krishna und den Engeln des christlichen Gottes huldigt, den Beschützern des Flusslandes.

Auf die Nacht ist der Strom wie jeden Abend für eine halbe Stunde abgeschaltet – eine Folge der galoppierenden Energiekrise. Der Ventilator bleibt stehen, die Luft wird dick, die Hitze rückt heran. Die Mücken stechen mich auf die Füße, doch das ist in der Sommerhütte meiner Großeltern am Dalälven mindestens genauso schlimm. Eine große Hummel kämpft sich in der heißen, stillstehenden Dunkelheit müde, indem sie wütend um die Kerzenflamme schwirrt. Ich denke an die Formulierung von Arundhati Roy über Schmeißfliegen, die sich an Fensterscheiben besinnungslos schlagen und müde und «verdutzt sterben». Das schrieb sie 1996 in ihrem Erfolgsroman *Der Gott der kleinen Dinge*, der ein Jahr später den Bookerprize gewann und sich in der ganzen Welt sechs Millionen Mal verkaufte.

Früh am nächsten Morgen laufe ich durch die enge Dorfstraße. Die Morgenfähre von Alappuzha fährt klingelnd und mit knurrendem Dieselmotor Anleger zu beiden Seiten des grünen Flusses an. Hammer und Sichel an den Hauswänden. Vor der Marienkirche eine frisch geputzte Maria mit dem vom Kreuz genommenen Jesus auf dem Schoß. Und still fließt der fette Fluss mit Resten von Wasserhyazinthen und afrikanischem Moos dahin.

«Hallo, ich heiße Sony», sagt der Taxifahrer, schüttelt meine Hand und sieht mir mit festem Blick in die Augen.

Während wir auf der Küstenstraße, Keralas Lebensnerv, weiter nach Süden fahren, sprechen wir von der politischen Landschaft in seiner Heimatgegend. Sein Englisch ist ebenso robust wie seine Selbstsicherheit – ganz anders als das untertänige Dienstvolk im hierarchischen Nordindien.

Mein Blick wandert die Reihen von Zementpfeilern ab, die den neuen Sky Train von Kochi (dem ehemaligen Cochin) tragen, dessen Züge zehn Meter über den verstopften Straßen hinsausen. Die Sonne bricht durch den Nordostmonsun und wirft einen pfirsichfarbenen Schein auf glänzende Reklameschilder und rissige Hausfassaden. Polizistinnen in hellblauen Hemden und mit weißem Mundschutz winken Bajaj-Mopeds und Tata-Autos über die Kunnumpuram Junction.

«Der Verkehr ist furchtbar», klagt Sony, als sich der Verkehrsknoten endlich aufgelöst hat und er einen der roten Busse der Kerala State Road Corporation überholt, der mit heftiger Schlagseite gen Süden fährt, röhrend und schwarzen Rauch ausstoßend.

Im Rinnstein liegen auf wackligen Holztischen Haufen von grünen, frisch geernteten Kokosnüssen. Wir fahren an einer cremefarbenen Kirche vorbei, dann an einer Moschee mit goldener Kuppel und einem hinduistischen Tempel mit pastellfarbenen Götterfiguren. *Think big* steht auf einem Reklameschild für eine Gegend mit hohen Wohnhäusern mit Meerblick. Die Botschaften sausen auf mich zu: Studieren Sie an der Cochin University of Science and Technology, kaufen Sie eine Wohnung, bauen Sie einen Pool, richten Sie sich mit Gem Lights Home Decor ein. Und dann die roten Fahnen mit Hammer und Sichel und die Abkürzungen der mit der kommunistischen Partei verbundenen Gewerkschaftsvereinigungen.

Ich reise einmal durch Keralas Geschichte und Neuzeit. Der südliche Bundesstaat – laut Touristenreklame *God's own country* – war dem restlichen Indien schon oft eine Nasenlänge voraus. Die Malabarküste und die Kardamomberge haben seit frühester Geschichte Seefahrer angelockt. Vielleicht ist die Gegend deshalb schon im 1. Jahrhundert n. Chr. christianisiert worden, und dank seiner Pfefferranken wurde die Gegend lange vor Erfindung des Wortes Globalisierung ein Zentrum des internationalen Handels. Ich sehe das Ergebnis von 2000 Jahren engen Austauschs mit der Umwelt wie eine tropische Version des Bayeux-Teppichs vor meinem Taxifenster vorbeiziehen – huch, eine weiße Christusstatue, oha, noch eine rote Fahne mit Hammer und Sichel.

In den letzten Jahrzehnten hat die Linksallianz Kerala eine Legislaturperiode lang regiert, um dann abgewählt und durch eine von der Kongresspartei geleitete Koalition ersetzt zu werden. Nur, um dann weitere fünf Jahre später erneut an die Macht gewählt zu werden. Seit ich zum ersten Mal hierherkam, hat mich dieser Bundesstaat fasziniert, der in hundert Schattierungen von Grün schimmert.

Ich kehre immer wieder nach Kerala zurück. Um bei Familien in den Backwaters zu wohnen und Interviews über das Alltagsleben zu führen. Um ein paar Wochen mit Yoga und Massagebehandlungen in einem Gesundheitszentrum auf einer Insel in einem See vor der Stadt Thrissur zuzubringen. Und um an den langgestreckten, hellgelben Sandstränden in Mararikulam, Varkala oder Kovalam baden zu gehen. Fast immer komme ich im Winter, wenn die Sonne am meisten scheint.

Doch in einem Jahr reise ich im September nach Südindien, während der Monsun in voller Fahrt ist und die Flüsse zum Übertreten bringt. Der Regen schüttet tagelang ungeheure Mengen

Wassers nieder. Die Hyazinthen fließen durch die Seen, die Flüsse hinunter und hinaus ins Meer. Bei Koch, wo sich Süß- und Salzwasser mischen, begegnen riesige Supertanker und Kreuzfahrtschiffe kleinen, herumirrenden Autofähren und Passagierbooten. Die Nebelhörner brüllen in der Ferne. Der Himmel ist voller dunkelgrauer Wolken, es grummelt, und der Regen lässt die hellblaue Wasseroberfläche im Pool des Hotels Brunton Boatyard in Fort Kochi gepunktet aussehen. Dann wird der tropische Monsun noch stärker und schlägt gegen die Hausdächer, als sei er ein frustrierter Riese, dem die Geduld ausgeht. Dröhnend haut er auf die Ziegel und zerrt zornig an den Kokospalmen.

Ich gehe barfuß über den glänzenden, rotgestrichenen Steinfußboden, sauge Feuchtigkeit und Wärme ein und lächele in mich hinein. Ich habe keine Angst vor dem Riesen. Im Gegenteil, ich habe mich auf ihn gefreut. Ziehe meine Flipflops an, spanne den Regenschirm auf und stapfe auf den Fischmarkt hinaus, während der Regen auf den imprägnierten Stoff pladdert. Das Unwetter macht mir so gute Laune! Ich finde, der Monsun ist ein gut dargebotenes dramatisches Schauspiel mit höchst interessanter Inszenierung und voller unerwarteter Wendungen.

Die chinesischen, riesigen Fischernetze ruhen in ihren Holzgestellen und sehen noch mehr als sonst aus, als stammten sie aus der Steinzeit. Uniformierte Schulkinder rennen, die Schultaschen als Schutz gegen den Regen über den Kopf gehalten, zu dem roten Regionalbus, an dessen Windschutzscheibe ein Aufkleber *Instant Jesus* verkündet. Es duftet nach Fisch, salzigem Meer, Dieselabgasen und Tropenfrüchten.

Durch die Lounge des Brunton Boatyard ziehen kühle Winde – von allen ersehnt nach einem heißen, drückenden und sonnengetränkten Nachmittag. Hier drinnen riecht es nach Kokosöl und Ingwer, nassem Mauerwerk und feuchter Zeitung. Und dort vor dem Bücherregal in der Gästebibliothek steht er, als wäre das alles eine geplante Szene in einem Kochprogramm im Fernsehen, mit hoher weißer Kochmütze vor einem tragbaren Gasherd und elf weißen Schalen voller geschnittener Zutaten zu einem *Green Mango Curry*.

«Dann beginnen wir mal», sagt er, und in dem Moment wird der ganze Raum fluoreszierend weiß, um dann sogleich im Dunkel zu versinken.

«Ich bin bereit», erkläre ich tapfer.

Die anderen Hotelgäste, die auch lernen wollen, Essen *Kerala style* zuzubereiten, nicken beipflichtend.

Krawumm! Das Monsunmonster ist außer sich vor Wut. Der Knall lässt das Haus erzittern. Wir fahren instinktiv zusammen und sehen uns beunruhigt um. Doch es lagen mehrere Sekunden zwischen Blitz und Donner, also konzentrieren wir uns wieder auf den Wok, in dem der Koch Jerry Matthews Fenchel, Chili, Senfsamen und Knoblauch in Kokosöl anbrät. Er sieht auf, um festzustellen, ob wir auch alle wieder aufmerksam sind und aufgehört haben, uns um Blitz und Donner zu sorgen. Danach schüttet er getrocknete Curryblätter, geriebenes Kurkuma und in Scheiben geschnittene grüne Mango in die Pfanne.

Noch einmal wohne ich ein paar Nächte zu Hause bei einer Familie im Flussland. Diesmal heißt mein Gastgeber Rajeev Thomas Kanjooparambil. Im Haus wohnen außer ihm selbst noch seine Frau, drei Teenager und Rajeevs Mutter, die seit fünf Jahren Witwe ist. Das Haus steht auf einem Grundstück an einer von Tausenden Wasserstraßen in den Feuchtgebieten von Kuttanad. Brotfrucht- und Mangobäume werfen Schatten auf den Rasen, und Fischerboote mit Außenborder und die Fähre auf dem Weg nach Alappuzha brummen vorbei. Die Kanäle, die Seen und Flüsse wachsen von fließenden Wasserhyazinthen und Seerosen zu, genau wie die Nebenflüsse und Seen beim Dalälven in Schweden.

Hier ist es eine Folge der Überdüngung aus Jahrhunderten intensiver Landwirtschaft.

«Mein Großvater hat hier in der Gegend große Stücke Land besessen, und die kleineren Bauern haben Boden von ihm gepachtet, den sie mit einem Zehnten aus ihrer Ernte bezahlten», berichtet Rajeev, als wir in seinem Garten mit Blick auf den Fluss sitzen.

«Aber dann kamen die Kommunisten mit ihren Bodenreformen, und der Grund wurde an die kleinen Bauern vergeben, die ihn bestellten.»

«Wie fand dein Großvater das?», frage ich.

«Er fand es gut. Mein Vater ebenso, und auch ich denke so. Es ist sehr viel besser, wenn der Boden gleichmäßig verteilt ist, so wie jetzt», antwortet Rajeev Thomas.

Rajeev und seiner Familie geht es gut. Er selbst hat eine Ausbildung als IT-Ingenieur gemacht, bekam einen Job bei der Deutschen Bank in Bangalore, von wo er nach Singapur geschickt wurde. Doch er hatte Heimweh und konnte sich nie richtig an das Großstadtleben gewöhnen. Seit drei Jahren wohnt er wieder in dem Haus, in dem er aufgewachsen ist, und lebt zum Teil von *paying guests* in seinem Zuhause.

Wir machen einen Nachmittagsspaziergang um die Insel, auf der Rajeev wohnt. Die Erde ist rot. Die Reisfelder leuchten in intensivem Grün. Die örtliche Mühle wird von den Bauern betrieben, die dort ihre Chilifrüchte zu Pulver und den Reis zu Reismehl mahlen und getrocknete Kokosnüsse zu Kokosöl pressen lassen. Bananenstauden und Tapiokagestrüpp rahmen die kleinen Steinhäuser ein, in denen Schulkinder Hausaufgaben machen. Auf Steintreppen hinunter in die Wasserläufe stehen Frauen und spülen Töpfe oder waschen Kleider in den graubraunen Kanälen.

«Wir können lesen und schreiben. Wir fallen nicht auf das Gerede rein, dass Menschen aus niederen Kasten weniger wert sein sollen. Weißt du, aus Kerala kommt nicht ein einziger Abgeordneter für die BJP (die Abkürzung für die hindu-nationalistische Bharatiya Janata Party) ins Parlament. Wir mögen diese Leute nicht, die Religion und Aberglauben mit der Politik vermischen wollen», erklärt Rajeev Thomas.

Auch Rajeev ist syrischer Katholik und geht jeden Sonntagmorgen um halb zehn in die Kirche.

«Sonst kommt der Pfarrer her und holt mich», lacht er.

«Gläubiger Christ und hingebungsvoller Kommunist? Wie passt das zusammen?», frage ich.

Doch Rajeev antwortet nicht auf die Frage. Stattdessen nimmt er einen Schluck Chai, wartet einen Moment, bis das störende Gebrumme der Passagierfähre, die auf dem Fluss vorbeifährt, verklingt, und dann sagt er:

«Menschen mit Bildung kann man nicht für dumm verkaufen. Deshalb lassen wir uns in Kerala nicht von dem neuen Wind der Intoleranz forttragen, der in diesem Land bläst, seit Modi an die Macht gekommen ist.»

Auf der anderen Seite des Flusses bellt ein Hund. Eine Kokosnuss fällt herab und landet mit einem dumpfen Schlag auf dem regennassen Rasen.

«Hier leben wir in Harmonie, Christen, Hindus und Muslime», ist Rajeev Thomas überzeugt. «Und wenn Politiker von der Hindu-Rechten kommen und Gegensätze heraufbeschwören wollen, ja, dann bitten wir sie, doch einfach abzuhauen.»

7. Familienherrschaft und Befreiung der Frau

Früher haben indische Zeitungen selten oder nie über Verge-waltigungen berichtet. Heutzutage tun sie das oft. Früher waren die Zeitungen voller Anzeigen unter der Rubrik *Matrimonials*, in denen Eltern Ehepartner für ihre heiratsfähigen Kinder suchten. Heute sieht man solche Kontaktannoncen immer seltener.

Um herauszufinden, was da passiert ist, nehme ich den Zug in die Tempelstadt Tiruchirappalli im Bundesstaat Tamil Nadu. Ich besuche den tausend Jahre alten gewaltigen Sri Ranganathaswa-my-Tempel in Srirangam am Rand der Stadt und nehme dann ein Auto-Rikscha-Taxi in ein modernes Industriegebiet, wo ich den jungen Webdesigner Senthil Murugesan treffe.

«Wie haben Sie Ihre Frau kennengelernt?», frage ich ihn.

«Auf der Seite Bharatmatrimony.com», erwidert er.

«Eine Kontaktseite?», frage ich erstaunt. «Sie haben gesucht, ein attraktives, interessantes Mädchen gesehen, ihr eine Mail ge-schickt, sich dann mit ihr getroffen …»

«Nein, nein», unterbricht er mich. «Meine Eltern haben die In-formationen über mich und ein Bild von mir eingestellt. Genauso haben es ihre Eltern für ihre Tochter gemacht. Dann haben *die* einander Mails geschickt und diskutiert, wie gut wir zusammenpassen würden. Ja, meine Eltern haben mich natürlich gefragt, wie ich das Mädchen finde, ehe ich sie treffen sollte, aber sie haben das alles arrangiert.»

Die arrangierten Ehen sind immer noch die Norm, die Liebesheirat die Ausnahme. Es scheint fast keine Rolle zu spielen, wie frei ein moderner Inder von den Kastenhierarchien ist – die Pläne für eine Ehe treibt sie, die sich die Freiheit erkämpft haben, zielsicher zurück in die Traditionsfalle. Man kann studieren, arbeiten und sich mit Leuten einer völlig anderen Kastenzugehörigkeit umgeben, aber wenn es ans Heiraten geht, dann tun das die meisten immer noch innerhalb der Kaste, der Innung und der Gruppe.

Doch Indien ist nicht, wie westliche Betrachter oft behaupten, veränderungsresistent. Der gesellschaftliche Wandel vollzieht sich in enormem Tempo. Kann sein, dass nur wenige Ehen über Kastengrenzen hinweg geschlossen werden, doch die Zahl steigt. Paare, die einander ohne die vorherige Einmischung der Eltern treffen, sind noch die Ausnahme, werden aber allmählich zur Regel. Die Mitgiften, die verlangt werden, sind hoch, doch die Forderungen sinken. Immer mehr Inder akzeptieren eine Ehe über Kastengrenzen hinweg, solange man sicher sein kann, dass es andere Kriterien als die Kaste gibt, die gesellschaftliche Einflussmöglichkeiten und Teilnahmechancen garantieren. Der Soziologe Shiv Visvanathan am Centre for the Study of Developing Societies sagt, wenn man seinen Status behalten kann, indem man einen Mann mit richtiger Ausbildung wählt anstelle eines Mannes aus der richtigen Familie oder Kaste, dann ist das okay. Dies gilt natürlich vor allem in den Städten. Bei der urbanen Mittelklasse sind die Eheanzeigen nicht mehr so stark auf die Kaste ausgerichtet wie früher und die verlangte Mitgift nicht mehr so horrend, meint Shiv Visvanathan.

Die neue Wirtschaft stellt Ausbildung und soziale Kompetenz

über Kaste und Religion. Und wer möchte nicht die gesellschaftliche Leiter hochklettern? Religiöse und soziale Tabus haben viele Inder daran gehindert, sich überhaupt einmal der Leiter zu nähern. Wenn nun die Fesseln der Tradition gelockert und durch individuelle Wahl ersetzt werden, bekommen sie zumindest die Chance zum Aufstieg.

Im Mai 2000 wurde eine magische Grenze überschritten. Indiens Bevölkerung überstieg die Milliardenmarke. Während die Zahlen in China durch die Ein-Kind-Politik stagnieren, steigen sie in Indien umso schneller. 1950 gab es 357 Millionen Inder, heute sind es 1,3 Milliarden. 2030 wird Indien mit 1,5 Milliarden Einwohnern das bevölkerungsreichste Land der Erde sein.

Während des Ausnahmezustands unter Premierministerin Indira Gandhi 1975–77 wurde eine Sterilisierungskampagne durchgeführt, die viel Kritik erntete, da lokale Beamte im Bemühen, die Ziele zu erfüllen, zu hart vorgingen und die Menschen zwangen, sich sterilisieren zu lassen. Danach begegneten die Wähler politischen Aktionen zum Thema Familienplanung, mit denen sie autoritäre und undemokratische Methoden verbanden, oft mit Misstrauen.

Trotz der historisch begründeten Skepsis gegenüber staatlichen Familienplanungsprojekten ist die Verwendung von Verhütungsmitteln durch indische Frauen in den letzten Jahrzehnten gestiegen. Heute schützt sich fast jede zweite indische Frau. Das ist der Hauptgrund dafür, dass heute weniger Kinder geboren werden. Die Anzahl Kinder ist von 6 pro Frau Ende der 1960er Jahre auf 3,4 Kinder 1992 und 2,18 im Jahr 2018 gesunken. Indische Frauen bringen insgesamt immer noch mehr Kinder zur Welt als europäische Frauen, auch wenn Indien auf dem Weg ist, sich den 1,92 Kindern pro Frau in Frankreich, 1,85 in Schweden und 1,6 in Deutschland (was auch der Durchschnitt in der EU ist) anzunähern.

In den Städten sind Zwei-Kind-Familien bereits die Norm, auf dem Land geht die Tendenz auch dahin. Die Entwicklung würde schneller gehen, wenn nicht Jungen so viel höher bewertet würden als Mädchen. Es kostet Geld, Mädchen zu verheiraten, und außerdem geht man davon aus, dass sie nicht so viel zum Familieneinkommen beitragen werden wie Jungen. Deshalb werden im internationalen Vergleich extrem viele illegale Abtreibungen von weiblichen Föten durchgeführt. Gleichzeitig werden kleine Mädchen schlechter behandelt als Jungen. Insgesamt hat dies dazu geführt, dass in Indien auf 1000 Männer nur 944 Frauen kommen (natürlicherweise ist es in einer Gesellschaft eigentlich so, dass es etwas mehr Frauen als Männer gibt). Die Bevorzugung von Jungen trägt paradoxerweise zur schnellen Bevölkerungszunahme bei: Viele Familien, die zum Beispiel zwei Mädchen haben, entscheiden sich dafür, so lange weiter Kinder zu bekommen, bis ein Junge dabei ist.

Doch der Trend geht in eine positive Richtung. Während einerseits die Aussichten auf dem Arbeitsmarkt für beide Geschlechter günstiger werden, sind laut dem National Family Health Survey immer mehr Familien bereit, sich mit zwei Kindern zu begnügen, auch wenn diese beide Mädchen sind. Die Haltung gegenüber Mädchen verändert sich im Verhältnis mit der Aussicht, dass Töchter ebenso einträglich sein können wie Söhne. Das Bevölkerungswachstum hingegen hat seine Ursache auch in positiven Veränderungen, wie zum Beispiel dem Sinken der Kindersterblichkeit und dem Ansteigen der durchschnittlichen Lebensdauer.

In Jules Vernes Roman *In 80 Tagen um die Welt* von 1873 beobachtet Phileas Fogg, wie eine indische Frau weggetragen wird, um auf dem Scheiterhaufen für ihren verstorbenen Mann, den Maharadscha von Bundelkhand, mitverbrannt zu werden. Die Witwenverbrennung war eine grausame Sitte, die heutzutage praktisch ausgerottet ist. Doch das Patriarchat lebt leider weiter. Sampat Pal Devi wurde 2006 Zeugin, wie ein Mann im Dorf seine Frau schlug, während die Passanten einfach vorübergingen, ohne einzugreifen. Dies war ein ebenso trauriger wie gewöhnlicher Anblick, auf den zu reagieren man im Dorf sich nicht mehr die Mühe machte. Doch Sampat war empört – und konfrontierte den Mann wütend:

«Kannst du nicht begreifen, dass deine Frau ein Mensch ist, genau wie du selbst?»

Doch das führte nur dazu, dass er auch sie angriff. In dieser Nacht konnte sie nicht schlafen. Grün und blau geschlagen lag sie da und grübelte nach, wie sie nicht nur verhindern könnte, dass dieser Mann seine Frau mitten auf der Straße misshandelte, sondern auch, dass alle Männer im Dorf ständig ihre Stellung, ihr Geschlecht und ihre Macht missbrauchten. Am folgenden Tag versammelte sie fünf andere Frauen um sich. Sie bewaffneten sich mit Bambusstöcken, zogen zu dem Mann, der seine Frau geschlagen hatte, und zahlten es ihm heim. Sie schlugen ihn so lange, bis er um Gnade bettelte.

Es entstand eine Widerstandsbewegung. Gulabi Gang – oder «die Rosa Gang». Heute umfasst sie allein in Nordindien fast eine halbe Million Mitglieder. Die Frauen kleiden sich in rosa Saris, haben Stöcke in den Händen und sind bereit auszurücken, sobald sie Berichte über Frauen erhalten, denen Gewalt angetan wird. Sampat Pal Devi ist zu einer Legende geworden, eine weibliche Robin Hood zur Verteidigung der Ohnmächtigen gegen die Hoffärtigen. Ihre Heimatgegend – Bundelkhand in der südlichen Ecke des Bundesstaates Uttar Pradesh – ist trocken und arm, und hier leben die feudalen und patriarchalen Traditionen weiter. Grundbesitzer, Politiker, Polizei und andere lokale Kleinfürsten herrschen und bestimmen über Arme, Angehörige niedriger Kasten und Frauen.

Es ist kein Zufall, dass eine andere Robin-Hood-Figur, die Gangsterkönigin Phoolan Devi, aus einem nicht entfernten Dorf stammt. Phoolan Devi, die vor bald 40 Jahren Anführerin einer kriminellen Gang wurde und den Mann ermordete, der sie vergewaltigt und ihre Familie und Kaste unterdrückt hatte.

Doch Sampat Pal Devi und ihre «Rosa Gang» schlagen die Peiniger nicht tot. Sie geben ihnen einen Denkzettel – bis diese geloben, sich zu bessern. Und sie verteidigen nicht nur die Würde von Frauen. Alle, die Armen, Angehörige niedriger Kasten – ganz gleich welchen Geschlechts –, können mit einem Hausbesuch der rosa gekleideten Frauen rechnen.

Als das Elektrizitätswerk mit dem Strom für die Armen im Dorf geizte, schloss die Rosa Gang die Beamten in ihren Büros ein, bis sie versicherten, selbst Menschen, die kein Land besitzen, hätten ein Recht auf Elektrizität. Als die Großgrundbesitzer des Dorfs die Polizei bestachen, einen aufmüpfigen Tagelöhner festzunehmen, eroberten 40 Mitglieder der Rosa Gang das Polizeirevier und weigerten sich zu gehen, solange der unschuldige Mann nicht freigelassen würde.

Man muss hier selbstverständlich einwenden, dass Bürgerwehr und direkte Aktionen, manchmal mit Hilfe von Gewalt, in einer demokratischen Gesellschaft einen faden Beigeschmack haben. Doch in Indien melden sich in diesem Fall nur wenige kritische Stimmen. Alle wissen, wie schrecklich es auf dem Land in Uttar Pradesh für Frauen, Arme und Unberührbare sein kann. In den Kommentaren der etablierten indischen Medien und in den Äußerungen aufgeklärter Politiker der indischen Regierung klingt es eher so, als seien ein paar Schläge mit dem Bambusstock eine legitime Methode, Ungerechtigkeiten zu bekämpfen.

Doch dann gab es die Gruppenvergewaltigung, über die in den Medien weltweit berichtet wurde. Es begann damit, dass die 23-jährige Krankengymnastin Jyoti Singh Pandey am Abend des 16. Dezember 2012 in ihrer Heimatstadt Neu-Delhi mit einer Freundin ins Kino ging, um *Life of Pi* zu sehen. Auf dem Heimweg wurde sie von einer Gruppe von sechs jungen Männern vergewaltigt und gefoltert. Einige Wochen später starb sie in einem Krankenhaus in Singapur, wohin sie zur Behandlung ihrer schweren Verletzungen geflogen worden war.

Die schreckliche Tat empörte eine ganze Nation und führte zu wütenden Straßenprotesten, Talkshows im Fernsehen, wissenschaftlichen Konferenzen, Zeitungsartikeln und Sachbüchern. Doch auf wen war man eigentlich wütend? Der Zorn richtete sich hauptsächlich nach innen, gegen die eigene Kultur, die indische Gesellschaft, in der Frauen sich nachts auf den Straßen der Großstädte scheinbar nicht sicher bewegen konnten. Doch ganz konkret war man wütend auf die Polizei, die hier zwar einmal schnell reagiert hatte – aber alle, die in den Wochen nach der Tat mehr Respekt für die Frauen des Landes forderten, wussten, dass dies eine Ausnahme war. Sie wussten, dass normalerweise, wenn ein Sexualdelikt angezeigt werden soll, die Polizisten der Frau nicht glauben oder dass sie mit den Tätern unter einer Decke stecken oder bestochen werden, um den angezeigten männlichen Täter zu schützen. Normal ist, dass Polizei wie Täter der Meinung sind, dass Frauen, die allein in die Stadt gehen, sich etwaige Folgen selbst zuzuschreiben haben – und sie geben der Frau die Schuld.

Doch die Wut der Demonstranten richtete sich auch gegen die Medien, denen man nachsagte, dass sie viel zu selten über Gewalt gegen Frauen berichteten. Und es gab tatsächlich eine Veränderung. In den letzten Jahren ist kaum ein Tag vergangen ohne auffällige Schlagzeilen in den Zeitungen des Landes über Verbrechen gegen Frauen. Es ist deshalb überall auf der Welt von einer Vergewaltigungswelle gesprochen worden, die Indien heimgesucht habe, was dazu geführt hat, dass die Anzahl Touristinnen, die das Land besuchen, zurückging. Wenn man allerdings die Statistik der UNO ansieht, dann ist Indien eines der Länder, in dem am wenigsten Vergewaltigungen angezeigt werden: auf hunderttausend Einwohner sind es knapp zwei im Jahr, in Schweden hingegen knapp 60 und in Südafrika 120. Doch sind diese Zahlen sicher nicht mit der wirklichen Anzahl der Verbrechen identisch. In der indischen Vergewaltigungsdebatte ist behauptet worden, dass nur eines von fünf Sexualdelikten in Indien wirklich angezeigt oder von der Polizei als Anzeige akzeptiert wird. Aber selbst wenn man eine enorm große Dunkelziffer annimmt und die Statistik mal fünf nimmt – oder sogar mal zehn, wie manche für notwendig halten –, kommt es in Indien im internationalen Vergleich nur zu wenigen Vergewaltigungen pro Kopf.

Die Zahl der Vergewaltigungsanzeigen hat sich in den letzten Jahren mehr als verdoppelt. Meist wird das damit erklärt, dass nicht mehr Verbrechen geschehen, sondern dass die Aufmerksamkeit für Sexualdelikte ebenso wie das Vertrauen in Polizei und Rechtsstaat gewachsen ist. Indische Frauen haben endlich begonnen, auch geringere Übergriffe anzuzeigen, und dies in dem kollektiven Gefühl, dass «das Schweigen nun ein Ende haben muss».

Eine Folge der Gruppenvergewaltigung war, dass Indiens Gesetze gegen Sexualdelikte verschärft wurden. Es ist heute leichter als früher, sexuelle Nötigung oder sexuelle Handlungen ohne Einverständnis des Partners anzuzeigen, auch wenn Vergewaltigung innerhalb der Ehe noch nicht kriminalisiert ist. Die Polizei von Neu-Delhi hat eine neue Abteilung für Sexualdelikte gegründet, und die Polizisten der Hauptstadt besuchen Gleichberechtigungskurse, um ihre erwiesenermaßen herablassende Einstellung gegenüber Frauen zu verbessern. Im Herbst 2018 erfolgte eine Gesetzesänderung, die sich auf die lange Forderung aller, die sich für Gleichberechtigung und für das Recht, selbst zu bestimmen, wen man lieben will, zurückführen lässt. Da wurde nämlich vom Obersten Gerichtshof *(Supreme Court)* die Eingabe 377 im indischen Strafrecht für ungültig erklärt, die seit 1861, als die Briten noch das Land regierten, gleichgeschlechtlichen Sex als *«against the order of nature»* bezeichnet hatte. Damit wurde mit einem Schlag im fast bevölkerungsreichsten Land der Erde die Homosexualität legalisiert.

Die Vergewaltigung und der Mord an der 23-jährigen Frau in Neu-Delhi hatten zudem eine symbolische Komponente, welche die Wut unter den Demonstranten noch größer machte. Die Eltern hatten im Geist der neuen Zeit darauf gesetzt, ihrer Tochter eine Hochschulausbildung zu ermöglichen. Sie sollte nicht nur schmückendes Beiwerk eines erfolgreichen Mannes sein, sondern eine selbständige berufstätige Frau. Indien befindet sich in einer Zeit des Umbruchs. Die Sichtweise, dass Mädchen nur Mitgiften kosten, dass sie versorgt und teuer verheiratet werden müssen, wird nach und nach durch die Hoffnung ersetzt, dass nicht nur junge Männer Ausbildung, Karriere und eigenes Einkommen erlangen können. Die Tat in Neu-Delhi 2012 wirkte so, als habe das alte konservative Indien, in dem die Männer herrschen, das moderne und veränderliche Indien, wo auch Mädchen zählen, vergewaltigt. Es ist wichtig, dass die Welt auf Indien schaut, damit althergebrachte Sitten der Unterdrückung verändert werden, denn diese Beobachtung von und Öffnung nach außen ist gleichzeitig auch das rote Tuch für die konservativen Kräfte. Sie wollen einschließen, bewahren und verbergen, nichts sichtbar machen und nichts verändern. Provinzielle Werte verändern sich schneller, wenn klar wird, dass Menschen jenseits des heimatlichen Dorfes die Sache anders sehen, und vor allem, wenn erkennbar wird, dass «die da draußen sehen und sich auch dafür interessieren, was wir hier in unserem Dorf tun».

Vielleicht, so meinen einige, findet sich doch der Schlüssel zur Veränderung im eigenen Kulturerbe. Ein vorherrschendes indisches Frauenideal geht auf die gehorsame und aufopfernde Sita zurück, die Ehefrau des Götterkönigs Rama im antiken Epos Ramayana. Zusammen mit Frauencharakteren in der zweiten großen mythologischen Urschrift Indiens, der Mahabharata, schafft Sita das Bild von einer untertänigen Frauenrolle, die wieder und wieder in Bollywoodfilmen und Fernsehserien aufgegriffen wird.

Doch jahrtausendealte Bücher können auf unterschiedliche Weise gelesen werden. Die Schriftstellerin Samhita Arni hat in einem ihrer Romane die Ramayana uminterpretiert. Sie hält sich an die mündlich tradierte Volksversion, in der die Dorffrauen von einer anderen Sita singen. In diesen Gesängen ist Sita nicht schweigsam und unterwürfig, sondern eine kluge, starke und mitfühlende Kriegerprinzessin, die in der Zeit, als sie im Exil im Wald lebte, ihre Kinder als alleinerziehende Mutter großzieht.

Für die Befreiung der Frauen spielen die sozialen Medien eine wichtige Rolle.

Neelam ist 19 Jahre und wohnt mit ihrer Mutter in einer Abstellkammer im Erdgeschoss eines Mehrfamilienhauses in Neu-Delhi. Die beiden sind in der Hoffnung auf ein besseres Leben in der Großstadt aus einem armen Dorf auf dem Land hierhergezogen. Da Neelams Vater sein Leben der Geistlichkeit gewidmet hat und in einem Tempel lebt, versorgen sich Mutter und Tochter, indem sie für die Beamten und Universitätsprofessoren, die in den feineren oberen Etagen des Hauses wohnen, putzen. Das ist gewiss kein ungewöhnliches Schicksal für den armen Teil der Bevölkerung, aber dennoch ist Neelams Geschichte nicht alltäglich, denn im Unterschied zu den meisten anderen armen 19-jährigen indischen Mädchen ist sie immer noch unverheiratet – und sie selbst hat sich dafür entschieden, obwohl ihre Mutter, eine Analphabetin, der Meinung ist, dass die Familie schnellstmöglich einen Ehemann für Neelam finden sollte, so dass sie ins Dorf zurückziehen können und alles wieder so wird wie früher.

Doch Neelam hat andere Pläne. Sie will in der Stadt wohnen und eine Ausbildung machen. Wenn sie frei hat, geht sie ins Gymnasium und besucht einen Kurs über Computerprogramme in einer Privatschule. Außerdem verschafft sie sich über Facebook und Whatsapp Kontakte und schreibt Nachrichten mit einem Kreis von Menschen aus unterschiedlichen sozialen Schichten.

Ich habe Neelam nicht persönlich kennengelernt, sondern über sie und ihre Wünsche in *Sie nannten sie Delhi Braveheart* gelesen, einer Sammlung von Reportagen der schwedischen Journalistin Julia Wiraeus. Das Buch, 2017 erschienen, beginnt bei der Gruppenvergewaltigung 2012 und versucht den gesellschaftlichen Status der indischen Frauen fünf Jahre nach dem vielleicht bekanntesten Sexualdelikt der Welt einzufangen.

Der Teenager Neelam erinnert mich an meinen Besuch auf dem größten Literaturfestival der Welt in Jaipur, 200 Kilometer südlich von Neu-Delhi. Mehr als eine Viertelmillion Besucher drängte sich vor den verschiedenen Bühnen in einem alten Maharadscha-Palast aus dem 19. Jahrhundert, um sich Diskussionen zu allem möglichen anzuhören: vom Coming Out als Homosexueller bis zur Arbeitssituation von Schriftstellerinnen. Eine Veranstaltung hieß «Ein Zimmer für sich allein» – in Anlehnung an das gleichnamige feministische Essay von Virginia Woolf von 1929. Auf der Bühne verglich eine Schriftstellerin aus Kalkutta die Situation der Frau im England der 1920er Jahre mit dem Alltag der Frauen im heutigen Indien. Sie sagte, dass genau wie im damaligen England die indischen Frauen immer noch vollständig für den Haushalt verantwortlich seien, während die Männer für sie in der Öffentlichkeit redeten. Sie meinte, Indiens Schriftstellerinnen müssten sich auch einen eigenen Raum schaffen – sowohl metaphorisch als auch rein physisch –, um überhaupt schreiben zu können.

Ich habe den Eindruck, dass die hart arbeitende und gleichzeitig studierende Neelam, ein Mädchen aus der Unterschicht, genau das tut, wenn sie sich auf Facebook einloggt. Wir, die wir oft klagen, dass soziale Medien uns einschließen und abschirmen, finden es vielleicht rückständig, Facebook als etwas nach außen Gerichtetes zu verstehen. Dieselben sozialen Medien aber sind für Indiens hart kämpfende Frauen selbstverständliche Mittel der Befreiung. In einer dicht besiedelten Gesellschaft, in der eigener Wohnraum Luxus ist, werden die digitalen Räume umso wichtiger. Nicht zuletzt schaffen sie auch Möglichkeiten, Dinge in Frage zu stellen, Leidensgenossinnen zu treffen und auf eine neue Weise und über Geschlechter-, Kasten- und Klassengrenzen hinweg an Informationen teilzuhaben.

Soziale Medien können schließlich auch zur Waffe im Kampf gegen strukturelle Unterdrückung werden. Im Oktober 2017 beschuldigte die amerikanische Schauspielerin Alyssa Milano den Hollywoodproduzenten Harvey Weinstein öffentlich sexueller Übergriffe. Sie forderte alle anderen, die ebenfalls solchen Übergriffen ausgesetzt waren, auf, in sozialen Medien davon zu berichten, und schnell verbreiteten sich Millionen ähnlicher Zeugenaussagen von Frauen auf der ganzen Welt unter dem Hashtag *MeToo*. Zwei Monate zuvor, im August 2017, war Varnika Kundu, ein junges, cooles Mädchen aus der Mittelschicht, die in der Stadt Chandigarh im nordwestlichen Indien als DJ arbeitete, auf dem Weg nach Hause. Da wurde sie von einer Gang betrunkener Jungs verfolgt und angehalten, die fragten, was so ein süßes Mädchen mitten in der Nacht auf der Straße zu suchen habe. Sie fühlte sich bedroht und rief die Polizei, die schnell vor Ort war, die Situation klärte und ihre Anzeige entgegennahm.

Hier könnte die Geschichte zu Ende sein. Doch wie sich herausstellte, war einer der Jungen der Sohn des örtlichen Vorsitzenden der hindu-nationalistischen Rechtspartei BJP. Er ging ein paar Tage später an die Presse und stellte die Frage, warum Varnika nach Mitternacht überhaupt noch mit dem Auto unterwegs gewesen sei – in Indien eine ganz normale Frage. Sein Ziel war es natürlich, das Opfer zur Täterin zu machen und gleichzeitig zu signalisieren, dass Frauen sich nach Einbruch der Dunkelheit im Haus aufzuhalten hätten.

Doch Varnika schlug zurück – und zwar auf Twitter. Sie erzählte, was geschehen war, und postete ein Bild von sich selbst, wie sie spät in der Nacht in der Stadt unterwegs ist. Dann forderte sie andere Mädchen auf, unter dem Hashtag *AintNoCinderella* («Bin kein Aschenputtel») dasselbe zu tun. Der Aufruf hatte schnell durchschlagenden Erfolg. Zehntausende junger, urbaner Mittelschichtfrauen in ganz Indien begannen Fotos von sich selbst zu posten, wie sie in Clubs tanzten und allein auf den Straßen unterwegs waren, verbunden mit Kommentaren wie: «Hallo, es ist Mitternacht, und ich bin nicht zu Hause.» Und: «Mama hat mich lustigerweise Aschenputtel genannt, weil sie mir eine Uhrzeit gesagt hat, wann ich zu Hause sein muss. Aber damit ist jetzt Schluss.» Oder: «Ich bin eine freie Seele, ich bin eine moderne Frau, ich habe einen eigenen Willen.»

Doch was ist mit dem Politikersohn und seinen Jetset-Freunden geschehen? Sie wurden wegen Trunkenheit am Steuer, Verfolgung und dem Versuch der Entführung verurteilt. Diesmal halfen weder Bestechung noch Herkunft aus einer einflussreichen Familie. Anstelle einer Bestätigung uralter Geschlechterhierarchien wurde der Vorfall für die indischen Frauen zum Aufbruch in die Gesellschaft.

Trotz all dieser ermutigenden Beispiele ist der Status der indischen Frau generell sehr niedrig, darüber kann kein Zweifel herrschen. Ein Grund dafür, dass sich das nur so langsam verändert, ist die Mitgift-Tradition, die einen Sohn zu einem Jackpot macht. Wenn er verheiratet werden soll, dann müssen die Eltern der Braut den Eltern des Bräutigams ein umfangreiches Geschenk machen. Dabei kann es sich um einen Kühlschrank, ein Moped, ein Auto oder Geld handeln – Gaben, die einem Jahreslohn des Schenkenden entsprechen sollen. Hat man viele Töchter, die verheiratet werden müssen, kann dies bei einer armen Familie den Ruin und – in manchen Fällen – den Untergang bedeuten.

Es gibt jedoch auch Anzeichen für eine Veränderung, und zwar durch die Erkenntnis, dass die Töchter auf dem neuen, durch das schnelle Wirtschaftswachstum entstandenen Arbeitsmarkt leicht einen Job finden können. Die neuen Jobs verlangen eine theoretische Ausbildung, bei der Mädchen, genau wie anderswo auf der Welt, oft bessere Resultate erzielen als Jungen. Somit entscheiden sich mehr Mädchen für ein Studium, was wiederum bedeutet, dass sie leichter einen Job finden. Dadurch erhöht sich auch ihr Status auf dem Ehe-Markt und somit in der Gesellschaft. Im ländlichen Raum, der von alten patriarchalischen Gesetzen bestimmt wird, haben Frauen traditionell die einfachsten und am schlechtesten bezahlten Jobs. In den neuen, am geschlechterneutralen Leistungsideal orientierten Service-, Kommunikations- und IT-Unternehmen sind junge Frauen zu einer Selbstverständlichkeit geworden und konkurrieren um die höheren und bestbezahlten Stellen. Die Veränderungen beginnen bei den Telefondienst-Unternehmen, wo eine gymnasiale Ausbildung und gute Englischkenntnisse genügen, und reichen bis zu den höchsten Positionen in der Wirtschaft.

Dennoch ist die Situation komplex und voller Widersprüche – ganz genauso wie das multikulturelle Indien insgesamt. Ein Vergleich, den das Revisionsnetzwerk Grand Thornton zwischen 32 Wirtschaftsnationen angestellt hat, zeigt, dass in den meisten Ländern Europas und in Nordamerika die Anzahl weiblicher Unternehmensvorstände sinkt, während sie in Indien weiter zunimmt, wo heute 15 Prozent aller obersten Chefs Frauen sind. Bereits 1967 bekam das Land mit Indira Gandhi eine Regierungschefin – darauf muss man in den meisten Ländern der Welt noch warten. Ebenso besitzt Indiens Militär rein weibliche Bataillone und 16 Ministerpräsidentinnen (der Titel der Landeschefs in den Bundesstaaten), und im Herbst 2017 wurde eine Frau Chefin des Verteidigungsministeriums, auch das ist in den meisten Ländern der Erde eine klassische männliche Domäne. Darüber hinaus sind fast 13 Prozent aller indischen Piloten Frauen, was Weltrekord ist, da laut der International Society of Women Airline Pilots ansonsten der Durchschnitt in der Welt 5,2 beträgt. Indiens Fluggesellschaft Spice Jet hat zum Ziel, dass ein Drittel ihrer Piloten Frauen sein sollen. Was die Gleichstellung im Cockpit angeht, ist übrigens die norwegische Billigfluglinie Norwegian mit nur einem Prozent Pilotinnen am unteren Ende der Skala.

Das Machtungleichgewicht zwischen Männern und Frauen ist ein Ergebnis der Tradition, kann sich aber schnell verändern, wenn Frauen den Ausbildungs- und Berufsmarkt erobern. Deshalb herrscht im indischen Passagierflugbereich mehr Gleichberechtigung als in anderen Ländern. Die indische Flugbranche hat erst spät expandiert, wächst nun aber in Rekordgeschwindigkeit und wird nicht von den altmodischen westlichen Vorstellungen belastet, dass es sich hierbei um eine typisch männliche Branche handle. Dabei fällt mir auch eine Studie ein, die vor einigen Jahres herauskam und zeigte, dass ein Viertel aller gut ausgebildeten muslimischen Frauen in Indien mit Analphabeten verheiratet ist. In den Familien bestimmt die Frau über mehr als nur die Haushaltskasse; die Macht des Mannes hat meist nur zeremoniellen

Charakter. Ein Beispiel für die symbolische Aufrechterhaltung gewisser Traditionen besteht darin, dass die muslimischen indischen Frauen den Hijab oder Niqab nur zu Hause tragen, wo die Alten in der Verwandtschaft es sehen, ihn aber abwerfen und sich in Jeans und T-Shirt kleiden, wenn sie zur Arbeit gehen oder ins Café, um sich mit Freunden zu treffen.

Der Wind der Veränderung weht durchs Land. Dass Familien das Dorf verlassen, um in die Stadt zu ziehen, dass immer mehr Mädchen die Schule besuchen und dass die Zeitungen häufiger über Verbrechen gegen Frauen schreiben – alles das wird zu größerer Gleichberechtigung führen. Doch für die Befreiung der indischen Frauen sind auch neue Formen der Informationsverbreitung von zentraler Bedeutung. Männlich dominierte Dorfräte im ganzen Land haben schon gemerkt, welche Gefahren das birgt, und haben deshalb in einem verzweifelten Versuch, die patriarchale Kontrolle wiederzuerlangen, versucht, Frauen den Gebrauch von Handys zu verbieten.

Doch es ist zu spät. Heute gibt es knapp 800 Millionen Handys und fast eine Viertelmilliarde Facebook-Accounts in Indien. Es gibt viel zu viele Arten, Informationen über Übergriffe und Ungerechtigkeiten zu verbreiten – und eigene digitale Räume für Diskussionen jenseits der traditionellen männlichen Welt zu schaffen.

8. Das Erbe von Portugiesen und Hippies

Am 25. November 1510 eroberten die Portugiesen Goa. Am 19. Dezember 1961 war das koloniale Abenteuer beendet und Goa wurde indisch.

Während der 451 Jahre portugiesischer Herrschaft gelang es Händlern aus Porto, Lissabon und Faro, eine Mischkultur zu errichten, die immer noch lebendig ist. In Old Goa gibt es allerlei Kirchen, Klöster und christliche Relikte. Im alten Viertel Panajis (Panjims) – Sao Tomé und Fontainhas – findet man ein verschlafenes kleinstädtisches Portugal mit schmiedeeisernen Balkonen, Fensterläden und in dumpfen Farben gemalten Fassaden, Portweinbars und Fisch- und Kotelett-Restaurants.

Und in der südlichen Marktstadt Margao gibt es Longuinhos, das Café und Restaurant als Bindeglied zwischen Algarve und Goa. Lehnstühle aus dunklem Holz, Tische auf jugendstilhaft verschnörkelten Metallbeinen, große Holzspiegel, kreisende Ventilatoren und ein Menü, das eine Geschichtsstunde in kolonialen Gerichten darstellt.

Wie war eigentlich das Leben in dieser europäischen Enklave, als Portugal sie noch regierte?

Meine Suche nach dem portugiesischen Erbe beginnt in einem Taxi, das auf der schmalen Straße fährt, die sich zwischen Kokospalmendickichten, Bambusgestrüpp, Reisfeldern, auf denen das Wasser steht, und dem einen oder anderen Bananenbaum mit seinem Wirrwarr aus Ästen und Luftwurzeln windet. Dann tut sich eine Lichtung auf und wir fahren in ein kleines, verschlafenes Dorf, das laut Karte Chandor heißt.

Die Kirche steht still und einsam da. Die Fensterläden der Häuser sind verschlossen. Nicht einmal die Vögel singen, sondern sitzen nur mucksmäuschenstill auf ihren Ästen und betrachten schweigend das Stillleben. Man hat das Gefühl, alle Menschen würden Siesta halten, während die Sonne den Asphalt Blasen werfen lässt. Was mache ich hier eigentlich?, denke ich, ehe mir wieder einfällt, warum wir früher am selben Tag vom National Highway 66 abgebogen sind und uns auf den asphaltierten Kuhpfaden zwischen den waldbedeckten Hügeln hindurch geschlängelt haben.

Wie lang kann ein Haus eigentlich sein?, frage ich mich und betrachte das riesige Steinhaus vor mir. Nur zwei Stockwerke hoch, aber 120 Meter lang und mit hohen Sprossenfenstern und Balkons mit verschnörkelten Eisengittern. Ein Dschungelpalast, ein königliches Schloss, ein kolonialer Herrensitz? Ja, genau so ist es.

Das riesige Haus, das einer Erbin des königlichen portugiesisch-brasilianischen Geschlechts der Braganza gehört und hier auf einer Lichtung im Urwald liegt, symbolisiert die Geschichte der mächtigen Seefahrernation Portugal, die vor 500 Jahren in den Hafen an der indischen Westküste segelte, Kirchen baute und Kräuterplantagen anlegte. Das Leben in dem protzig dekorierten Palast und den Herrensitzen war bequem, und die südeuropäischen Kolonialisten wurden bald faul und von ihren britischen Konkurrenten auf den sieben Weltmeeren überholt. Nach dem

Zweiten Weltkrieg vermochten die portugiesischen Kolonialherren, von ihrem Diktator Salazar zu Hause in Lissabon eingenordet, nicht einmal einzusehen, dass ihre Zeit vorüber war. Erst 1961 – vierzehn Jahre nachdem Indien selbständig geworden war – hatte die Regierung in Neu-Delhi genug und verjagte sie mit ein paar Gewehrschüssen. Sie leisteten kaum Widerstand, sondern verschwanden, so schnell es ging. Doch deshalb verschwand noch lange nicht alles Portugiesische. Die Kultur, das Essen und die christlichen Götter blieben zurück.

Auria Braganza Pereira hat es nicht eilig. Warum sollte sie auch? Seit der indische Staat die Gummi- und Kokospalmenplantage des Hauses Braganza enteignet hat, steht hier die Zeit still. Damals verlor man die Einnahmequellen, die Kasse versiegte und der Verfall begann. An die Renovierung der 450 Jahre alten Pracht und Herrlichkeit hatte danach keiner mehr gedacht. Mit anderen Worten: Auria Braganza Pereira hält keine großen Stücke auf ihre Zeitgenossen.

«Sie haben uns alles genommen, und wir haben keinerlei Ausgleich dafür bekommen», klagt sie und fährt mit dem Zeigefinger über die staubigen Rücken der Stühle, die um den Esstisch stehen.

«Dieselbe Sorte, die Königin Elisabeth im Buckingham Palace hat», fügt sie nicht ohne Stolz hinzu.

Ich umrunde einen italienischen Marmortisch, schreite unter einem belgischen Kristallkronleuchter hindurch und sehe mich selbst, verschwitzt und mit roten Hitzeflecken im Gesicht, in einem gigantischen Spiegel mit Goldrahmen, auch der von belgischer Herkunft. Auf einem Tisch liegen zwei große Elefantenstoßzähne, und auf dem Fußboden steht ein gigantischer Schildkrötenpanzer. In einem Kästchen in der kleinen Kapelle der Paradewohnung liegt ein ... vergilbter Fingernagel.

«Ein Fingernagel?»

«Eine begehrte Reliquie. Der hat Saint Francis Xavier gehört», antwortet Auria und meint den katholischen Missionar, der 1542 nach Goa kam und an der indischen Westküste mindestens 40 Kirchen gebaut hat und dessen Körper nach seinem Tod zerteilt und über die Welt verstreut worden ist.

So finden sich zum Beispiel andere Teile des eingetrockneten Leichnams des Missionars einige Kilometer weiter nördlich in der kostbaren Marmorkirche Bom Jesus, die in der Weltkulturerbe-Kirchenstadt Old Goa liegt und jedes Jahr Tausende von christlichen Pilgern anlockt.

«Alles, was Sie hier sehen, ist 450 Jahre alt», gluckst Auria, nun in zufriedenerem Ton.

Doch dann schlägt ihre Laune wieder um, und sie wiederholt kaum hörbar, aber doch verbittert:

«Aber den Boden haben sie uns weggenommen ... Sie haben alles genommen.»

Ich muss in mich hineinlächeln, denn es klingt doch ein bisschen nach einer Ironie des Schicksals, dass die ergraute Erbin einer der reichsten Kolonialfamilien ihrer Zeit in ihrem alten Palast voller ungeheuerlicher Reichtümer umhergeht und sich beklagt, dass die Inder eines Tages keine Lust mehr hatten, von den Europäern besessen zu werden.

Der starke, aber bleiche Schein des Vollmonds sickert zwischen den schiefen Kokospalmen hindurch und lässt den Sand auf Palolem Beach glitzern. Der Tag wartet noch auf die Morgendämmerung, als ich das Kunststoffkajak zum Ufer herunterziehe und beginne, Richtung Affeninsel zu paddeln.

Als ich den halben Weg zurückgelegt habe, geht die Sonne auf und wärmt mir den Nacken. Die Fischer legen von ihren Katamaranen, die draußen in der Bucht auf den Wellen wippen, ihre Netze aus. Als ich an dem unberührten Schmetterlingsstrand vorbeipaddele, ist die Sonne noch etwas höher gestiegen, und ich werde von den ersten Ausflugsbooten mit indischen Touristen überholt, die nach Delfinen Ausschau halten. Neben meinem Kajak schlägt eine Delfinschwanzflosse aus dem Wasser, und ich sehe, wie unter Wasser ein schwarzer Schatten schnell nach unten verschwindet. Auf der Insel, die nach ihren Einwohnern benannt ist, sehe ich Makaken-Affen sich von Baum zu Baum schwingen.

Als ich wieder am Strand zurück bin, steht die Sonne fast im Zenit. Auch die Fischer sind zurück und laden ihren Fang aus. Ein Stück entfernt, wo der Sand von den Wellen hart und glatt ist, spielen indische Dorfjungen mit europäischen Reisenden Fußball. Und mitten auf dem Strand steht der Russe Lesia Oetrova in eine Tunika mit indischem Muster gewickelt und ritzt mit einem langen Stock einen Kreis und abstrakte Zeichen in den Sand. Ein Mandala, das seine Vergänglichkeit auf die philosophische Einsicht gründet: Alles ist hier und jetzt, nichts ist ewig.

«Was ist das für ein Muster?», frage ich neugierig.

«Still. Ich meditiere», antwortet Lesia und zeichnet weiter mit einer Konzentriertheit und einem Ernst in den Sand, als würde es ums Überleben gehen und nicht um einen Zeitvertreib.

Als Lesia endlich fertig ist, ist die Sonne schon im Indischen Ozean untergegangen, und die indischen Touristen stehen in Gruppen auf der Klippe, um Sonnenuntergangs-Selfies zu machen.

Das Taxi zuckelt auf der Straße voran, die dem Bach am Grund der Schlucht folgt. Um uns herum dichter, schwirrender Dschungel, der sich über die Straße wölbt und mir das Gefühl gibt, als führen wir durch einen Tunnel. Wir sind mitten im Netravali Wildlife Sanctuary, einem von mehreren Wildnis-Korridoren in Western Ghats, der Bergkette, die an der Westküste Indiens entlang verläuft. Der Junge, der den Schlagbaum zum Reservat öffnet, trägt ein T-Shirt mit der Aufschrift «Save wildlife», doch im Moment ist kein Wild zu sehen, weil es mitten am Tag ist, die Sonne brennt und die Tiere vermutlich schlafen. Aber wir wissen, dass dort drinnen im Schatten Lippenbären, Sambarhirsche, Axishirsche und das kräftige Wildrind namens Gaur vor sich hin dösen.

«Wenn ich abends hier Leute durchfahre, muss ich vorsichtig sein, denn manchmal schleicht ein Leopard über die Straße», erklärt der Fahrer, der uns sicher durch die Kurven steuert.

Doch wir sind nicht wegen des Dschungelbuchs hier, sondern wegen der Menschendörfer. Erst als wir vor einem alten traditionellen Dorfhaus mit roten Lehmwänden geparkt haben, steigen wir aus dem Taxi. Ein Holzschild verkündet uns, dass wir zur Tanshikar Spice Farm gekommen sind.

Chinmay Tanshikar ist anders als die üblichen Bauern in der Gegend. Anstatt mit Kunstdünger und Pestiziden um sich zu werfen, zieht er sieben Arten Kräuter, Kokosnüsse, Betelnüsse und Bananen nach einem Prinzip, das sich Permakultur nennt und darauf abzielt, einen biologischen Kreislauf und ein Ganzes zu schaffen, in dem die eine Pflanze die andere unterstützt. Diese Pflanzkultur, die heute eine globale Bewegung darstellt, kritisiert auch die moderne Landwirtschaft. Das Ziel der Permakultur-Bauern ist es, eine nachhaltige Gesellschaft mit besserem Klima, Gesundheit und Solidarität – und nicht zuletzt: Sicherheit zu schaffen.

«Wenn der Rest der Welt morgen untergeht, werden wir überleben. Wir sind komplett selbstversorgend», erklärt Chinmay, als er und seine beiden Töchter barfuß vor uns den moosbewachsenen Waldweg entlanggehen, um uns die Pflanzungen zu zeigen, die sein Großvater vor mehr als einem halben Jahrhundert begonnen hat.

Wie die meisten Inder ist er sich seines ayurvedischen Erbes bewusst. Deshalb weiß er alles über die gesundheitsfördernden Wirkungen der verschiedenen Pflanzen. Er zeigt darauf und erklärt. Kakao verringert das Herzinfarktrisiko und lindert Depressionen. Muskat stoppt Durchfall und dient auch als Schlafmittel.

«Es stimmt, wir haben eine 20 Prozent geringere Ernte als die Kollegen, die Pestizide verwenden, aber wir sparen uns ja auch den Einkauf der Gifte, weshalb wir am Ende doch besser verdienen», sagt er, als wir wieder am Haus sind, wo die Bienenkörbe surren und Muskat, Kokos und Vanille aus der Ernte ausgebreitet liegen, um in der Sonne zu trocknen.

Er betreibt hier auch eine kleine Pension, einen Kräuterladen und ein Restaurant, in dem wir zu Mittag essen. Es gibt Kräuter und Gemüse und zum Nachtisch kleine, süße Bananen und Tee mit Zitronengras, Honig und Basilikum – alles aus eigenem Anbau.

«Das ist alles von hier», betont Chinmay stolz. «Wie ich sage! Wenn der Dritte Weltkrieg ausbricht, werden wir trotzdem nicht verhungern.»

Republic Day ist in Indien Feiertag, und am Calangute-Strand, wo Ende der 60er Jahre der erste Tourismus auf Goa stattfand, wimmelt es von indischen Touristen, die in Kleidern baden, Bier aus mitgebrachten braunen Flaschen trinken und sich gegenseitig im Sand eingraben und Fotos machen.

Als ich im Gewimmel am Strand stehe, der mehr an einen Jahrmarkt als an ein tropisches Urlaubsziel erinnert, muss ich an die Statistik denken, die besagt, dass von den knapp zwei Millionen Touristen, die jedes Jahr Goa besuchen, neun von zehn aus anderen Teilen des Landes und nicht aus dem Ausland stammen. Hier macht die wachsende indische Mittelschicht Urlaub, um dann wieder in die Büros und Callcenter in Bangalore, Mumbai und Neu-Delhi zurückzukehren.

Die Stimmung am Strand ist ausgelassen, und obwohl es erst vier Uhr nachmittags ist und die Sonne es noch weit bis zum Horizont hat, herrscht Festlaune.

«Long live India!», ruft ein übermäßig erholter Büroarbeiter aus Mumbai, legt sein Handy in meine Hand und bittet mich, ein Foto von ihm und seinen Kameraden in Strandkleidung zu machen.

Später fahren wir weiter gen Norden über die sich schlängelnden Straßen zwischen Kokospalmen, weiß getünchten Kirchen und gelben und türkisfarbenen Steinhäusern im südeuropäischen Stil mit abfallendem Ziegeldach und großzügigen Veranden. Am Straßenrand gehen Schulmädchen mit sorgfältig gekämmtem, von Kokosöl glänzendem Haar und in ordentlichen Schuluniformen: Rock und Polohemd in blendend weißer Baumwolle. Gegen diese in schimmernder Sauberkeit vorantrippelnden Mädchen wirken die nachlässig gekleideten europäischen Hippietouristen, die mit verbeulten und ölverschmierten Royal-Enfield-Mopeds auf dem Weg zu den Stränden in Anjuna und Vagator unterwegs sind, wie gerade aus der Unterwelt gekrabbelte Tiere.

Chill out. Lass locker, entspann dich. Am Anjuna Beach in Goa schwebt die elektronische Musik wie feine Schleier aus den Strandcafés. Seit der Roadie Gilbert Levey, alias Goa Gil, 1969 von San Francisco hierherkam, ist Goa mit der Hippiekultur verknüpft. Goa Gil wurde rasch zu einem legendären DJ und Organisator von Partys. Und was für welche! Er war der Häuptling und die Gäste ein naturverbundenes, Ekstase suchendes Stammesvolk.

Goa Gil war der Ansicht, dass große Dinge im Gange seien, und er behauptete, seine Flower-Power-Partys, die so viel lustiger waren, wenn man etwas gegessen oder geraucht hatte, was Cannabis enthielt, seien eine Methode, alte Stammesvolk-Rituale umzudefinieren und den Bewusstseinsgrad der Menschheit zu erhöhen. Alle anderen, die nicht dabei waren, die zu Hause blieben und versuchten, im Hamsterrad des Alltags zu kämpfen, hatten ein anderes Wort für die Tätigkeit von Goa Gil: gammeln. Aber was scherte er sich schon darum, was die Spießer in der abblätternden Dollarzivilisation sagten und dachten. Ihre Kritik wirkte geradezu wie ins Feuer gegossenes Öl. Die Zukunft lag in dem spirituellen Land im Osten.

In dem Maße, in dem neue Generationen zivilisationskritischer Hamsterrad-Verweigerer auftraten, veränderten sich auch der Stil und die Musik. Goa Gil hielt mit der neuen Zeit Schritt, als marathonlanges Tanzen sich plötzlich Rave nannte. In den 90er Jahren schuf er einen neuen Musikstil, in dem die Essenz der Chill-out-Atmo ein neues musikalisches Kleid bekam: eine Handvoll elektronische Musik, ein paar Teelöffel Weltmusik, eine Messerspitze Techno und ein Deziliter Acid-House. Voilà! Goa Trance.

Doch seit einigen Jahren ist auch mit den Posthippie-Rave-Partys Schluss, zumindest mit den Outdoor-Festen im Mondschein. Die Einheimischen hatten einfach genug, und die Behörden entschieden, nicht nur Drohungen auszusprechen und ab und zu Razzien zu unternehmen, sondern erließen ein Totalverbot für die nächtlichen Strandpartys, wo die Musik aus riesigen Lautsprecheranlagen pumpte.

Doch das heißt nicht, dass man nicht mehr feiern kann. Das geht sogar ausgezeichnet, wenn man nur keinen Krach macht. In Palolem gibt es immer noch Club-Abende mit Tanz unterm Sternenhimmel und der Abendbrise als Klimaanlage, nun aber ohne Lautsprecher. Der DJ spielt Musik, die in Bluetooth-Kopfhörern zu hören ist, die die Party-Gäste am Eingang bekommen haben. Silent Noise nennt man diese neue Club-Tradition. Die Party-Organisatoren sind ebenso zufrieden wie die Nachbarn in den Dörfern ringsum. Ich gehe quer über die Tanzfläche aus zusammengepresstem Sand zwischen schwarzen, großen Steinen und

grauen Palmenstämmen und betrachte die Tänzer, die sich laut-
los in der Nacht bewegen. Ich höre Schritte, aber keine lauten
Töne. Ich höre das Rauschen des Meeres, aber keine tiefen Bass-
läufe. In den rauchenden Resten der toten Hippie-Kultur gibt es
doch noch ein spannendes Kulturerbe, das den meisten zusagt. Es
funktioniert wie der Madeleine-Effekt bei Marcel Proust für zu-
rückkehrende, aber jetzt ein wenig aufgeräumter wirkende ehemalige Hippies, und es ist zugleich ein kulturhistorisches Freilichtmuseum für eine jüngere Generation Reisender.

Endlich bin ich angekommen. Zumindest fühlt es sich so an.
Ich habe Palolem und Agonda abgearbeitet, die schönen Strände
in Süd-Goa, die alle Rucksacktouristen gern besuchen. Ich habe
in Candolim, Calangute und Baga herumgehangen, den touristischen und kommerziellen Stränden in der Mitte von Goa, die
erste Wahl der indischen Touristen und der europäischen Char-
terreisenden. Im Dorf Chapora habe ich unter dem Banyan-
Feigenbaum mit Hippie-Oma und Hippie-Opa frisch gepressten
Mangosaft getrunken. Auf dem nach Räucherstäbchen duftenden Flohmarkt in Anjuna habe ich batikgefärbte Baumwollhem-
den gekauft, im Café Looda zu den Tönen von David Bowies
Version von *Let's spend a night together* ein Bier getrunken und darüber nachgedacht, was das Reklameschild für «Astral Circus»
eigentlich bedeutet und wer der Party-Arrangeur «Goa-Jonas»
wohl ist.

Doch jetzt bin ich an einen anderen Strand weiter im Norden
Goas gekommen. Er beginnt in Morjim, hört in Arambol auf und
ist zehn Kilometer lang und ein paar hundert Meter breit. Zeitweilig fast ohne Menschen. Friedlich. Ruhespendend. Schön.

Ich bin angekommen. Nach dem hier habe ich gesucht.

Im Gebüsch hinter dem langen Strand zwischen Morjim und
Arambol sind Bambushütten mit Verandas verstreut. Das hier

könnten irgendwelche billigen Backpacker-Lokale sein, inklusive Flöhen und Bananenpfannkuchen, doch wenn man näher kommt, entdeckt man, dass mehrere von diesen Häuschen ein klein wenig mehr Design aufweisen, netter, gemütlicher und glamouröser sind.

«Ein richtiger Glamping-Ort», schlägt mein Reisekamerad vor.

«Glamping?», frage ich. «Du meinst, glamouröses Camping?»

«Ja, oder Bohème-Chic», erklärt er.

Barfuß-Luxus, denke ich, als ich die Gäste ohne Schuhe auf den Sandlinien herumgehen sehe. Von der Rezeption mit Räucherstäbchen bis zum Yoga-Saal mit Wänden aus weißen Tüchern, über die zwischen den Palmen aufgespannten Hängematten und dann zu den sauberen Schlafhütten aus Bambus, die nur so aussehen sollen, als wären sie billig, in Wirklichkeit aber sehr teuer sind.

Auf Goa gibt es keine Hochhäuser, und erst kürzlich ist ein weiterer geplanter Hotelkomplex gestoppt worden. Das ist nicht das erste Mal. Als ich vor dreißig Jahren hier war, hatte gerade ein intensiver Kampf begonnen, um den deutschen Chartertourismus, der die Region eben entdeckt hatte, einzudämmen. Man wollte ganz einfach nicht, dass sich Goa zu einem weiteren Playa del Inglés oder Patong Beach entwickelte.

«Tourismus gern, aber er soll sich in Grenzen halten», sagten die Aktivisten, mit denen ich damals sprach.

Und sie haben den Kampf gewonnen. Der Tourismus ist weiter gewachsen, doch es ist verboten, höher zu bauen als die Kokospalmen und auch nicht näher am Meer als hundert Meter von der Hochwasserlinie entfernt, es sei denn, es handelt sich um kleine Restaurantbuden oder die Bambushütten der Hotels, die man vor jedem Sommermonsun zusammenpackt, um sie wieder aufzustellen, wenn die Touristen im Herbst zurückkehren.

Am letzten Abend auf Goa nehme ich ein Taxi auf schmalen Straßen noch weiter nach Norden. Raubvögel kreisen über den Baumwipfeln. Der Strand, der von Kieseln schwarz gestreift ist, glänzt in der Nachmittagssonne wie Silber. In der roten Erde am Straßenrand liegen grüne Kokosnüsse gestapelt. «Jesus Christ» steht mit großen Buchstaben auf der Windschutzscheibe des entgegenkommenden Landbusses.

Eine verrostete Autofähre mit rauchendem Schornstein bringt mich über den Fluss, und wir fahren am Strand entlang das letzte Stück nach Fort Tiracol, das im 17. Jahrhundert vom Maharadscha von Sawantwadi gebaut wurde, um sein Reich gegen indische wie europäische Angreifer zu verteidigen. Doch das nutzte nichts. Schon 1746 eroberte die Armee des portugiesischen Vizekönigs das Fort.

Doch die Kanonen sind schon lange verstummt. Heute ist das Fort in ein Kulturerbe-Hotel mit Restaurant verwandelt worden, dessen Dachterrasse meilenweite Aussicht über die menschenleeren Strände Goas bietet. Und wenn schon Bohème-Chic, denn schon richtig. Obwohl ich nur ein dünnes indisches Hemd, Shorts und Ledersandalen trage, Salzwasser in den Haaren und Sand zwischen den Zehen habe, bestelle ich eine Flasche indischen Sekt vom Sula Wineyard, dem größten Weinbauern Indiens in Nashik, dem indischen Bordeaux. Plopp! macht es, als der Korken herausfährt und der Kellner den schäumenden Sula Brut in hohe, schmale Gläser einschenkt.

Die Kirchenglocken der St. Anthony-Kirche schlagen sieben Schläge. Die sonnenwarme Steinmauer wärmt meine nackten Beine. Unter mir liegt der blanke Fluss und breitet sich der Wald aus. Trotz 50 Jahren Tourismus fühlt sich Goa immer noch wie jungfräuliches Terrain an.

9. Als Indien zu Indien wurde

«Aurangzeb», sagte er mit wütender Stimme, als er da in einer schattigen Gasse im heiligen Varanasi stand.

«Aurangzeb war es, der den Tempel abreißen ließ und die Moschee baute.»

«Und Babur», fügte er hinzu. «Er hat den Tempel in Ayodhya abgerissen und auch eine Moschee gebaut.»

Er zeigte mit der einen Hand auf die Kuppeln der Moschee und nickte vielsagend, um zu unterstreichen, was er von diesem historischen Übergriff hielt. Mir wurde klar, dass er diese Männer, die Indien vom 16. bis zum 18. Jahrhundert beherrschten, hasste und dass seiner Meinung nach das Reich der Großmoguln – wie das Imperium von Babur und Aurangzeb genannt wurde – nur zum Schlechten gewesen sei. Aber warum? Das alles lag Hunderte von Jahren zurück. Wie konnte man heute immer noch so wütend sein?

Meine Begegnung mit dem Mann, der Babur und Aurangzeb hasste, fand Ende der 80er Jahre statt. Ein paar Jahre später begriff ich den Ernst dessen, was er gesagt hatte. Da explodierte der Zorn in gewalttätigen Krawallen mit Tausenden Toten. In den 1520er Jahren hatte Babur in Ayodhya einen Rama-Tempel abreißen und am selben Ort eine Moschee errichten lassen. Das zumindest behaupteten die hinduistischen Aktivisten, die 1992 der Meinung waren, dass die historischen Ungerechtigkeiten korrigiert werden müssten, und von Hand die alte Moschee abrissen, um den Tempel von König Rama wieder aufzubauen, von dem ich in Kapitel 2 berichtet habe.

Um den Zorn zu verstehen, der die Hindu-Aktivisten antrieb, muss man tief in Indiens Geschichte eintauchen und sich klarmachen, dass das Land seit Tausenden von Jahren ständig von Eroberungen und Okkupationen heimgesucht wird. Die Eroberer kamen aus dem Westen und Nordwesten: aus Zentralasien, Persien, Afghanistan und Europa. Auch wenn ihr Hauptmotiv nicht die religiöse Bekehrung war, sondern vielmehr die reichen Ernten und Naturschätze des Subkontinents, befeuert gerade die Religion bis heute die Diskussion um historische Ungerechtigkeiten. Vor allem der Islam wird als eine konkrete Bedrohung des Hinduismus und der indischen Kultur betrachtet.

Während der Islam in Europa mehr ein fernes Gespenst war, hatte der Glaube an Allah in Indien, das heute (nach Indonesien und Pakistan) mit 180 Millionen Gläubigen das drittgrößte muslimische Land der Welt ist, große Durchschlagskraft. Indien war lange Zeit zersplittert und nicht imstande, sich zu wehren. Auf der indischen Halbinsel fanden viele Machtkämpfe statt, und oft konnten sich fremde Herrscher auch nach friedlichen Verhandlungen und Übereinkünften mit lokalen Fürsten dort niederlassen. Indien hat die neuen Herren akzeptiert, solange sie die lokalen Hierarchien der Dörfer oder Bezirke unangetastet ließen und die einheimischen Götter akzeptiert wurden – so ja auch die in Kapitel 4 bereits erwähnte Analyse von Karl Marx.

Die Inder haben auf einen kulturellen Tauschhandel gesetzt. Indiens Kultur ist nach und nach von den Eroberern beeinflusst worden, während die Kultur der Eroberer sich allmählich mit der indischen vermischte. Das Kulturerbe, welches das Land ausmacht, ist in vieler Hinsicht das Ergebnis eines kulturellen Beitrags der «Eindringlinge», was es zu einem multikulturellen Schmelztiegel machte.

Man darf nicht vergessen, dass die Winde ja in beide Richtungen bliesen. Indien und andere asiatische Länder haben auch Europa beeinflusst. Die Vorstellung, dass technischer Fortschritt und Menschenrechte eine Erfindung des Westens seien, wird daher von vielen Indern in Frage gestellt. Denn wenn der Westen die Geschichte schreibt, dann werden Aufklärung, Säkularisierung und Naturwissenschaften gern als genuin europäische Erfindungen angesehen. Amartya Sen, Schriftsteller und Wirtschaftswissenschaftler aus Kalkutta, der 1998 den Nobelpreis für Wirtschaft erhielt, schreibt in *The Argumentative Indian*, dass praktisch alle technischen Neuerungen im mittelalterlichen Europa (die Uhr, die Druckerpresse, die Schubkarre, das Schwarzpulver, die Hängebrücke und der magnetische Kompass) aus China kamen und die Mathematik inklusive der Nullen und des Dezimalsystems aus Indien importiert wurde. Doch damit nicht genug: Aristoteles glaubte an Freiheit und Toleranz, doch diese Prinzipien galten nur unter freien Männern, während König Ashoka, der von 268 bis 232 v. Chr. in Nordindien regierte, in seinen Säulen-Edikten festlegte, dass eine gute Gesellschaft Freiheit für alle bedeuten müsse, auch für die Frauen, Sklaven und das «Waldvolk» (die wilden Jäger und Sammler). Und im 16. Jahrhundert, während in Europa noch die Inquisition tobte und auf dem Campo de' Fiori in Rom Ketzer verbrannt wurden, regierte der muslimische Moguln-Kaiser Akhbar I. sechstausend Kilometer weiter östlich ein nordindisches Reich, in dem man sich neutral gegenüber allen Religionen verhielt, mit einer Politik, die auf Toleranz und eine vielfältige Kultur setzte.

Eine Konsequenz der heutigen westlichen Dominanz, so

schreibt Amartya Sen, sei, dass der Westen fälschlicherweise als die Wiege von Rationalismus und Liberalismus angesehen werde, während man alle nicht-westlichen Kulturen zur Antithese des Westens erklärt habe. Doch die Modernisierung Asiens heute sei im Grunde kein «vom Westen ausgehender ideologischer Imperialismus», sondern vielmehr eine Renaissance einer früheren asiatischen Aufklärung.

Zwischen zwei meiner Indienreisen besuche ich die Bibliothek, um mehr darüber herauszufinden, wie Indien zu dem Land wurde, das es heute ist. Und auf meiner Jagd nach den Wurzeln dieses Landes stoße ich auf den französischen Historiker Ferdinand Braudel. Er versuchte, eine allumfassende Geschichte darzustellen, indem er nicht nur das Handeln der Menschen studierte, das oft zu zufälligen und kleinen Veränderungen führt. Braudel hielt vielmehr die langsamen Wogen – *la longue durée* – für mindestens ebenso wichtig, will sagen, die klimatischen und geologischen Veränderungen und was sie für die Geschichte des Menschen bedeuten.

Betrachtet man Indien aus einer *longue durée*-Perspektive, dann kann man sehen, wie die ersten Einwohner in der Steinzeit sich am Rand der Wälder niederließen, in den Talverläufen nahe den Flussmündungen und an den Hängen der Bergmassive. Warum? Nun, sie waren Jäger und Sammler und konnten sich in diesen Gegenden am besten versorgen. Die späteren, Ackerbau betreibenden Gesellschaften bevorzugten die monotonen Flussebenen, wo es leichter war, den Wald zu roden und den Pflug zu ziehen.

Die allerersten Menschen, die Ackerbau und Viehzucht betrieben, lebten wahrscheinlich bereits 6000 Jahre vor Christus im heutigen Pakistan und Afghanistan. Um 3000 v. Chr. wurde der Regen in Nordindien ergiebiger. Das führte dazu, dass sich im Tal des Flusses Indus, nahe der heutigen Grenze zwischen Indien und Pakistan, eine starke urbane Hochkultur entwickelte, deren wirtschaftliche Basis Ackerbau war. Man konstruierte Bewässerungssysteme und baute große Städte wie Harappa und Mohenjo-Daro (in Pakistan) sowie Kalibangan (in Punjab) und Lothal (in Gujarat).

Es gibt die Theorie, dass der Fluss Yamuna um zirka 1700 v. Chr. aufgrund eines Erdbebens seine Richtung änderte. Er floss nicht mehr gen Süden in den nunmehr teilweise ausgetrockneten Ghaggar, der parallel zum Indus verlief, sondern stattdessen nach Osten und wurde ein Parallelfluss zum Ganges. Gleichzeitig wurde das Klima trockener. Der Wassermangel führte zu magereren Ernten und Lebensmittelengpässen in den Städten. Die Hochkulturen um den Indus verblichen, die Städte wurden aufgegeben, und die Menschen zogen weiter. Wohin? Natürlich nach Osten, wo das Wasser war.

Mit Hilfe der langen Perspektive kann man feststellen, dass Indiens Geschichte danach von dem extrem fruchtbaren Gebiet auf der nordindischen Ebene zwischen den Flüssen Yamuna und Ganges bestimmt wurde, wo im ersten Jahrtausend vor Christus mehrere kleine Königreiche das Licht der Welt erblickten.

Die Gebirgskette Himalaya bildet eine natürliche Mauer und schützt vor leichtfüßigen Eroberungszügen von Norden. Somit haben sich auch die Chinesen niemals ernsthaft auf die indische Halbinsel vorgewagt. Da war es doch leichter, sich durch die Wüste in Beluschistan (West-Pakistan) nach Indien zu begeben und über das niedrigere Hindukusch-Gebirge (Afghanistan). Von hier aus ist in den letzten 3500 Jahren folgerichtig auch Welle auf Welle von Eroberern und Einwanderern gekommen. Völker, die auf der Flucht aus regenarmen Heimatgegenden waren und sich auf die Jagd nach Indiens reichem Grün und seinen Naturschätzen begeben hatten. Sie hatten gezähmte Pferde dabei, Wagen mit Rädern und eine entwickelte Kriegskunst. Mit anderen Worten: Sie waren militärisch überlegen.

Um 1500 v. Chr. kamen die Indoarier von den Steppen Zentralasiens und brachten den Samen zu vielem mit, was wir heute als indische Kultur betrachten. Danach folgten Griechen, Afghanen, Perser und das zentralasiatische Volk aus der Gegend von Samarkand im heutigen Usbekistan, dessen Herrscher sich Großmoguln nannten.

Indien ist im Westen, Osten und Süden vom Meer umgeben, das eine natürliche Grenze darstellte, solange die restliche Welt keine Langstreckensegler kannte. Die südindischen Reiche, vor allem Chola mit dem Zentrum im heutigen Tamil Nadu, handelte unter anderem mit dem Römischen Reich über das Meer, doch die meisten indischen Königreiche hatten ihre Zentren weit von den Küsten entfernt, und man betrachtete dort das Meer – das *Kalapani*, das schwarze Wasser, genannt wurde – als genauso bedrohlich wie unbezwingbar. Im 16. Jahrhundert veränderte sich die Rolle des Meeres. Neue größere und weiterreichende Schiffe näherten sich der indischen Küste, und mit ihnen kamen die europäischen Seefahrernationen. Erst kamen Portugiesen und dann Holländer, Franzosen und einige wenige Dänen (die im 17. und 18. Jahrhundert drei kleine Kolonien an der indischen Ostküste besaßen), doch vor allem kamen die Briten.

Was kennzeichnet eine frühgeschichtliche Hochkultur? Städte mit öffentlichen Plätzen und gemeinsamer Infrastruktur auf jeden Fall. Die Städte, die um 3000 v. Chr. in den Tälern des Indus wuchsen, hatten von einem ordentlichen Straßennetz umgebene Ziegelsteinhäuser, die von einem fortschrittlichen Wasser- und Abflusssystem durchzogen waren, dazu Anhöhen mit Tempeln. Die Städte verfügten auch über Badehäuser und Erntesilos zur kollektiven Nutzung.

Die Induskultur, nach Ägypten und Mesopotamien die dritt-
älteste Hochkultur, wurde erst in den 1920er Jahren ausgegraben.
Man hat Siegel gefunden, auf denen verschiedene domestizierte
Tiere dargestellt sind und ein Mensch, der im Lotussitz und mit
einer ulkigen Kopfbedeckung oder auch einem Kuhhorn auf
dem Kopf meditiert. Die Figur, möglicherweise ein Vorbild für
den hinduistischen Gott Shiva, ist von einem Schriftsystem umgeben, das man bis heute nicht hat entschlüsseln können.

Es ist viel diskutiert worden, warum die Städte der Induskultur untergegangen sind. Abgesehen von etablierten geologischen
und klimatischen Erklärungen ist spekuliert worden, ob es eine
plötzliche Katastrophe oder Invasion durch andere Völker gegeben haben könnte, da man auf den Straßen in Mohenjo-Daro verstreut zahlreiche unbegrabene Skelette und Küchengegenstände
gefunden hat. Doch die meisten Historiker halten es für ausgeschlossen, dass die Indoarier diese Zerstörung verursacht haben
könnten, da diese erst 1500 v. Chr. nach Indien vorstießen, also ein
paar hundert Jahre nach der Zerstörung Mohenjo-Daros.

Während die Quellen über die Induskultur archäologischer Natur sind, so gründet sich das Wissen über die Indoarier vor allem
auf die Veda-Schriften. Die Rigveda, die aus zehn Büchern besteht, handelt von der Migration der Indoarier nach Osten und
von ihrer langsamen Entwicklung von Nomaden zu sesshaften
Bauern. Zu ihrer Hilfe hatten sie zwei Eroberungsgötter dabei:
den Kriegsgott Indra und den Feuergott Agni. Das kann man so
interpretieren, dass die Indoarier mit anderen Stämmen um die
Herrschaft kämpften und Brandrodung betrieben, um Ackerland
zu schaffen.

Vieh war ihr wichtigstes Besitztum, was vielleicht erklärt, warum die Kuh später als heilig betrachtet wurde. Die Wertschät-
zung der Kuh muss somit als Umdeutung des Tieres von der

bloßen Jagdbeute zum Besitz und Werkzeug durch eine junge Viehzucht-Kultur gewertet werden. (In Kapitel 14 folgen noch weitere Ausführungen über die heilige Kuh.) Die eingewanderten Indoarier pflegten selbst keine entwickelten Handwerkskünste, sondern waren abhängig von der Hilfe der Ursprungsbevölkerung, der Draviden. Die Indoarier waren hellhäutiger als die Draviden und waren sich dieser Besonderheit auch bewusst. Deshalb brauchte man ein System sowohl für eine hierarchische Arbeitsteilung wie auch für Rassentrennung. So entstand das Kastensystem, oder die vier *Varna* (Farben), die zum ersten Mal in der Rigveda beschrieben werden. Der mythische Urmensch Purusha wurde in vier Teile geteilt: Die Brahmanen (Priester) waren Purushas Mund, die Kshatriya (Krieger) waren die Arme, die Vaishya (Kaufleute, Handwerker, Bauern) die Oberschenkel und die Shudra (Arbeiter, Diener) die Füße.

Man wurde in sein *Jati* geboren (was «Geburt» bedeutet), das als Klasse fungierte. Die Jati machten die Untergruppen der vier Varna aus. Die Indoarier, die politische, militärische und zeremonielle Aufgaben wahrnahmen, ordneten sich in die beiden obersten Varna-Gruppen ein, während die dunkelhäutigen Ureinwohner, die mit ihren Handwerkskünsten alle praktischen Dinge in der Gesellschaft erledigten, in den unteren Gruppen landeten.

Die Indoarier mussten um die Herrschaft über Indien kämpfen. In den Brahmanen-Texten, die auch als ein Teil der Veda-Bücher gelten, steht, dass nur, wer an zwei Fronten kämpft, ein Reich errichten kann. Die eine Front lag im Osten, wo man neue Gebiete erobert hatte, die andere Front im Westen, wo man neu eroberte Territorien verteidigte. Das lässt auf viele um die Ganges-Ebene kämpfende Armeen und Haudegen schließen.

Im Jahr 400 v. Chr. – über tausend Jahre nach dem Untergang der urbanen Induskultur – wurden in Indien wieder Städte gebaut. Aus den 16 indoarischen Königtümern gelangte vor allem eines zur Macht: das Maurya-Reich. Von ihm wird in frühen buddhistischen Texten erzählt, der griechische Botschafter Megasthenes berichtete davon, und in Säulen und Steinwände geritzte Verse in verschiedenen Teilen des schnell wachsenden Reiches bezeugen es. Einer der Könige des Maurya-Reiches hieß Ashoka und regierte von 272 bis 233 v. Chr. Es sollte über 2000 Jahre dauern, bis zur Gründung der unabhängigen Republik Indien, bis der größere Teil der indischen Halbinsel unter einer Führung vereint wurde. Ashoka, der die indische Identität maßgeblich beeinflusst hat, ist dafür von großer historischer Bedeutung.

Ashoka eroberte das Königreich Kalinga im heutigen Odisha auf ungewöhnlich blutige Weise. Die Säuleninschriften berichten, dass 150 000 Menschen aus ihren Häusern vertrieben und 100 000 im Kampf getötet wurden. Nach dem Blutbad wurde Ashoka aber von Gewissensqualen heimgesucht. In dem berühmten 13. Säulen-Edikt schreibt Ashoka: «Selbst ein Hundertstel oder Tausendstel von all den Menschen, die in Kalinga niedergeschlagen, getötet oder gefangengenommen wurden, werden als schmerzhafter Verlust für Devanampriya [ein anderer Name für Ashoka] angesehen, der hiermit verkündet, dass er jetzt nur noch nach Eroberungen in geistiger Form strebt, indem er die Lehre vom rechten Handeln [Dhamma] verbreitet.»

Ashoka war mit anderen Worten zum Buddhisten geworden, eine neue Philosophie, die sich nach dem Tod des Prinzen und Propheten Siddhartha Gautama Buddha knapp 300 Jahre zuvor in seinem Reich ausgebreitet hatte. Für Ashoka war der Buddhismus eine friedliche Methode, die Macht zu behalten. Ein so großes Reich konnte nicht nur durch Machtpolitik regiert werden, wie die indische Historikerin Romila Thapar feststellt, sondern es benötigte eine höhere Legitimität, die der Buddhismus bot. Der bekehrte Ashoka wollte die Ideen von Gewaltlosigkeit und Vegetarismus verbreiten und schickte deshalb Missionare nach Westasien. Von dort gelangte die Lehre über die Seidenstraße nach China. Er entsandte auch Missionare nach Osten ins heutige Burma, nach Thailand und Südindien, von wo aus der Buddhismus über das Meer nach Sri Lanka und Indonesien expandierte.

Die Überbleibsel der Regierungszeit der Maurya-Dynastie findet man unter anderem in Sarnath bei Varanasi – wo Buddha seine erste Predigt hielt – und in Sanchi nördlich von Bhopal: buddhistische Wände, schön ausgeschmückte Portale und Ashokas Säulen mit vier Löwen, die in alle vier Himmelsrichtungen blicken – das Vorbild für Indiens offizielles Staatswappen seit 1948.

Schon in den ersten Jahrhunderten nach Christus fand ein reger Handel zwischen Indien und dem Römischen Reich statt, sowohl auf den Karawanenstraßen durch die Wüsten wie auch auf den Seerouten um die Arabische Halbinsel und hinauf durch das Rote Meer nach Ägypten.

Auch mehrere griechische Könige versuchten, das mythenumwobene Land im Osten zu erobern. Im Jahrhundert vor Ashokas Zeit auf dem Thron hatte Alexander der Große mit seinem Heer Nordindien eingenommen. Alexander besiegte den indischen König Poros im heutigen Punjab und träumte davon, Pataliputra (das heutige Patna), die Hauptstadt des mächtigen Königreichs Magadha weiter im Osten, zu erobern. Doch in der Nähe des heutigen Lahore war Schluss. Seine Soldaten meuterten völlig durchnässt und fieberkrank vor Hitze, Luftfeuchtigkeit und Regen und panisch angesichts der Aussicht, auf weitere indische Armeen mit furiosen Kriegselefanten zu stoßen.

Doch damit war das indische Abenteuer der Griechen nicht zu Ende. Das Reich von König Ashoka lockte griechische Botschafter und Könige von Baktrien, einem griechischen Reich in Nord-Afghanistan, an, sie zogen nach Indien und eroberten Teile der Ganges-Ebene. Die griechischen Eroberer gelangten bis in die östliche Ganges-Ebene, und ihre indo-hellenischen Reiche fanden ihren Niederschlag sowohl in buddhistischen Texten wie auch in Form indischer Münzen mit den Zeichen und Namen der griechischen Herrscher.

In Indien spricht man viel vom Reich der Gupta-Dynastie im 4. und 5. Jahrhundert n. Chr., weil es viele wichtige philosophische und religiöse Werke in Sanskrit, eine weit entwickelte Tempelarchitektur, Skulpturen und Bilder hinterlassen hat. Das Reich hatte sein Zentrum um Prayaga (das spätere Allahabad, das nun wieder Prayagraj heißt) und Benares (Varanasi) und erstreckte sich vom Ganges-Delta im Osten zum Indus im Westen, vom Himalaya im Norden zur Narmada im Süden. Buddhistische Tempel in Ellora und Grottenklöster in Ajanta gehören zu den beeindruckenden Überresten aus der goldenen Zeit der Gupta-Dynastie.

Auch die Literatur lebt noch. Kalidasa war Brahmane und lebte Ende des 4. Jahrhunderts am Hof des Königs Chandragupta II. Er schrieb epische und lyrische Gedichte, ebenso Theaterstücke, zum Beispiel *Shakuntala* und *Malavikagnimitram*, und war von großer Bedeutung für nachkommende indische Dichter, die meinen, dass er für das Sanskrit das sei, was Shakespeare für das Englische war.

Während der Gupta-Dynastie wurden Surya, der Sohn der Sonne, und die Göttin Shakti geheiligt, aber auch Shiva und Vishnu. Der Hinduismus erlebte eine Renaissance, und das buddhistische Klosterwesen entwickelte sich weiter, auch wenn der Buddhismus die starke Stellung verlor, die er in der Zeit des Ashoka hatte. Frühere Könige waren noch als Erhalter der kosmischen Ordnung betrachtet worden, doch die Gupta-Herrscher riefen sich selbst zu Inkarnationen der Götter aus und wurden auch dementsprechend behandelt – eine Tradition, die bei den hinduistischen Königen in Nepal bis vor einigen Jahren aufrechterhalten wurde.

Südlich der Vindhya-Berge befindet sich das fruchtbare Dekkan-Plateau und noch weiter südlich ein ergiebiges, tropisches Flachland, das sowohl vom Sommer- wie vom Wintermonsun bewässert wird und von Flüssen durchkreuzt ist. Südindien wurde von Draviden bevölkert, die schon lange vor der Ankunft der Indoarier auf der indischen Halbinsel lebten. Sie hatten eine eigene Sprache, die sich grundsätzlich von den auf Sanskrit basierenden indoeuropäischen Sprachen unterschied, eigene Mythen, Gottheiten und kulturelle Traditionen.

Als die Reiche der Indoarier während der ersten Jahrhunderte nach der Zeitenwende wuchsen, begann sich die Weltanschauung der Veda-Bücher auch nach Süden auszubreiten. Mit Hinduismus und Sanskrit kam das Kastensystem auch in den Süden, und die Urbevölkerung, die ganz im Einklang mit der Natur lebte, wurde in die unteren Kasten eingeteilt. Den lokalen südindischen Königen war die Hierarchie der nordindischen Priester hochwillkommen, denn sie verlieh ihnen Flair, Glanz und göttliche Legitimität.

Doch es herrschte im dravidischen Südindien auch Misstrauen gegenüber dem indoarischen Nordindien, denn man war nicht bereit, die eigene Kultur aufzugeben. Diese Skepsis existiert bis heute und hat unter anderem dazu geführt, dass der Versuch, das auf Sanskrit beruhende Hindi zur offiziellen Landessprache zu machen, von den Indern des Südens, die dravidische Sprachen wie Tamil, Malayalam und Kannada sprechen, abgelehnt wurde.

Die kleinen Reiche, die entweder in tamilischen Texten oder in Ashokas Edikten genannt werden, sind Pandya, Pallava, Chola und Chera. Archäologische Ausgrabungen und Texte aus dem Römischen Reich vervollständigen das Bild von einer entwickelten Kultur mit Städten, Tempelkomplexen, literarischen Akademien und ozeantauglichen Schiffen, die nach Osten wie nach Westen internationalen Handel betrieben.

Südindien hatte eine eigene, von den tamilischen Dichtern der Sangam (Akademie) verfasste Literatur. Genau wie die Veda-Bücher und die frühen buddhistischen Texte handeln sie vom nomadischen Stammesvolk, das von Jagd, Fischfang und dem Sammeln von Nahrung im Wald lebte, und ihrem sukzessiven Übergang zu sesshaften Bauern. Das Pandya-Reich mit der Hauptstadt Madurai wird in griechischen Texten aus dem 3. Jahrhundert v. Chr. beschrieben. Aus der Zeit des 3. Jahrhunderts n. Chr. gibt es eine niedergeschriebene Königskartusche mit sowohl tamilischen wie auch Sanskrit-Namen.

Die Pallava-Dynastie regierte von 330 bis zum Ende des 9. Jahrhunderts an der Südostküste. Kanchipuram in der Nähe des heutigen Chennai war die Hauptstadt. Literatur, Kunst und Tempelarchitektur blühten, während die künstliche Bewässerung Überschüsse in der Landwirtschaft ermöglichte und der Außenhandel zu Reichtum führte. Das Reich hinterließ unter anderem wunderschöne Felsentempel in der Küstenstadt Mamallapuram.

Das Territorium der Chera-Dynastie war auf die Südwestküste konzentriert. Die Hauptstadt hieß Vanchi Muthur, und die Historiker sind nicht sicher, ob sie in der Nähe von Kochi in Kerala lag oder mehr im Landesinneren im heutigen Tamil Nadu. Während der ersten Jahrhunderte nach der Zeitenwende betrieb die Chera-Dynastie Handel mit Westasien, was die Theorien über frühe jüdische Gemeinden und die christliche Mission des Apostels Thomas im 1. Jahrhundert n. Chr. bestärken würde. Die Vermutung, dass die südindischen Reichen intensive Handelsbeziehungen sowohl mit Griechen als auch mit Römern pflegten, wird von der Tatsache erhärtet, dass man an mehreren Orten in Südindien römische Münzen ausgegraben hat und dass die indischen Königreiche in antiken griechischen Texten genannt werden. Im *Periplus Maris Erythraei* aus dem 1. Jahrhundert n. Chr. findet sich sogar ein detailliertes Reisehandbuch für die indische

Westküste mit Tipps, welche Häfen man besuchen sollte, und einer Empfehlung für jeden neuen Ort, welche Waren man dort kaufen und verkaufen sollte. Diese Informationen lassen die Behauptung, der Portugiese Vasco da Gama habe 1500 Jahre später «den Seeweg nach Indien entdeckt», ein wenig lächerlich erscheinen.

Die Pallava- und Pandya-Reiche wurden in den Jahrzehnten zwischen 900 und 1000 von der Chola-Dynastie erobert, die mehr auf internationalen Handel setzte und ein politisches System mit selbständigem Dorfrat und dezentralisiertem Steuerwesen entwickelte. Das Meer wurde – anders als in Nordindien – nicht als Hindernis betrachtet. Die Schiffe des Chola-Reiches konnten deshalb Sri Lanka und die Malediven erobern und ins entlegene Sumatra segeln. Ein erstaunter Marco Polo, der im 13. Jahrhundert Südindien auf dem Weg von China nach Hause besuchte, notierte, der König sei nur mit einem Hüfttuch und einem Halsband mit schimmernden Edelsteinen, Rubinen, Smaragden und Juwelen bekleidet gewesen.

In der Stadt Thanjavur steht immer noch der gewaltige Tempel, der Brihadishvara, einer Inkarnation des Shiva, gewidmet ist und 1010 unter der Regierung von König Rajaraja I. errichtet wurde. Überall in Südindien hat man aus dieser Zeit auch Bronzefiguren gefunden, die Nataraja, also Shiva, den Totentanz tanzend, darstellen.

Vom 11. Jahrhundert an begannen Armeen von Nordwesten her in Indien einzudringen und dort muslimische Sultanate zu errichten. Doch viele hinduistische Reiche widerstanden dem Vormarsch der Eroberer. Eines davon war Vijayanagar, dessen Hauptstadt im heutigen Hampi lag, das einen Tagesausflug von Goa entfernt und deshalb eine der meistbesuchten indischen Sehenswürdigkeiten ist. Vijayanagar, was «Stadt des Sieges» bedeutet, entwickelte sich von 1336 an zu einem militärisch schlagkräftigen

Handelsstaat, dessen Wohlstand aus Steuern auf Kräuter- und Baumwollexport stammte. Das Reich expandierte allmählich immer weiter, bis es ganz Südindien und das Dekkan-Plateau umspannte.

Im südindischen Reich herrschte vermutlich eine viel größere Gleichberechtigung zwischen den Geschlechtern als in den nordindischen muslimischen Königreichen. Einer der ersten portugiesischen Reisenden, Domingo Paes, schrieb in den 1520er Jahren, dass in Vijayanagar nahezu jede Gesellschaftsschicht auch durch Frauen repräsentiert war. Die südindischen Frauen des 16. Jahrhunderts betätigten sich im Ringen, spielten Trompete und fochten mit großer Geschicklichkeit mit dem Schwert, wie der verblüffte Portugiese berichtete.

König Krishnadeva Raya kämpfte gegen mehrere muslimische Sultane und selbst gegen die Portugiesen, die Ende des 15. Jahrhunderts an der indischen Westküste gelandet waren. Doch Portugal verwandelte sich vom Feind zum Bundesgenossen und versah Rayas Armee mit Waffen und von der Arabischen Halbinsel importierten Kavalleriepferden. Auf diese Weise konnte Vijayanagar den muslimischen Eindringlingen standhalten, bis die Sultanate Bijapur und Golkonda 1565 schließlich das Reich doch zum Einsturz brachten und die Hauptstadt aufgegeben werden musste.

Zwischen 1001 und 1025 unternahm Mahmud aus der Stadt Ghazni in Afghanistan siebzehn Kriegszüge gegen Indien. Der Mann, den ich in der Gasse in Varanasi getroffen hatte und der so empört über die Errichtung von Moscheen durch die Großmoguln war, hätte genauso gut vor dem Shiva-Tempel in Somnath in Gujarat stehen und auf Mahmud wütend sein können, der die Stadt geplündert und den Tempel zerstört hatte. Zwar wurde die Stadt von 70 000 Soldaten des hinduistischen Königs verteidigt, doch ohne Erfolg. Der Somnath-Tempel wurde wieder errichtet, aber noch mehrere Male von muslimischen Eroberern zerstört, bis der Moguln-Herrscher Aurangzeb ihn 1706 zum vierten Mal schleifte. Es dauerte bis 1950, ehe der Tempel zur Erinnerung an Indiens hinduistische Geschichte wieder aufgebaut wurde.

Der nächste Eindringling hieß Mohammed von Ghor und entstammte einer afghanischen Fürstenfamilie, die Ende des 12. Jahrhunderts begann, ihr muslimisches Reich auszuweiten, bis es ganz Nordindien umspannte. Sein General Qutb-ud-Din Aibak ließ sich 1206 mit einer hauptsächlich aus zentralasiatischen Sklaven bestehenden Armee zum Sultan von Delhi ausrufen. Zur Feier seines Sieges ließ Qutb den 73 Meter hohen Siegerturm namens Qutb Minar errichten, der immer noch am Südrand von Delhi steht. Das Reich war unter den Tughluq-Sultanen im 14. Jahrhundert am größten, zerfiel danach jedoch in mehrere kleinere Königreiche.

Danach kam die Zeit der Moguln. Mit Hilfe neuer Militärstrategien und moderner Schusswaffen vermochte Zahir ud-Din Muhammad, Nachkomme von Timur Lenk und Dschingis Khan, zu Beginn des 16. Jahrhunderts erst Afghanistan, dann Punjab und schließlich Delhi und Agra zu erobern. Zahir, der Babur, «der Tiger», genannt wurde, wurde 1526 zum Kaiser des Reiches der Großmoguln ausgerufen, das sich bis zur Errichtung des britischen Kolonialreiches über große Teile Indiens erstreckte. Zusammen mit Persien und dem Osmanischen Reich machte das Moguln-Reich die drei Imperien aus, die mit Hilfe modernster Waffentechnologie mehrere Jahrhunderte lang die Welt vom Balkan bis Bengalen kontrollierten. Babur wurde von seinem Sohn Humayun beerbt, der von dem afghanischen Kriegsherrn Sher Shah Suri zur Flucht genötigt wurde. Doch 1555 wurde die Moguln-Dynastie wiedereingesetzt, und Humayuns Sohn Akbar übernahm die Führung Indiens. Humayun war ein relativ blasser Herrscher, doch sein pompöses und aufwändig geschmücktes

Mausoleum in Delhi ist eines der am besten erhaltenen Beispiele für die Architektur der Moguln-Herrscher.

In der Wüste des heutigen Rajasthan gab es Völker, die sich zur Wehr setzten. Die Rajputen waren Kriegerklans, welche die hinduistischen Königreiche südwestlich von Delhi dominierten. Sie waren die größte militärische Bedrohung für die Moguln. Akbar hatte den großen Ehrgeiz, auch von der hinduistischen Majorität seines Landes geliebt zu werden, und reagierte darauf, indem er die Tochter des Maharadschas von Amer heiratete, dem Bergland direkt vor dem heutigen Jaipur. Dadurch brach der Widerstand der Rajputen. Akbar ging noch einen Schritt weiter und stellte Rajputen an seinem Hof ein und erlaubte ihnen wie auch seiner Frau, ihren hinduistischen Glauben zu behalten. Sein Ruf als toleranter Reformator wurde noch verstärkt, als er die *Dschizya* abschaffte, die Steuer, die sein Großvater Babur eingeführt hatte und die ausschließlich von Nicht-Muslimen geleistet werden musste.

Die Moguln übten eine Art darwinistischer Dynastienfolge aus. Es gab keine vorbestimmte Thronfolge, sondern derjenige, der am stärksten und am intrigantesten war, durfte die Macht übernehmen. Das war tödlich für die Söhne, welche die Machtkämpfe verloren, aber ein Garant für eine effektive Thronfolge und, wie sich zeigte, für Stabilität. Jahangir hieß der Sohn, der den Machtkampf gegen seine Brüder gewann und nach Akbars Tod zum Moguln-Kaiser ausgerufen wurde. Er heiratete Nur Jahan aus Persien, was bedeutete, dass große Teile des Hofpersonals gegen Perser ausgetauscht wurden, deren Sprache bereits in Behörden, in der Korrespondenz und Kultur verwendet wurde. Das Persische hatte an den muslimischen Höfen in Delhi und Agra dieselbe Rolle wie das Französische in den europäischen Königshäusern jener Zeit.

Jahangirs Sohn nahm den pompösen Namen Shah Jahan,

«Herrscher über die Welt», an, vergrößerte das Reich weiter nach Süden und ließ einige der protzigsten Bauten des Moguln-Reiches errichten: Shahjahanabad, die von einer Mauer umgebene Altstadt von Delhi mit der riesigen Jama Masjid, auch Freitagsmoschee genannt und immer noch die größte Moschee Indiens, und dem Roten Fort. Und in der Stadt Agra ließ er das Mausoleum Taj Mahal bauen, die letzte Ruhestätte für seine Frau Mumtaz, die bei der Geburt des vierzehnten gemeinsamen Kindes im Kindbett starb.

Die Moguln verwendeten oft roten Sandstein, und der Stil war – vor allem unter der Regierung Shah Jahans – eine Mischung aus indischer und persischer Baukunst, die sogenannte indo-sarazenische Architektur, die sich vom Hof der Moguln aus verbreitete und auch für die Paläste der indischen hinduistischen Unterkönige und die Havelis der reichen Händler als Schule der Baukunst diente. Dieser Stil, den man heute unter anderem in Delhi, Agra und Fatehpur Sikri besichtigen kann, setzte sich nicht etwa wegen einer kaiserlichen Anordnung durch, sondern war das Ergebnis der Tatsache, dass persische Architekten und indische Handwerker kulturelle Crossover-Projekte verwirklichten, lange bevor der Begriff erfunden wurde.

Auf Shah Jahan folgte der Moguln-Kaiser, über den bis heute, 300 Jahre später, am meisten gestritten wird. Nachdem er seinen Vater Shah Jahan ins Gefängnis geworfen, seinen ältesten Bruder besiegt und einige andere Brüder hingerichtet hatte, ließ sich Aurangzeb 1658 zum Großmogul ausrufen. Er war orthodoxer Muslim, machtgierig und vermochte während seiner 49 Jahre auf dem Thron viel zu bewirken. Er weitete das Reich weiter nach Süden aus, kämpfte erfolgreich gegen Shivaji – den König des hinduistischen Maratha-Reichs, das seine Hauptstadt in dem dem heutigen Bombay vorgelagerten Pune hatte –, baute Moscheen, führte die Strafsteuer für Nicht-Muslime wieder ein und erhöhte die

Einkommenssteuer für die Bauern, die trotz des landwirtschaftlichen Überflusses unter den harten Auflagen des Hofes litten.

Wahrscheinlich machte sich Aurangzeb schon zu Lebzeiten sehr unbeliebt. Harte Steuereintreiber werden oft gehasst. Doch er hatte auch versöhnliche Züge. Er war ein religiöser Puritaner, aber kein Fundamentalist. So führte er die Tradition seiner Ahnen mit guten Beziehungen zu den hinduistischen Unterkönigen fort und verzichtete darauf, den muslimischen Glauben mit dem Schwert zu verbreiten. Die Religionsfreiheit wurde beibehalten.

Tatsache ist, dass Indiens muslimische Herrscher, inklusive Aurangzeb, mehr religiösen Pluralismus akzeptierten als irgendein zeitgenössischer europäischer Staat es auch nur zu träumen wagte. Damals schon stand Indien für mehrere parallel existierende Religionen, die in relativer Harmonie miteinander lebten. So wurde unter Indiens muslimischen Herrschern auch der Sikhismus (in dem Islam und Hinduismus verschmelzen sollen) geboren, der Sufismus wurde mit verschiedenen indischen Glaubensvorstellungen vermischt, der populäre Kult von Rama und Krishna wurde entwickelt und das Netz von Sekten und Ashrams erweitert. Auf diese Weise war das muslimische Indien, wie ich es eingangs in diesem Kapitel schon gesagt habe, weitaus pluralistischer und toleranter als das zeitgenössische christliche Europa.

Doch Aurangzeb dehnte sein Reich schnell aus, viel zu schnell, und es begann sich durch Mangel an Ressourcen und effektiver Infrastruktur von innen heraus zu zersetzen. Er hinterließ ein auseinanderfallendes Reich. Auf ihn folgten drei schwache Moguln-Kaiser, die immer machtloser wurden.

10. Kolonialisten und Freiheitskämpfer

Wenn man durch Indien reist, kommt man nicht umhin, zu bemerken, dass die Briten 200 Jahre lang die Dinge auf dem indischen Subkontinent bestimmten. Cricket, Feldhockey, Herrenclubs, Eisenbahnen, Gesetze, Bürokratie, Teetrinken, das Design der Karosserien der Botschafterautos, *hill stations* mit Häusern im Tudor-Stil und – nicht zuletzt – die Sprache. Es wimmelt nur so von Beispielen für das Erbe der Briten, das sich vor allem die indische Mittel- und Oberschicht sehr zu Herzen genommen hat. Die Überbleibsel aus der Kolonialzeit sind in der Sprache der städtischen Inder zu entdecken, in die man nicht nur einzelne englische Lehnwörter einschiebt, sondern gleich ganze Sätze, um dann wieder zur indischen Muttersprache überzugehen. Die koloniale Geschichte äußert sich auch in Begriffen wie *English medicine* – der für die Schulmedizin im Unterschied zu Ayurveda, also der traditionellen Medizin, steht –, und *English wine shops* – staatliche Geschäfte, in denen man weder Wein noch Importe aus England verkauft, sondern in Indien hergestellten Schnaps und Bier (*Indian Made Foreign Liquor*).

Es begann alles damit, dass The Honourable East India Company Geld verdienen wollte und gleichzeitig eines der größten Reiche der Welt regieren sollte. Bereits im 18. Jahrhundert erhoben sich in England, der geistigen Heimat des Freihandels, Stimmen, man solle das Monopol auf den Handel mit Indien abschaffen und einen freien Markt einführen. Doch dazu kam es nicht. Das Monopol, das «Company-Regime», stand in seinen Hochzeiten für die Hälfte des kompletten Welthandels und existierte weiter bis zum großen Aufruhr von 1857, als der britische Staat die Kontrolle übernahm.

Die Portugiesen hatten bereits über hundert Jahre, bevor die Briten ihre kolonialen Abenteuer in Indien begannen, an der indischen Westküste und auf der Saurashtra-Halbinsel in Gujarat Kolonien gegründet. Auch die Franzosen versuchten, sich ein Stück vom Kuchen zu sichern, und anfangs gelang ihnen das in Südindien auch gut, doch die Heimatregierung in Paris änderte mitten im 18. Jahrhundert ihre Strategie und Frankreichs Besitztümer verkümmerten zu einigen kleinen Enklaven an der Südostküste Indiens, wo man heute auf seine etwas andere koloniale Vergangenheit stolz ist: In Pondicherry, bis 1956 französische Enklave, trägt die örtliche Polizei nach wie vor de-Gaulle-Mützen, im Ort steht eine Statue des französischen Kolonisators Joseph François Duplexis und die Straßen heißen immer noch *Rue*.

Die Seefahrernation Großbritannien stellte die Machtstruktur der Moguln auf den Kopf. Anstatt, wie es die Moguln getan hatten, die Machtzentren ins Inland zu verlegen, wählte man hierfür die Küsten. Englands Hauptinteresse war ja ursprünglich nicht, Gebiete zu kontrollieren, sondern den Außenhandel der indischen Häfen zu dominieren oder am besten ein Monopol darauf zu erringen. Kurz gesagt: Geld zu verdienen. Deshalb weg von den im staubigen Landesinneren des Kontinents gelegenen Moguln-Metropolen Delhi, Agra, Fatehpur Sikri und Aurangabad und auf nach Surat, Bombay, Kalkutta und Madras (wie Chennai früher hieß) an den Salzwasserküsten.

Man kann sich fragen, warum die indischen Königreiche die

Europäer nicht als die Bedrohung ansahen, die sie eigentlich waren. Die gewaltigen Moguln-Reiche in Nordindien und alle muslimischen und hinduistischen kleineren Reiche im Süden waren auf das Inland konzentriert und nicht auf die Küsten. In Südindien, von wo aus man zuvor eifrig Handelsschiffe nach Osten ins heutige Indonesien geschickt hatte, kam im Mittelalter erschwerend ein neues religiöses Tabu hinzu, nämlich die den Handel beeinträchtigende Vorstellung, das Meer würde Hindus aus den hohen Kasten besudeln, wenn sie darauf führen, weshalb derlei vermieden werden müsse. Und in den muslimischen indischen Reichen begriff man nicht, was die europäischen Königshäuser erkannt hatten: Der Handel übers Meer hinweg bedeutete auch einen politischen Vorteil. Wie es der muslimische König von Gujarat, Bahadur Shah, ausdrückte: «Der Krieg auf dem Meer ist ein Geschäft für Kaufleute und nichts, worum wir Könige uns scheren sollten.»

Britischer Kolonialismus in Indien unterschied sich zunächst einmal grundsätzlich von dem der Spanier in Südamerika und dem französischen, belgischen und späteren britischen Kolonialismus in Afrika. Die Briten integrierten den indischen Hof, um Kontrolle über den Handel zu erlangen und möglichst viel Geld zu verdienen, doch sie plünderten und raubten nicht. Am Ende eroberten sie eher aus Notwendigkeit, weniger aus Spaß an der Freude.

Wie der deutsche Historiker Hermann Kulke festgestellt hat, waren die frühen britischen Kolonisatoren auch keine Rassisten. Vielmehr gab es ein großes Interesse und eine Faszination für die indische Kultur und Sprache. Das führte zur Gründung der Asiatic Society in Kalkutta, der Hauptstadt von Britisch-Indien, und der wachsenden Hafenstadt Bombay. Ihr Gründer Sir William Jones, Richter am Bundesgericht, entschied sich gegen die Bezeichnung «Oriental», weil er fand, das klänge zu sehr nach einer westlichen Perspektive auf Indien, während «Asiatic» für eine Kultur stehe, die aus sich selbst heraus existiere. Das war eine radikale Sichtweise, die im Westen erst wieder mit der postkolonialen Wissenschaft in den 1960er Jahren Einzug hielt.

Doch der Blick auf die indische Kultur veränderte sich. In den 1830er Jahren wurde ein Ausbildungswesen eingeführt, um der indischen Mittelschicht die englische Sprache und europäische Kultur nahezubringen. Man wollte ganz einfach eine Klasse von Beamten heranziehen, die «indischen Bluts und indischer Hautfarbe waren, aber englisch in Stil, Ansichten, Moral und Intellekt», wie es der Kolonialpolitiker Thomas Babington Macaulay ausdrückte. Macaulay war auch der Meinung, das europäische Wissen stehe weit über der Sanskrit-Literatur, die voller «monströsem Aberglauben» sei. Aus Sicht der Kolonialmacht wurde die neue Politik der Briten ein Erfolg. Bis heute ist die Sprache der Eliten Englisch, eine Entwicklung, die seit der Unabhängigkeit 1947 sogar eher noch stärker geworden ist.

England hat Indien niemals ganz allein beherrscht. Als das Land selbständig wurde, bestand ein Drittel davon aus 564 Vasallenreichen, oder *Princely States*, wie man sie auf Englisch nannte, die von indischen Unterkönigen (hinduistischen Maharadschas und muslimischen Nawabs) regiert wurden. Doch der Griff der Briten wurde fester: In den 1850er Jahren führte der britische Generalgouverneur Lord Dalhouse ein Gesetz ein, das der Company sukzessive die direkte Herrschaft der Vasallen übertragen sollte. Doch es kam zu einem Aufstand.

Er begann im Frühjahr 1857, seit unter den indischen Soldaten in britischem Dienst (den *Sepoyer*) das Gerücht die Runde machte, die Briten hätten ihre Munition mit Kuh- und Schweinefett eingerieben. Sowohl die hinduistischen als auch die muslimischen Soldaten, die mit den Gewehrkugeln umgehen mussten, meinten, die Briten hätten sie damit zu einer ketzerischen Handlung gezwungen. Das Misstrauen breitete sich von den Soldaten auf den Rest der Gesellschaft aus und eskalierte schließlich zu einem Volksaufstand gegen die Obrigkeit – sowohl gegen die britischen Steuereintreiber wie auch gegen die indischen Geldleiher. Die indischen Eliten standen auf der Seite der Engländer. Die Sikhs in Punjab verhielten sich ebenso wie die mächtigen Vasallenkönige in Rajasthan, Mysore, Hyderabad und Travancore (Kerala) loyal gegenüber den Kolonialherren. Sie hatten Sorge, dass andernfalls die feudale Machtstruktur aus Vasallen mit Grundbesitz (*Zamindare*) und Unterkönigen an der Spitze zusammenbrechen würde.

Deshalb konnte der Aufstand bereits 1858 niedergeschlagen werden. Doch er hatte zwei Auswirkungen, die paradox erscheinen mögen: Zum einen nahm die Haltung der Engländer gegenüber den Indern härtere und rassistischere Züge an, zugleich erhöhte sich aber auch der Grad indischer Selbstverantwortung, da der britische Staat die Politik der East India Company, die die indischen Vasallenkönige nach und nach durch Briten zu ersetzen versucht hatte, aufgab.

Der indische Nationalkongress wurde 1885 als ein Sprachrohr für diejenigen Inder gebildet, die getreu Macaulays Vision Bildung und Stil des Westens angenommen hatten. Es handelte sich um eine liberale Versammlung indischer Herren in europäischen Kleidern, die nicht völlige Unabhängigkeit forderten, sondern sich mit sozialen, juristischen und wirtschaftlichen Reformen begnügten, um so die Kolonialherrschaft gerechter zu machen. Mit anderen Worten ging es hier um Feinjustierung, nicht um eine Umwandlung der Gesellschaft. Die frühen indischen Nationalisten, inspiriert durch die nationalen Bewegungen im Europa des 19. Jahrhunderts, agierten wie jeder gewöhnliche, ordentliche britisch-liberale Parlamentsabgeordnete.

Zu Beginn des 20. Jahrhunderts kam Bewegung in die Politik.

Der erklärte Nationalist Bal Gangadhar Tilak verwandelte den Nationalkongress von einem liberalen Herrenclub in eine radikale Massenbewegung. Er begnügte sich nicht mit behutsamen Reformen des existierenden Systems, sondern wollte totale Unabhängigkeit – eine Forderung, in die auch der Anwalt Mohandas Karamchand «Mahatma» Gandhi einstimmte. Gandhi, Symbol der Unabhängigkeitsbewegung, führte seine berühmten Ungehorsamkeits-Kampagnen ins Feld, und die Briten antworteten, von einigen Ausnahmen abgesehen, nicht mit Repressionen darauf, sondern indem sie provinzielle Selbstverwaltung und vom Volk gewählte Provinzregierungen einführten. Das hatte zur Folge, dass der Nationalkongress 1937 in mehreren Provinzen die Wahl gewann und die Regierung übernahm.

Doch die friedliche Philosophie des Nationalkongresses war nicht unumstritten. In der Unabhängigkeitsbewegung gab es einen anderen Frontmann, der forderte, dass die Inder Gleiches mit Gleichem vergelten sollten. Er hieß Subhash Chandra Bose, wurde oft aber nur Netaji genannt, was «Der große Führer» heißt. Sein Credo lautete: «Gebt mir Blut, dann gebe ich euch Freiheit». Das war der völlige Gegensatz zur gewaltfreien Philosophie Mahatma Gandhis mit seinen jesusähnlichen Sprüchen wie «Auge um Auge macht die ganze Welt blind».

Subhash Chandra Bose, ein Bengale aus Ostindien, lehnte Gandhis Ideen vom Weg zur Freiheit über Hungerstreik, zivilen Ungehorsam und Diskussion ab. Er war schlicht der Ansicht, dass Unterdrückte das Recht hätten, sich der Gewalt zu bedienen. Auch Gandhis romantische Ideen von einer selbstversorgenden und demokratischen Gesellschaft mit Kollektiveigentum gefielen ihm nicht. Boses Vision vom Sozialismus hatte mehr mit einem autoritären Staat und einem starken Führer zu tun, und die europäischen Diktatoren der Dreißigerjahre, die so großen Erfolg zu haben schienen, imponierten ihm.

Heute sind wir klüger und wissen, dass Gandhis Strategie gesiegt hat: Indien wurde durch Geduld befreit und nicht durch Guerillaarmeen und Terrorattentate. Doch wenn man versucht, sich vorzustellen, wie sich das Anfang der 40er Jahre angefühlt haben muss, als der Weltkrieg tobte und Indien immer noch ein britischer Vasallenstaat war, kann man Boses Frustration verstehen. Warum nicht zum berechtigten Mittel der Notwehr greifen, auf die alle Angegriffenen sich moralisch berufen können, und die Briten ein für alle Mal rausbomben?

Mahatma Gandhi wurde zu einem der bekanntesten Menschen des 20. Jahrhunderts und ist noch immer eine Inspiration für Unterdrückte, die sich ohne Gewaltanwendung gegen die Herrschenden auflehnen wollen. Subhash Chandra Bose hingegen wurde nur zu einer Fußnote der Geschichte, denn seine Philosophie bot nichts Neues in der Weltpolitik. Genau wie so viele Guerillabewegungen vor und nach ihm predigte er die Ideologie vom «Ende der Geduld».

Beide ließen sich interessanterweise von einer Mischung aus europäischem Sozialismus und alten hinduistischen Idealen inspirieren. Gandhi und Nehru waren ebenso vom demokratischen Sozialismus in der britischen Fabian Society beeinflusst wie von alten buddhistischen und jainistischen Gewaltlosigkeits-Traditionen, während Bose mit dem autoritären Sozialismus liebäugelte, den er sowohl mit den Ideen des hinduistischen Reformators des 19. Jahrhunderts Swami Vivekananda, der von einer hinduistischen Identität träumte, wie auch mit der Botschaft im Epos Bhagavad Gita verband, wo der Gott Krishna Prinz Arjuna in der schwierigen Entscheidung, Mitmenschen im Krieg töten zu müssen, unterstützt.

Ich bin überzeugt, dass wir eine sehr viel blutigere postkoloniale Zeit und ein bedeutend weniger demokratisches Indien hätten erleben müssen, wenn Bose statt Gandhi Indien schließlich in die Freiheit geführt hätte. Doch vielleicht wäre auch der Aufbau der Gesellschaft effektiver verlaufen – darüber spreche ich in Kapitel 26, wenn es um den Vergleich der indischen Entwicklung mit dem autoritären Weg Chinas geht.

Die heutigen Maoisten-Guerillas, die mit Waffen für die armen Stammesvölker im ostindischen Dschungel kämpfen, huldigen natürlich eher Bose als Gandhi. In den Blogs der Maoisten zitieren die Sympathisanten der Guerilla fleißig Bose, unter anderem die kernige Aussage, dass ein einzelner Mensch zwar sterben könne, seine Ideen nach dem Tod aber in Tausenden anderen inkarniert seien. Das ist kurz gesagt die Idee vom Martyrium als einer wichtigen politischen Waffe. Selbst die militante Hindu-Rechte in Indien stilisiert den Nationalisten Bose gern zum Vorbild. Doch Bose selbst würde sich wahrscheinlich im Grab herumdrehen, wenn er wüsste, welche Freunde er da hat. In seinem Buch *His Majesty's Opponent* von 2011 weist einer seiner Verwandten, der Harvard-Professor Sugata Bose, darauf hin, dass sein bekannter Ahne an eine Gesellschaft glaubte, in der Hindus und Muslime gleichberechtigt Seite an Seite leben und keine religiöse Gruppe oder Minorität unterdrückt werden sollte.

Subhash Chandra Bose wollte die Schwäche der Briten im Zweiten Weltkrieg ausnutzen. Seit er Gandhis und Nehrus Freiheitsbewegung verlassen und eine eigene Partei gegründet hatte, die sich für gewaltsamen Widerstand aussprach, musste er sich versteckt halten, um von den Briten nicht aufgegriffen zu werden. In der Hoffnung auf Unterstützung reiste er nach Moskau, doch Stalin stand eher auf der Seite Mahatma Gandhis und war der Meinung, die Briten müssten erst mal mit ihrem Krieg fertig werden. Bose fuhr weiter nach Berlin, wo er viel freundlicher empfangen wurde. Der indische Freiheitskämpfer, der mit Gandhi gebrochen hatte, durfte sowohl Ribbentrop als auch Himmler und Hitler treffen. Man erlaubte ihm, den Radiosender «Befreiung

Indiens» einzurichten und eine Legion mit Tausenden indischen Soldaten, die von den Deutschen in Nordafrika als Kriegsgefangene genommen worden waren, zu befehligen. Eine dunkelhäutige Armee auf arischem Boden, deren Soldaten ihren Eid sowohl auf den indischen Befehlshaber als auch den deutschen Führer leisten mussten.

Drei Jahre lang wohnte er in Berlin, heiratete seine österreichische Sekretärin und bekam eine Tochter. Doch zu Boses Verteidigung muss man sagen, dass er am Ende daran zu zweifeln begann, ob seine Nazi-Freunde wirklich die richtigen Verbündeten waren. Er war schließlich Sozialist, und eine indische Freiheitsarmee unter dem Schutz der Nationalsozialisten war eigentlich nicht das, was er wollte. 1943 reiste er deshalb mit einem U-Boot nach Tokio, in der Hoffnung, dort auf freundlichere Verbündete zu treffen. Die faschistische japanische Diktatur nahm ihn mit offenen Armen auf und ließ ihn im besetzten Singapur eine Armee mit über 80 000 indischen Plantagenarbeitern aus Britisch Malaya aufstellen. Auf den schwarz-weißen Archivbildern kann man die in Khaki-Uniformen gekleideten Soldaten mit altmodischen Musketen auf dem Exerzierplatz sehen, wie sie von ihrem indischen Anführer inspiziert werden. Bose bildete auch eine indische Exilregierung, *Provisional Government of Azad Hind*, für die eigenes Geld und Briefmarken gedruckt wurden. Seine Regierung in Südostasien wurde sogleich von Nazi-Deutschland, Japan und den anderen Achsenmächten anerkannt.

Während Gandhi und der Nationalkongress geduldig warteten, dass die Briten mit ihrem Krieg gegen Hitler fertig wären, ging Boses Armee mit dem Slogan «Auf Delhi» zum Angriff über. In einer über seinen inzwischen in Singapur stationierten Radiosender ausgestrahlten Rede bat er um Mahatma Gandhis Segen für den Angriff. Gandhi antwortete mit der Feststellung, dass Bose gewiss ein wahrer indischer Patriot, in seinen Methoden jedoch fehlgeleitet sei. Boses Feldzug Ende 1944 verlief durch Burma nach Nordostindien, endete aber im Bergdorf Imphal, wo seine Truppen schnell von den Briten besiegt werden konnten. Bose floh und verschwand im August 1945 in den allerletzten Kriegstagen auf japanischem Territorium.

Seither werden die Umstände seines Verschwindens in Indien diskutiert, ungefähr so wie das Verschwinden des Schweden Raoul Wallenberg aus Budapest im selben Jahr. Manche sagen, Bose sei in China beim Flugzeugabsturz in einem japanischen Bomber ums Leben gekommen, andere meinen, er sei in einem sowjetischen Gefangenenlager gestorben. Wieder andere behaupten, er habe das sibirische Lager überlebt und sei nach Indien zurückgekehrt, wo er sich als hinduistischer Heiliger mit dem Namen Gumnami Baba verkleidet, meditiert und geistige Weisheiten verbreitet habe, bis er 1985 gestorben sei. Doch für keine dieser Spekulationen gibt es einen Beweis, weshalb die Verschwörungstheorien ins Kraut geschossen sind und sein Leben mit einer finsteren Mystik versehen wurde – während gleichzeitig die Heldenglorie von Mahatma Gandhi ungetrübt über der Welt leuchtet.

Neben Boses militanter Indian National Army und dem von Gewaltlosigkeit geprägten und zunehmend unter hinduistischem Einfluss stehenden Nationalkongress gab es auch den Verband der Muslime, deren Anführer Mohammad Ali Jinnah für eine Teilung Indiens warb. Jinnah fürchtete, dass die Muslime in einem hinduistisch dominierten Staat unterlegen sein würden. Auch die Hindu-Nationalisten in der rechtsradikalen Bewegung RRS wollten Indien teilen, gleichwohl aus anderen Gründen: Sie wollten die Muslime ganz loswerden. Der Nationalkongress strebte ein vereintes Indien an, doch Mahatma Gandhi und Jawaharlal Nehru wurden gegen ihren Willen gezwungen, in die Abtrennung Pakistans einzuwilligen.

Trotzdem gab es Konfetti, Feuerwerk und Freudenrufe zur Mitternacht des 15. August 1947. Auf den Straßen von Neu-Delhi rief man Hurra, und Premierminister Jawaharlal Nehru sagte in seiner Unabhängigkeitsrede: «Wenn die Mitternachtsstunde schlägt und die Welt schläft, erwacht Indien zu Leben und Freiheit.» Doch die Freiheit hatte einen hohen Preis. Indien wurde in ein hauptsächlich hinduistisches Indien und ein muslimisches Pakistan geteilt. Vierzehn Millionen Menschen verließen in der bis dato größten Migrationsbewegung der Welt ihre Heimat, um auf die «richtige» Seite der neuen Grenze zu ziehen. Sikhs und Hindus wanderten nach Osten, während die Muslime nach Westen zogen.

Die Selbständigkeit führte nicht nur zu einem, sondern gleich zu zwei schmerzhaften Einschnitten auf dem indischen Kontinent: Im Westen trennte man einen Teil vom indischen Leib ab, der zu Westpakistan wurde, und im Osten schnitt man einen anderen Teil ab, der zu Ostpakistan wurde (seit 1971 von Westpakistan unabhängig und in Bangladesch umbenannt).

Es gab große Unterschiede zwischen Indien und seinen Nachbarn. Pakistan und Bangladesch wurden zu homogenen Kulturräumen mit fast ausschließlich Muslimen und religiös gefärbten Gesetzen. Indien hingegen blieb eine kunterbunte multikulturelle Gesellschaft mit säkularisierter Verfassung, Religionsfreiheit und großen religiösen Minoritäten. Doch der Unabhängigkeitstag, der eigentlich ein sorgenfreier Tag nationaler Siegestrunkenheit hätte sein sollen, brachte die Trauer über die Teilung und die Sorge vor der Zukunft mit sich. Und die düsteren Vorahnungen bestätigten sich. Über eine Million Menschen wurden 1947 und 1948 in schrecklichen Zusammenrottungen mit Hacken, Spaten und Messern ermordet, als muslimische und hinduistische Flüchtlingskarawanen aufeinandertrafen. Bis heute wirft die Erinnerung an die Teilung Indiens tiefe Schatten auf die Geschichte. Im nächsten Kapitel werde ich mehr über das Trauma berichten, das die gewaltsame Teilung immer noch für viele Inder und Pakistani bedeutet.

Frostige Beziehungen zwischen Indien und Pakistan haben zu mehreren Kriegen geführt. Als die beiden Nachbarn mit ihren Kernwaffen rasselten, haben sie den Rest der Welt ordentlich erschreckt. Doch die Feindschaft zu Pakistan bringt paradoxe Gefühle mit sich.

«Wir sind schließlich dasselbe Volk, haben dieselbe Kultur und dieselbe Sprache. Es ist absurd, dass wir in zwei Staaten leben sollen», sagen viele Inder, die sich im nächsten Atemzug über den bedrohlichen Militärstaat Pakistan mit seinen vielen, schwer zu beherrschenden religiösen Terrorgruppierungen empören.

Indiens Kultur, Sprache und Religion gleichen einer weit verzweigten Wurzel in einem vielbearbeiteten historischen Boden. Es stellt sich die Frage: Was ist eigentlich Indien? Der erste indische Premierminister Jawaharlal Nehru antwortete darauf:

«Eine Ansammlung von Gegensätzen, die von starken, aber unsichtbaren Fäden zusammengehalten werden.»

11. Der Zug aus Pakistan

Es ist August 1947. Der Monsunregen hat die Flüsse in Nordwestindien über die Ufer treten lassen. Mitten in der Nacht rumpelt
ein Zug auf einem Bahndamm über einen der fünf Flüsse der
Provinz Punjab. Keine Dampfpfeife ertönt, keine Lichter strahlen aus den Abteilfenstern und auch im Führerhaus der schnau-
benden Dampflok leuchten keine Laternen. Nur die roten Funken aus dem Steinkohlefeuer sprühen aus dem rußgeschwärzten
Schornstein des Zuges, der vor wenigen Minuten nach Indien hi-
neingerollt ist, über eine Grenze, die es vor einigen Wochen noch
gar nicht gab.

Nicht nur die stille und dunkle Fahrt des Zuges wirkt gespenstisch, da ist auch der Geruch nach Tod. Der Zug ist in Lahore gestartet, in dem neugeschaffenen Land Pakistan. Die Abteile waren voller Leben, Hindus und Sikhs, Männer, Frauen und Kinder
und ihre Besitztümer. Auf den Dächern der Waggons saßen Hunderte Menschen dicht zusammengedrängt. Doch jetzt sind sie alle
tot. Zu Tode gequält, erstochen, erschossen. Ermordet.

Der Zug hält am Bahnhof in Mona Marja, dem ersten Dorf
auf der indischen Seite. Im Morgengrauen des nächsten Tages
beginnen Soldaten, die Leichen aus den Waggons zu tragen, während Bulldozer ein Grab schaufeln, in dem tausend Tote Platz ha-

ben. Doch das Morden ist noch nicht vorüber. Das hier war erst der Anfang. In der darauffolgenden Woche kommt ein neuer Geisterzug voller Leichen aus Pakistan und danach noch einer und noch einer .... Und in dem über die Ufer getretenen, braunen Fluss Satluj treiben aufgedunsene Leichen.

In dem Dorf haben Anhänger der drei Religionen, Hindus, Sikhs und Muslime, über Generationen Seite an Seite gelebt. «Salaam, salaam», haben die Sikhs jeden Morgen Muslime auf die muslimische Weise begrüßt, während die Muslime ebenso respektvoll mit der Begrüßungsformel der Sikhs «Sat Sri Akal» geantwortet haben.

Als die Nachricht kam, in London und Neu-Delhi habe man entschieden, dass sie getrennt werden würden und jeder in seinem Land mit einer stacheldrahtbewehrten Grenze wohnen sollte, da waren sich die Sikhs und die Muslime aus dem Dorf traurig in die Arme gefallen und hatten wie Kinder geweint. Doch es waren böse Zeiten. Von einer Gruppe junger, bewaffneter Männer angespornt, von Stolz und Ehrgefühl blind, wurde das Streben nach friedlicher, gemeinsamer Existenz durch aggressive Selbstverteidigung ersetzt. Die Sikhs des Dorfes wollten mit gleicher Münze heimzahlen und Züge voller muslimischer Leichen nach Westen über die Grenze nach Pakistan schicken.

Bis heute, mehr als 70 Jahre später, gibt der Unabhängigkeitstag Anlass zu Freude wie Trauer. In den Jahren nach der Unabhängigkeit erschienen mehrere Bücher, die das Trauma schilderten, das der Mord an den eigenen Nachbarn erzeugte. Es waren so viele Bücher, dass sie ein eigenes Genre bildeten: die *Partition-Literatur*e. Der Journalist und Schriftsteller Khushwant Singh – in Punjab geboren und aufgewachsen, einem Gebiet, das so schmerzhaft zwischen Indien und Pakistan zerrissen wurde – schrieb 1956 den Roman, der zum größten Klassiker des Genres wurde: *Zug nach Pakistan*. Noch immer aktuell und deshalb immer wieder gelesen. In Indien wurde er 1998 verfilmt, und 2006 erschien er in einer neuen Auflage, was dazu führte, dass das Buch erneut zum Bestseller wurde.

Die Antwort auf die Frage, warum man heute, mehr als 70 Jahre nach der Katastrophe, dieses Buch noch lesen sollte, lautet: weil es immer noch aktuell ist. *Zug nach Pakistan* inszeniert die ewige Frage, wie Menschen, die mit ihren Nachbarn herzlich befreundet waren, unter bösen Umständen plötzlich beginnen, sie totzuschlagen – und das ist jedes Mal wieder gleichermaßen verstörend. Indiens Muslime hatten seit dem Mittelalter Seite an Seite mit Hindus und Vertretern anderer Religionen gelebt und waren ebenso in die Gesellschaft integriert, wie es einmal die Juden in Deutschland waren. Und als die Gewalt vorüber war, kehrte das Leben in normale Bahnen zurück: Die Muslime, die nicht nach Pakistan flohen, sondern in Indien blieben, lebten in friedlicher Gemeinschaft mit ihren hinduistischen Nachbarn. Indien wurde ein säkularisierter Staat und ein Regenbogenland. Hindus, Muslime, Sikhs, Jainisten, Buddhisten, Christen, Parsen. Alle sind vor dem Gesetz gleich, das im Gegensatz zu dem des Nachbarlandes Pakistan in religiösen Fragen Neutralität walten lässt. Gerade deshalb ist Indien eine multikulturelle Erfolgsgeschichte. Und je urbaner und moderner, desto geschmeidiger die Gemeinschaft: In den Wohngebieten der Städte, an Schulen und Arbeitsplätzen hält man zusammen, obwohl man unterschiedliche Götter und Propheten anbetet, wenngleich man nur sehr selten mit der Integration so weit geht, dass man sich über die Religionsgrenzen hinweg verheiratet.

Indien ist all das gelungen, woran Pakistan scheiterte, und der Schlüssel dazu war, dass die Kongresspartei, der parlamentarische Fortsatz der Unabhängigkeitsbewegung Mahatma Gandhis, ein stabiles, säkularisiertes und demokratisches System aufgebaut hat, in dem man alle Volksgruppen gleich behandelt werden, ganz gleich, ob sie sich durch Religion, Ethnizität oder Sprache unterscheiden. Der indische Pluralismus ist fest in der Geschichte verankert und sogar in die Nationalhymne hineingeschrieben. Selbst die Hindu-Nationalisten, die das Land inzwischen regieren, sind in diesem Geiste der Vielfalt erzogen und haben es noch nicht gewagt, sich an den Grundfesten der religiösen Toleranz in Indien zu vergreifen.

Auch wenn die Gemeinschaft im Alltag Normalität ist, hat die religiöse Identität doch seit der Flüchtlingskatastrophe im Herbst 1947 dreimal auf zerstörerische Weise eine aggressive Selbstverteidigung ausgelöst. Als Premierministerin Indira Gandhi 1984 von ihren Sikh-Leibwächtern ermordet worden war, fiel ein hinduistischer Mob auf den Straßen von Neu-Delhi über unschuldige Sikhs her. Seit hinduistische Männer, angestachelt von einem Vertreter der hindu-nationalistischen BJP, die Babri-Moschee in Ayodhya 1992 geschleift hatten, führte das, wie ich schon im vorigen Kapitel berichtet habe, zu tödlichen Auseinandersetzungen zwischen Hindus und Muslimen in Bombay. Und als hinduistische Pilger 2002 bei einem Zugbrand ums Leben gekommen waren, ermordete ein hinduistischer Mob unschuldige Muslime im Bundesstaat Gujarat. Jedes Mal galt das Morden als Rache für Missetaten, manchmal wirkliche, manchmal erfundene, die von denen verübt worden seien, die den falschen Gott anbeteten. Und die Rache traf doch niemals die ursprünglichen Täter, sondern einfach irgendwelche Menschen, die zufällig derselben Religion oder Ethnie angehörten. Einzeltaten wurden durch die Massenbestrafung des Kollektivs gerächt.

Kann man überhaupt begreifen, wie es zu einem Völkermord kommen kann? Wahrscheinlich nicht, doch die Amerikanerin Martha C. Nussbaum versucht es zumindest in ihrem Essayband *Clash Within* von 2008. Hier versucht sie die psychologischen Mechanismen zu erklären, die hinter den Untaten sowohl der Machthaber wie des Mobs im Nazi-Deutschland, in Ruanda, Jugoslawien und dem indischen Gujarat standen. Die Gewalt gegen die Muslime nahm in Gujarat in Form brutaler Massenvergewaltigungen von Frauen besonders sadistische Züge an. Nach der feministischen Historikerin Tanika Sarkar, die von Nussbaum zitiert wird, gab es unter den hinduistischen Tätern «eine dunkle sexuelle Besessenheit von der Idee des ultravirilen muslimischen Mannes und der überfruchtbaren muslimischen Frau». Die würde aus der (natürlich falschen) Auffassung stammen, dass Muslime sich wie die Kaninchen vermehren und dann – wenn nichts unternommen wird, um sie aufzuhalten – ganz Indien zu übernehmen drohen. Alle Menschen tragen Ängste mit sich herum, sagt Nussbaum, doch dieses organisierte Ressentiment entsteht nur, wenn die Ängste im Namen der Gruppe oder der Nation ausagiert und von einer machthungrigen Elite dirigiert werden. Die antimuslimischen Stimmungen, die es heute sowohl in Indien wie auch in der westlichen Welt gibt, haben die Tür geöffnet zu, wie Nussbaum es formuliert, «dem Totalitären, das irgendwo tief in jedem von uns versteckt ist».

Ihr Erklärungsmodell ist fast psychoanalytisch, um nicht zu sagen freudianisch. Sie zieht Rabindranath Tagores Roman *The Home and the World* von 1905 heran, in dem der indische Nationalist Sandip die schneidigen britischen Kolonialherren mit ihrer militärischen Marschmusik beneidet. Der Inder schämt sich für seine sanfte Männlichkeit, die sich unter anderem in einer Vorliebe für das Gespräch ausdrückt (was in der Diskussion über Männlichkeit in Europa als ein weiblicher Zug dargestellt wird). Und er schämt sich für die Musik seiner eigenen Kultur, die gefühlvollen Flötentöne Krishnas, die vom brutalen Lärm des europäischen Militärorchesters übertönt werden.

Heute ist es die muslimische Maskulinität, die ein schamvolles Gefühl sexueller Unterlegenheit hervorruft. Und Scham, schreibt Nussbaum, kann schnell nach außen gewendet und damit politisch werden und ist ein «kraftvolles Motiv für menschliche Aggression». Die Scham ist von der Hindu-Rechten maximal ausgenutzt worden, die den Hindu-Mob zur Schändung muslimischer Frauen in Gujarat anstachelte.

Was trotz der düsteren Geschichte das Buch *Zug nach Pakistan* zu einer hoffnungsvollen Lektüre macht, ist, dass es nicht viel Raum darauf verschwendet, von den politischen Folgen der Entkolonialisierung mit über einer Million ermordeter Menschen zu berichten. Stattdessen wird das Leben im Dorf Mano Marja im Sommer und Herbst 1947 in all seiner Alltäglichkeit geschildert, auf Individuen bezogen und mit Sinn für Humor und einem Blick auf die patriarchalen Machtverhältnisse.

Der intellektuelle, politisch bewusste Sozialarbeiter Iqbal Singh argumentiert in dem Roman mit sich selbst, ob er sich, ohne seine Würde zu verlieren, passiv zu den Morden verhalten kann. An einem Glas Whiskey nippend, denkt er daran, was passieren würde, wenn er das Blutbad aufhalten und damit riskieren würde, selbst ums Leben zu kommen: «Es genügt nicht, dass man selbst weiß, dass man recht handelt, denn die Rechtfertigung wird erst posthum vollzogen. Das ist nicht dasselbe, wie wenn man in der Schule eine Bestrafung auf sich genommen hat, um einen Freund zu retten. In dem Fall durfte man sich gut fühlen und leben, um das Opfer zu genießen; in diesem Fall hier aber wird man getötet werden. Das würde der Gesellschaft nichts Gutes bringen, denn sie würde es nie erfahren.»

Juggut Singh argumentiert anders. Er ist ein hitziger und unbedachter Kraftprotz, Sohn eines Mörders und selbst Gangster. Er denkt nicht nach, bevor er handelt, sondern wird von seinen Gefühlen geleitet. Wie die meisten der Hauptpersonen des Romans gehört er der Sikh-Religion an, hat einen Bart, lässt das

Haar wachsen und trägt Turban, weigert sich aber, mit seinen Religionsgenossen loszuziehen, um Muslime zu schlachten. Die Liebe zu einem muslimischen Mädchen lässt ihn anders denken. Wegen ihr kann er die muslimischen Männer, Frauen und Kinder, die an Bord des Geisterzuges nach Pakistan genötigt werden, nicht länger als Vertreter des Bösen in der Welt betrachten. Die Liebe bringt ihn dazu, dass er sie als Menschen aus Fleisch und Blut anerkennt.

12. Sightseeing im Slum

Die Zustände im Slumviertel Cuffe Parades in Bombay haben viel von dem, was wir elend nennen würden. An einem Abend vor Weihnachten wandere ich durch die dunklen Gassen. Die Wohnungen sind Schuhkartons aus Sperrholz und Resopal und liegen ganz, ganz dicht aneinander. Die Gassen des Slums, durch die sich die Einwohner hindurchschieben, sind lediglich einen halben Meter breit. Es riecht nach Kohlenfeuer und Essen. In den Fensterlöchern sehe ich leuchtende Weihnachtssterne. In den Türöffnungen Mütter und Töchter, die Chilis und Tomaten schneiden, Chapati hacken und in großen, verbeulten Aluminiumtöpfen mit Gemüsebrei rühren. Eisenschüsseln mit siedendem Öl, in denen frittierte Samosas zischend ihre goldgelbe Farbe annehmen. Schmale, mit bunten Lichterketten umwickelte Treppen führen in die oberen Behausungen hinauf. Unter dichten Baumkronen auf einem kleinen Platz, an dem fünf Gassen zusammenkommen, stehen junge Männer und Jungs und spielen Corone, während ein Kassettenrecorder mit höchster Lautstärke Filmmusik aus Bollywood spielt.

Die Einwohner des Slums haben keine Mietverträge, keinen gesetzlichen Schutz oder Eigentumsrechte. Im Grunde sind sie Besetzer und können weder mit kommunalem Service noch mit

Wasser, Elektrizität oder Schulen rechnen. In dieser gesetzlosen Welt herrschen die Slumbarone, die gegen Bezahlung mit allen Tricks arbeiten, um zu bewerkstelligen, was eigentlich Aufgabe der tatenlosen Gemeindeverwaltung ist. In den Slums von Bombay hat man sogar Breitband in die Hütten gebracht. Die Einwohner verhalten sich, als würden ihnen Boden und Behausungen gehören. In Wirklichkeit sind sie ebenso gesetzlos wie die, welche sie für den Service bezahlen.

Auf dem Papier besitzt ein Einwohner des Slums nichts. In der Realität hat er Zugang zu Boden, Haus, Wasser. Der peruanische Wirtschaftswissenschaftler Hernando de Soto nennt diese Verhältnisse die «Apartheid des Kapitalismus». In den armen Ländern gibt es enorme Mengen an Kapital, das vom legalen System nicht anerkannt wird. Deshalb können die Ressourcen nicht verkauft, als Sicherheit für einen Bankkredit verwendet oder Diebstähle angezeigt werden, schreibt er in seinem Buch *Freiheit für das Kapital*. Morgen kann alles, was man hat, weg sein – von einem Bulldozer dem Erdboden gleichgemacht, von einem Gangster konfisziert –, und es gibt keine Instanz, vor der man klagen kann. Der Slum ist ein Treibhaus für Korruption. Bestechung ist oft die einzige Methode für die Armen und Gesetzeslosen, das zu sichern, was sie haben, aber nicht besitzen.

Das Kapital der Armen, meint Hernando de Soto, ist totes Kapital, unbrauchbar für die Entwicklung einer modernen Wirtschaft. Er behauptet, wenn man all dieses tote Kapital in all den armen Ländern zusammenrechnen würde, dann wären das viele Milliarden Dollar, mehr als die gesamte Entwicklungshilfe der westlichen Welt zwischen dem Ende des Zweiten Weltkriegs und der Jahrtausendwende.

Denn die wirtschaftliche Tätigkeit ist hier tatsächlich rege. Wenn man durch den Slum Cuffe Parades wandert, erstaunt einen die Aktivität, die dort herrscht. Überall kleine Geschäfte, Kioske, Essensbuden und Hütten, wo für ein paar Rupien die Stunde Computer mit Internetverbindung angeboten werden. Alle haben Strom, der aus den Leitungen des Elektrizitätswerks abgezweigt wird, auch wenn das überlastete Netz oft zusammenbricht. In den Häusern gibt es kein Wasser, aber auf den Plätzen stehen Pumpen.

In mehreren Häusern im Slum sitzen Kinder um die sieben Jahre in kleinen Räumen auf Teppichen am Boden zusammengedrängt und haben Abendschule in Englisch, Hindi und Mathematik. In einem rechteckigen Raum in einem Betonreihenhaus, wo der Slum auf den Basar trifft, sitzen 14-jährige Mädchen und lernen zum ersten Mal in ihrem Leben, wie man mit einem Computer umgeht.

Das macht den Cuffe Parade Slum etwas lebenswerter als die meisten anderen Slumgebiete in Bombay. Doch damit kann sich die Schulbehörde Bombays sicher nicht brüsten.

Bina Shethlashkari betreibt Doorstep Schulen auf den Straßen, in Parks und Slums. Das Geld kommt von Almosen der wachsenden indischen Mittelschicht und von den neuen IT-Unternehmen. Die Idee dahinter ist, dass es keinen Sinn macht, die arbeitenden Kinder dazu zu bringen, ihre Arbeit im Stich zu lassen, weil ihre Familien auf diese lebenswichtigen Zusatzeinnahmen angewiesen sind. Ebenso sinnlos ist es, die Kinder zum Besuch der kommunalen Schulen zu zwingen, die oft weit von ihrem Zuhause entfernt sind. Deshalb findet der Unterricht abends statt, wenn die Kinder mit der Arbeit fertig sind. Und deshalb findet er in Bussen statt, die auf der Straße in der Nähe des Slums geparkt sind oder auf der Gasse – an der Schwelle zu ihrem Schuhkarton-Zuhause.

Doorstep School unterrichtet 2000 Kinder in ganz Bombay. Die Organisation, die mehrere Nachahmer hat, steht für zwei Slogans:

«Überall, wo es eine Hütte gibt, wird es auch eine Vorschule geben.»

«Überall, wo es ein Kind gibt, wird es Ausbildung geben.»

Eine der Schulen im Cuffe Parade Slum ist auf einer Müllhalde zwischen zwei Hütten gebaut. Das Schulgebäude hat zwei Klassenzimmer, eines im Erdgeschoss und eines in einem Loft. Die Wände sind rosa. Leuchtstoffröhren summen. Unter der Decke kreisen Ventilatoren. Die Schüler haben es nicht weit nach Hause – die meisten von ihnen wohnen in derselben Gasse, wo das Schulhaus ist, oder in der nächstgelegenen.

«Das ist eine Methode, um zu verhindern, dass sie abspringen, denn das ist eines der größten Probleme in Grundschulen in den armen Gegenden», erklärt Bina Shethlashkari und umfasst die Kinderhände, die ihr im Klassenzimmer entgegengestreckt werden. «In den normalen Schulen springen die ärmsten Kinder nach ein paar Jahren ab. Hier sind wir flexibel. Wir respektieren, dass die Kinder helfen müssen, die Familien zu versorgen. Wir arbeiten nicht gegen die Kinderarbeit, sondern wir machen es den Kindern möglich, auf lange Sicht in ein erträglicheres Leben zu wechseln.»

Rasch gehen wir an Familien vorbei, die im Schneidersitz auf der Gasse hocken und zu Abend essen, und schlüpfen aus dem Slum hinaus auf die breite, frisch asphaltierte Straße mit den ausgedehnten, sauber gefegten Bürgersteigen, wo gut gekleidete Büroangestellte aus dem Geschäfts- und Finanzviertel am Nariman Point zu ihren Wohnungen in Cuffe Parade hetzen, dem wohlhabenden Wohngebiet in direkter Nachbarschaft zum Slum. Von den Balkonen der teuren Wohnungen hat man freie Sicht auf die Gassen des Slums.

«Schert sich die Mittelschicht um die Slumbewohner?», frage ich Bina Shethlashkari, als wir uns an einem mobilen Bürgersteig-Imbiss niedergelassen haben und beide einen Edelstahlbecher mit heißem Kaffee mit Milch bekommen.

Um uns herum: der menschliche Fluss aus Männern und Frauen mit Handys in der einen Hand, der Aktenmappe in der anderen und einem gestressten und sehnsuchtsvollen Blick in den Augen.

«Die Leute scheren sich durchaus», sagt sie, «aber sie haben so wenig Zeit. Sie arbeiten und arbeiten. Aber sie kümmern sich. Wir haben einen konstanten Strom von Geschäftsmännern bis hin zu Collegemädchen und Hausfrauen, die Geld schenken und als Freiwillige arbeiten wollen.»

Um mehr über Bombays Slumstädte zu erfahren, nehme ich den Nahverkehrszug von Churchgate Station im alten kolonialen Zentrum – voller gut gepflegter Parks und pompöser neoklassizistischer Paradebauten – nach Mahim Junction, gleich neben dem größten Slum Asiens und Bombays größtem Schandfleck, wo ungefähr 600 000 Menschen auf weniger als zwei Quadratkilometern wohnen.

Mit zittrigen Knien überquere ich die Fußgängerbrücke über die Eisenbahn und steige dann hinunter auf die 90 Feet Road, die Hauptstraße des Slums. Ich habe mit dem Schlimmsten gerechnet – unbeschreiblicher Gestank, Apathie und Elend –, werde aber schnell eines Besseren belehrt. Mein erster Eindruck ist, dass es vermüllt und chaotisch ist und die Häuser provisorisch aussehen. Doch Apathie? Ganz und gar nicht! Dharavi ist zwar arm, provisorisch und chaotisch, aber erinnert dennoch an einen funktionsfähigen Stadtteil. Die Slumstadt hat nämlich private Schulen und Ärztekliniken, digitale Druckereien und sogar eine Bank. Hier gibt es Tausende von Kleinstunternehmen – Gerbereien, Textilwerkstätten, Töpfereien und Recyclingfirmen –, die im Jahr rund 300 Millionen Euro umsetzen. Die Einwohner haben keine gesetzliche Absicherung, ihre Behausungen sind nicht im Grundbuch eingetragen und der kommunale Service ist minimal, doch die Arbeitslosigkeit ist niedrig. Zwar ist der Slum ein chaotisches Wirrwarr und eine sanitäre Katastrophe mit einer Toilette auf 800 Einwohner, doch gleichzeitig fühlt es sich so an, als würde ich durch einen riesenhaften Arbeitsplatz wandern. Keine ziellos herumhängenden Männer an den Straßenkreuzungen, keine bedrohlichen oder feindseligen Kommentare. Ich werde von neugierigen Blicken und mit fröhlichen Rufen begrüßt – und entdecke eine Gegend, die vor Kreativität nur so brummt. Im Erdgeschoss nahezu jeden Hauses befindet sich eine Werkstatt oder ein Geschäft. Lucky Soap Centre, Krishna Embroidery Stores, Kali Ladies Tailors ... Es wird getöpfert, genagelt, gewaschen, genäht und gewebt.

Ich bin mit einem der eloquentesten Fürsprecher des Slums verabredet: Arputham Jockin. Mitte der 70er Jahre kamen Bulldozer und rissen das Slumviertel ein, in dem er damals wohnte. Es wurden den Slumbewohnern keine Ersatzunterkünfte angeboten, sondern sie mussten allein sehen, wie sie zurechtkamen. Arputham ging nach Dharavi. Schon bald war er das fehlende Engagement der Behörden für die Slumbewohner leid und gründete die National Slum Dweller Federation (NSDF), in der heute 750 000 Slumhaushalte in ganz Indien organisiert sind und die zu einem Netzwerk mit Mitgliederorganisationen in 23 Ländern in der ganzen Welt gehört.

Jetzt macht sich Arputham Sorgen, dass dasselbe mit Dharavi geschehen könnte wie mit dem Slum, in dem er vor 40 Jahren wohnte. In den letzten 30 Jahren haben die Behörden mehrere Pläne veröffentlicht, wie sie Dharavi sanieren wollen. Der jüngste Vorschlag sieht vor, dass die Slumhütten durch Geschäftsgalerien und Wolkenkratzer mit Wohnungen und Büros ersetzt werden sollen. Internationale Bauunternehmen haben schon Angebote für die Umgestaltung machen können. Nach Dharavi will man mit den restlichen Slums der Stadt weitermachen. Die Vision ist ein Bombay ohne Slums, ein Finanzzentrum internationaler Klasse, ein neues Singapur. Im Unterschied zu den Slumsanierungen an anderer Stelle wollen die Behörden denjenigen, die mehr als acht Jahre in Dharavi gelebt haben, Ersatzwohnungen anbieten. Das klingt für einen Außenstehenden hervorragend. Dennoch werden diese Pläne bei den Slumbewohnern mit Skepsis aufgenommen.

«Die Behörden haben nicht untersucht, wie viele Menschen im Slum wohnen und was ihre Arbeit ist. Wir kritisieren, dass man nicht daran gedacht hat, wohin all die kleinen Unternehmen des Slums gehen sollen», erklärt Arputham Jockin, als wir von der 90 Feet Road abbiegen und in eine der schmalen, schattigen Gassen hineingehen.

Der Plan der Behörden war es, dicht nebeneinanderstehende Hochhäuser zu bauen. Die Slumbewohner meinen, dass dies zu Massenarbeitslosigkeit führen wird, weil es unmöglich ist, in kleinen Wohnungen im zehnten Stock Unternehmen zu betreiben. Ordentliche Wohnungen in modernen Häusern würden also zu wachsender Arbeitslosigkeit führen. Das befürchten zumindest Arputham und seine Organisation. Seit die Slumbewohner mehrere Male gegen die Sanierungspläne demonstriert haben, hat man in den Behörden umgedacht und zeigt sich nun bereit, einen Dialog mit den Bewohnern zu führen.

«Alles muss demokratisch geschehen, so dass alle dabei sein und Einfluss nehmen können. Wenn die Umwandlung in Zusammenarbeit mit den Bewohnern erfolgt, dann kann Bombay Modell stehen für Slumsanierungen in Nairobi, Kapstadt und Rio de Janeiro», sagt Arputham, als wir an einer Werkstatt vorbeikommen, wo eine dröhnende Maschine gesammelte Plastikverpackungen zu Plastikpellets zermahlt, die danach als Rohmaterial an die Plastikindustrie verkauft werden.

Nicht alle Slumbewohner leben auf demselben Niveau, denn

die Klassenunterschiede im Slum sind groß. Während manche Familien sich in kleinen Buden von 10–15 Quadratmetern drängen, haben andere sich durch hartnäckige Arbeit im Laufe der Jahre Wohnungen erarbeitet, deren Standard man normalerweise nicht mit einem Slum verbindet. So wie Samuel James, der vor 50 Jahren aus Goa nach Dharavi gekommen ist.

«Noch vor zehn Jahren wohnten fast alle in engen Slumhütten. Jetzt haben viele ihre Bleibe ausgebaut und sich Badezimmer und schöne Küchen zugelegt», berichtet er und zeigt uns seine Vierzimmerwohnung von mehr als 100 Quadratmetern, die er sich vor acht Jahren im Herzen des Slums gebaut hat. Das Geld dazu stammt aus Einkünften seiner erfolgreichen Baufirma, die er, der mit zwei leeren Händen in der Großstadt ankam, selbst aufgebaut hat.

«Aber was passiert mit Ihrem Haus, wenn der Slum saniert wird?», frage ich ihn, weil ich weiß, dass auch sein Haus nicht im Grundbuch steht und er deshalb auch über kein gesetzliches Besitzrecht verfügt.

«Das weiß nur Gott. Aber eins ist sicher: In ein paar Jahren sieht der Slum hier völlig anders aus als heute.»

Die Touristen können einen Blick auf die riesenhaften Slumstädte erhaschen, wenn sie mit dem Taxi vom Flughafen ins Hotel fahren. Viele fragen sich dann, wie das Leben in diesem Gedränge aus verfallenen Hütten wohl aussieht. «Sollte man vielleicht mal reingehen und es sich ansehen …?» Doch meist lautet die Antwort: «Nein, das traue ich mich nicht …» Diese Neugier und Furcht haben sich Reality Tours & Travel zunutze gemacht. Seit Beginn der Jahrtausendwende arrangieren Chris Way, sein Kompagnon Krishna Poojari und ihre angestellten Guides Touristenspaziergänge durch Dharavi.

Ich bin mit Chris im Slum zwischen den Eisenbahnlinien, den

Mangrovenbäumen und den schimmernden neuen Bürohochhäusern für multinationale Unternehmen verabredet. Wir springen über Abflusspfützen und schieben uns durch das Gedränge in den schmalen Gassen zwischen den schlecht gebauten Slumhütten.

«Die meisten Touristen fragen, was die Menschen hier für eine Arbeit haben und was die Behörden für die Einwohner tun», erzählt Chris Way, als wir durch die Gassen in Kumbharwada wandern, dem ältesten Viertel von Dharavi, das von Töpfern errichtet wurde, die vor 50 Jahren vor der Hungerkatastrophe in Westindien hierher flohen.

Dieser Teil des Slums wird auch heute noch hauptsächlich von Töpfern bewohnt, deren Häuser inzwischen den für einen Slum so ungewöhnlichen Luxus privater Badezimmer und Toiletten in den Häusern aufweisen.

«Die meisten sind erstaunt, dass das Leben hier voller Freude und Hoffnung zu sein scheint», erzählt er und bleibt vor einer Gruppe Männer und Frauen stehen, die mitten im Gedränge auf der Gasse Krüge auf der Töpferscheibe fertigen.

Alles fing an, als Chris Way, der Brite ist, Ende der 90er Jahre eine Weltreise unternahm und in einer geführten Sightseeingtour durch eine Favela in Rio de Janeiro landete. Als er dann einige Jahre später als Freiwilliger in einer Schule in Bombay arbeitete, musste er an die Erfahrung aus Rio denken – und hatte die Idee, in ähnlicher Weise Touristen durch das indische Pendant der Favelas zu führen. Das Reisebüro von Chris Way war das erste in Bombay, das Touren durch die Slums anbot. Inzwischen gibt es mehrere Konkurrenten. Die Nachfrage seitens der Touristen ist groß.

«Wir führen sowohl Touristen, die in den teuersten Luxushotels der Stadt wohnen, wie Rucksackreisende», berichtet Chris. «Sie alle haben gemeinsam, dass sie sich dafür interessieren, wie die Menschen im Slum leben.»

«Aber», frage ich mich, «ist der Slumtourismus nicht nur ein geschmackloser Ausdruck unserer egoistischen Bedürfnisse nach extremen und krassen Erlebnissen? Ein exotisches Ferienabenteuer in das Elend anderer Menschen?»

Chris Way ist es gewohnt, diese Frage gestellt zu bekommen, und sagt, seiner Meinung nach könne ein Slumbesuch vielmehr zu größerem Verständnis und Mitgefühl führen.

«Die meisten Besucher kommen ins Grübeln, und einige ziehen den Schluss, sich gegen die Ungerechtigkeiten der Welt zu engagieren.»

«Aber kann man das Slum-Erlebnis an Touristen wie jedes beliebige Sightseeing-Event verkaufen?», frage ich.

Chris sagt, er möchte mir etwas zeigen, und nimmt mich mit zu einer Schule, die sein Reisebüro mitten im Slum von Dharavi betreibt.

«Das hier ist meine Antwort», sagt er und zeigt mir einen kleinen Raum mit rohen Betonwänden, dicht mit Schulbänken und Computern vollgestellt.

«Wir wollen an den Slumtouren nichts verdienen. 80 Prozent der Einnahmen gehen direkt an die Schule. Wir wollen Dharavis Einwohnern etwas zurückgeben – und das tun wir, indem wir kostenlos Englisch und den Umgang mit Computern unterrichten. Wir möchten die Chancen der Slumbewohner auf dem Arbeitsmarkt verbessern und ihnen die Möglichkeit eröffnen, eines Tages hier wegzukommen.»

13. Die blaue Stadt in der großen Wüste

Ich fliege von Neu-Delhi nach Süden über die Halbwüste von Ost-Rajasthan und die Aravalliberge. Schaue hinaus zu der knochentrockenen Wüstenebene, die sich im Westen von der schmalen Bergkette her ausbreitet. Ich kann es nicht mit dem bloßen Auge sehen, doch ich weiß, dass die Wüste sich noch 500 Kilometer weiter ausstreckt, bis hin zum Tal des Indus in Pakistan. Dann landen wir auf dem kleinen Flugplatz in Jodhpur, der wie ein Bahnhof in einem Dorf auf dem Land wirkt. Die Koffer kommen nicht auf einem Band angefahren, sondern wir müssen sie vom Gepäckwagen pflücken, den ein lehmverschmierter Traktor von den offenen Laderäumen des Flugzeugs gezogen und auf dem Platz vor dem kleinen Empfangshäuschen abgestellt hat. Es ist schwer vorstellbar, dass man früher einmal, als die britischen Kolonialherren noch über Indien herrschten, von London direkt hierherfliegen konnte. Die Strecke wurde von Imperial Airways mit einer viermotorigen Propellermaschine bedient, die Armstrong Whitworth Atalanta hieß und sowohl in Kairo als auch in Karachi zwischenlandete, um zu tanken und Post und Passagiere abzuliefern. Das dauerte seine Zeit, zumal das Flugzeug auch nicht schneller als 185 Stundenkilometer flog.

Im blauen Jodhpur wandere ich durch die Gassen der Stadt

und über die dunkle Pracht des Gemüsemarktes, sauge den Duft von den Buden der Kräuterhändler ein, streichele weiße Kühe mit blau und rot bemalten Hörnern und kaufe auf den Basaren schwere Silberarmbänder und Stoffe mit Blockdruck, ohne mich übers Ohr hauen zu lassen. Trotz des brodelnden und lärmenden Straßenlebens und der vor Menschen wimmelnden Basare – ein funktionierendes Chaos, wie es der amerikanische Indien-Botschafter und Volkswirtschaftler John Kenneth Galbraith in den 60er Jahren formulierte – liegt eine zeitlose Ruhe über der Stadt. In der knochentrockenen Wüstenluft herrscht eine auffällige Höflichkeit und Sanftheit, als würden die zählebigen Traditionen mit Krieg, Ehrenkultur, gehorsamen Untergebenen und patriarchaler Macht nur eine historische Patina abgeben.

Jodhpur mit seinen blau angestrichenen Häusern – traditionell von Brahmanen bewohnt – wirkt schöner und zufriedener mit sich selbst und seinen Besuchern als die Nachbarstadt Jaipur mit ihrer rosafarbenen Stadtmauer. Die Wahl zwischen Blau und Rosa fällt hier leicht.

Der Reiseschriftsteller Bruce Chatwin begegnete in der blauen Stadt Manvendra Singh, dessen Familie seit dem 16. Jahrhundert bis zur Selbständigkeit Indiens 1947 ein Unterkönigtum unter dem Maharadscha von Marwar innegehabt hatte. Chatwin fragte ihn, ob er einen ruhigen Ort wisse, an dem er sein jüngstes Buch fertigschreiben könne.

«Komm und wohne bei uns», sagte Manvendra.

Chatwin nahm das Angebot an, bezog den Herrensitz im Dorf Rohet auf dem Lande vierzig Kilometer südlich von Jodhpur, blieb sechs Monate und schrieb das Buch *Traumpfade* fertig (das auch in einer Wüste, nämlich der australischen, spielt). Wenn Bruce der Ort gefallen hat, dann gefällt er vielleicht auch anderen, dachte sich Familie Singh und verwandelte ihr herrschaftliches Zuhause mit sienagelben Wänden und weißen indo-maurischen Portalen in ein Hotel. Die Garagen und die Ställe wurden zu Doppelzimmern, der Hof zu einem Swimmingpool. Einige Jahre später kam ein anderer Reiseschriftsteller, der Brite William Dalrymple, um in dem Zimmer, in dem der große Chatwin gesessen hatte, ein Buch zu schreiben. Und so ging es immer weiter.

«Alles fing mit den Reiseschriftstellern an», erklärt der Sohn Siddharth Singh, der gerade von einem Morgenritt durch die Wüste zurückkehrt.

Zwei britische Reiseautoren haben den Grund gelegt, und in ihrer Folge kamen politische Berühmtheiten und Persönlichkeiten des kulturellen Lebens. Israels Premierminister, Großbritanniens Außenminister, Hollywoodstars ... und Madonna, die hier mit Familie und großer Entourage wohnte.

«Wir sind stolz darauf, dass Rohet Garh ein literarischer Ort geworden ist», sagt Siddharth, als wir mit Blick auf die Weite der Wüste zusammen ein englisches Frühstück mit Bohnen, Bacon und Rührei einnehmen.

«Wie war denn Madonna?», frage ich und betrachte die Bohnen in der roten Tomatensoße, die hübsch in ein korbförmiges indisches Brot arrangiert sind.

«Wie eine Königin ...», beginnt er, überlegt es sich aber anders.

«Ehrlich gesagt, war Madonna superanstrengend und hat meinem Personal das Leben schwer gemacht», fährt er dann fort, geht zu den eiförmigen Lautsprechern auf der Marmoranrichte, dockt sein iPhone an und dreht die Lautstärke hoch, so dass Pandit Jasrajs klassische Singstimme und sein virtuoses Sitarspiel den Frühstücksraum erfüllen.

Rund um die Thar-Wüste im Bundesstaat Rajasthan werden verfallene Paläste und Herrensitze, in denen das schwere Kulturerbe von indischen Königshoheiten und Adligen ruht, in Boutique-

und Designhotels verwandelt. Ich sitze in einem Korbsessel auf dem Rasen des Innenhofs und trinke mit anderen Hotelgästen Five o'Clock Tea, während Herr und Frau Singh herumwandern und höflich Konversation betreiben.

Heller Tee in geblümten Tassen. Scones und dreieckige Sandwiches. Der Pool leuchtet blau. Die Dämmerung kommt mit krächzenden Krähen in den Baumkronen und einer nach Kreuzkümmel duftenden Brise heran. Unten ein Orchester, das auf dem Boden sitzt und mit scharfen Tablas und heulenden Flöten die Volksmusik der Wüste spielt.

Ich bestelle einen Gin Tonic an der Bar – das Chinin schützt schließlich vor Malariamücken – und betrachte die in Sepia gehaltenen, schwarz-weißen Familienfotos von Familie Singh. Britische Soldaten mit steifen Rücken und Tropenhelmen. Jagdfotos von indischen Männern mit Turban auf dem Kopf, Gewehr in der Hand und dem Fuß auf dem Tigerkopf. Das hier war eine Zeit, da war es ebenso normal, einen indischen Tiger zu schießen, wie heute einen schwedischen Elch. Auf einem Bild ist Siddharths Großvater zu sehen, auf dem Foto erst sieben, acht Jahre alt, neben einem erlegten Braunbären. Der Blick des Jungen leuchtet vor Stolz und Abenteuerlust. Gin und Tonic sind herrlich eiskalt. Glühwürmchen flattern durch die Nacht.

Die 22 Unterkönige von Rajasthan herrschten autokratisch. Zu ihrer Unterstützung hatten sie *Jaghirdars*, die landbesitzenden Vasallen. Da die Maharadschas zunächst den Moguln-Kaisern (die vom 16. bis zum 18. Jahrhundert herrschten) und später den Briten (19. Jahrhundert bis 1947) die Treue schworen, wurden ihre mittelalterlichen Wüstendiktaturen in Ruhe gelassen.

An Reformen waren die Maharadschas nicht interessiert. In Rajasthan gab es weniger und armseligere Schulen, die Bauern waren ärmer und die Menschenrechte wurden weniger beachtet als im restlichen Indien. Sogar der Besitz einer Schreibmaschine wurde als Verbrechen angesehen. Selbst lebten die Maharadschas im Luxus. Einer von ihnen besaß 27 Rolls-Royce. Ein anderer verheiratete seine Tochter an einen Prinzen, und die Hochzeit ist als die teuerste der Welt ins Guinness-Buch der Rekorde eingegangen. Ein Dritter arrangierte eine bizarre Hochzeit unter seinen Hunden, bei der 250 Hundegäste in mit Edelsteinen eingefassten Brokatdecken auf geschmückten Elefanten den Bräutigam empfingen, als er mit dem Zug ankam.

Als Indien selbständig wurde, verloren die insgesamt 554 Maharadschas und Nawabs die politische Macht, die sie trotz der Herrschaft verschiedener imperialistischer und kolonialer Herren ausgeübt hatten. Sie geben den Stoff für all die Stereotypen maßlos reicher indischer Paläste ab, die immer noch auftauchen, sei es in neu produzierten Hollywoodfilmen oder in der Reklame für das Reiseland Indien. Die Maharadschas mussten ihre eigene Abdankung unterzeichnen, konnte aber dank einer Apanage von der Regierung in Neu-Delhi ihr luxuriöses Palastleben fortsetzen. Erst 1971 befand Premierministerin Indira Gandhi, es sei nun genug, zog die Unterstützung ein und nahm ihnen die offiziellen Titel. Seither ist indisches blaues Blut eine höchst inoffizielle Angelegenheit. Und so entschieden sich einige Familien, ihre Schlösser und Herrensitze zu Hotels umzufunktionieren, um sich selbst zu versorgen und sich den persönlichen Konkurs nebst totaler Erniedrigung zu ersparen.

Einigen Indern waren die Exzesse ein Dorn im Auge, doch viele bewunderten auch ihre Maharadschas. Und der Respekt vor der Obrigkeit war dem Volk mit Drohungen, aber auch mit Versprechungen eingebläut worden. Gleich nach der Unabhängigkeit erkannte Hanwant Singh, der letzte regierende Maharadscha von Jodhpur, zusammen mit 67 anderen noblen Herren aus den königlichen Familien seine zweite Chance. Sie ließen sich für die

Wahl zum Bundesstaatsparlament von Rajasthan – Vidhan Sabha – aufstellen und errangen sagenhafte 49 Prozent der Sitze.

Kurz nach der Wahl, doch noch bevor die Stimmen ausgezählt waren, begab sich Hanwant Singh mit seinem Privatflugzeug auf einen entspannenden Rundflug über die Wüste. Vielleicht dachte er zu viel über das kommende Wahlergebnis nach, jedenfalls flog er direkt in einen Telegrafenmast und starb. Ohne den Maharadscha von Jodhpur fehlte aber der königlichen Rückeroberung der Macht die Struktur, und Nehrus Kongresspartei – und damit die gebildete Mittelschicht – übernahm auch in Rajasthan das Ruder.

Ich traf den Maharadscha Swaroop Singh 1994 im Jagdsalon seines Palastes in Jodhpur, Ajit Bhawan Palace. Er war einer der Letzten der Generation, die nicht nur wirtschaftliche, sondern auch politische Macht besaßen. Ich sah mich im Raum um. Dort ein Tisch aus einem Elefantenohr, das auf einem Rüssel balanciert. Hier ein Stifteköcher aus einem Büffelhuf. Hinten ein Paar riesiger Elefantenstoßzähne neben einem zähnefletschenden, ausgestopften Löwen. Eine alte, zur Bar umgebaute Wiege. Eine Tafel mit den Namen aller Maharadschas von Jodhpur von 1212 bis heute.

Man geht davon aus, dass die Jagdorgien von Moguln, Maharadschas und Briten Hauptursache für die Ausrottung indischer Löwen, Tiger und gewisser Vogelarten in großen Teilen Indiens waren. Um zu retten, was noch gerettet werden kann, sind die meisten der Jagdgründe heute Naturreservate.

Doch Swaroop Singh, der Bruder des Maharadschas, der in den Telegrafenmast flog, betrachtete sich selbst und seine Ahnen als Umweltschützer mit einem großen, sozialen Verantwortungsbewusstsein.

Über die Großwildjagd sagte er:

«Wir haben nicht zum Vergnügen gejagt, sondern aus Pflicht.

Wenn die Dorfbewohner von wilden Tieren bedroht wurden, rückten wir aus, um sie zu retten. Damals waren die Wälder um Jodhpur voller Panther. Heute sind die Bäume gefällt, sogar die, welche wir, um die Ausbreitung der Wüste zu verhindern, gepflanzt haben. Die Tiere sind weg. Die Umwelt ist zerstört.»

Über die beiden Paläste, an denen Tausende Arbeiter drei beziehungsweise vierzehn Jahre bauten:

«Nach dem Ersten Weltkrieg hatten wir Hungersnöte in Indien. Mein Vater ließ Ajit Bhawan Palace errichten und sein Bruder Umaid Bhawan Palace, um den hungernden Massen Arbeit zu geben.»

Ebenso wie sein Bruder hegte Swaroop politische Ambitionen. In den 60er Jahren saß er für kurze Zeit als parteiloser Abgeordneter im Landesparlament.

«Gott hat uns einen freien Willen gegeben», sagte er. «Warum sollte man sich dann in Parteien organisieren?»

Als die Regierung in den 70er Jahren die finanzielle Unterstützung der Höfe beendete, musste Swaroop Singh, ebenso wie die meisten Maharadschas von Rajasthan, den Palast zum Hotel umbauen.

Häuser zu zeichnen, Zimmer einzurichten und das Tischlern waren die Hobbys des Maharadschas, und der Umbau war zu großen Teilen sein Werk. Mitten in einem der Räume wuchs ein echter Baum, der durch ein Loch in der Decke ragte.

«Andere reden von Ökologie. Wir praktizieren sie», kicherte er.

Während Onkel Umaids Palast-Hotel wie ein fettes, orientalisches Stück Gebäck wirkte, mit kolonialem Kitsch und Vulgär-Rokoko eingerichtet, erschien der kleine Palast von Swaroop rustikal, eigensinnig und zurückhaltend. Mit traditionellen Methoden und Baustoffen errichtete Bungalows, ein englischer Garten mit Fischteich und kleinen zierlichen Brücken und ein Innenhof, auf dem man an Glastischen mit safrangelben Tischtüchern, die von unten beleuchtet sind, unter dem von Sternen funkelnden Wüstenhimmel das Buffet zu sich nimmt.

«Ich unternehme jeden Tag eine Jeepsafari mit den Gästen. Wir schauen uns die Wüste und die wilden Tiere an und besuchen Dörfer und reden mit den Leuten.»

Die Demokratie des heutigen Indien enttäuschte ihn.

«Alles verfällt. Nichts geschieht. Wilde Hunde und Geisteskranke auf den Straßen, überlastete Busse, Passagiere auf den Zugdächern und in jedem Skooter eine ganze Familie. Wir brauchen politische Tatkraft, damit die Gesetze auch eingehalten werden. Wir haben es mit ungebildeten Menschen zu tun. Da braucht man die Strafe als abschreckendes Beispiel. Jetzt töten sich die Leute auf den Straßen gegenseitig. Zu unserer Zeit gab es sowas nicht.»

Ich stehe im Jeep auf und lasse den Wüstenstaub mein Gesicht sandstrahlen. Der Wagen saust auf einem schmalen, schwarzen Asphaltstreifen durch eine graubraune Steppe, auf der Pfauen graziös ihre Schwanzfedern entfalten und Wüstenantilopen behände hinter dichtem Gestrüpp verschwinden.

Wir fahren langsamer, bleiben stehen, lassen fünf dunkelbraune Dromedare schwankend die Straße überqueren. Sie werden von einem Mann in weißen Kleidern geführt. Sein schön gedrehter Turban ist so rosa, dass er im Widerschein des Dämmerungshimmels fluoreszierend wirkt.

Wir verlassen die Straße, und der Jeep hüpft über die Erdhügel, bis wir in einem Dorf anhalten, das aus einer Handvoll runder brauner Lehmhütten besteht, die sich, von einem Zaun aus Ästen umgeben, aneinander lehnen.

Alle im Dorf sind miteinander verwandt und gehören der hinduistischen Sekte der Bishnoi an, die im 15. Jahrhundert von Guru

Jambheshwar gegründet wurde. Bis heute leben sie nach den 29 Verhaltensregeln des Gurus für ein Leben im Einklang mit der Natur. Die Regeln lauten etwa «Gib erst den Tieren zu fressen, ehe du selbst die erste Mahlzeit des Tages einnimmst» oder «Fälle niemals einen lebendigen Baum». Während indische Könige, Adlige und britische Kolonialherren gern wilde Tiere jagten und Wälder rodeten, wurden diese von den Sektenmitgliedern beschützt. Die Geschichte ist voller Erzählungen von Martyrium und Edelmut, wenn sie sich zwischen Jäger und Beute, zwischen Waldarbeiter und Baum stellten.

Die Mitglieder der Bishnoi-Sekte waren die ersten Tierrechtsaktivisten und Baum-Umarmer Indiens, wenn nicht gar der Welt. Und vermutlich ist es ihr Verdienst, dass auf den Wüstenebenen um Jodhpur auch heute noch viele Hirsche und Antilopen leben.

Ihre Turbane sind hellgrün, rosa oder rot. Sieht man einen dunkelgrünen oder blauen, dann weiß man, dass der Träger trauert. Der Älteste des Dorfes, Sajan Bishnoi, hat einen grauen Bart und wettergegerbte braune Haut, weiße Kleider, einen weißen Turban und eine runde Brille mit schwarzen Plastikbügeln und Linsen dick wie Flaschenböden. Wir begrüßen einander mit zusammengeführten Handflächen. Ein lustiger Onkel voller Weisheiten über die Natur und die Traditionen, der aber nichts von der modernen Welt weiß, denke ich voller Vorurteile.

«Das war lustig, als Wes Anderson hier war», sagt Sajan plötzlich.

«Was sagen Sie da? Wes Anderson?»

«Ja, der Amerikaner … der mit *Darjeeling Limited*. Den hat er doch hier gedreht.»

Und dann werde ich zu den Plätzen im Wüstendorf geführt, wo der oscarnominierte Regisseur gefilmt hat. Und ich erfahre von dem Abend im Winter 2007, an dem der erfolgreiche Hollywoodfilm hier im Dorf Weltpremiere hatte; weit entfernt von

Straßen und Strommasten wurde er für Sajan und seine Verwandten gespielt, die ihn sowohl vor den Rezensenten als auch vor den Einwohnern von New York sehen durften.

Als ich später am Tag nach Rohet zurückkehre, höre ich Pauken, Zimbeln und Blechbläser eine fröhliche und verrückt spritzige Melodie spielen, die klingt, als wäre sie aus *Die Zeit der Zigeuner* von Emir Kusturica. Es ist eines von vielen farbenfroh gekleideten Festorchestern, die für eines der vielen Hochzeitsfeste an diesem Abend proben.

Am selben Abend tanze ich zusammen mit den Freunden des Bräutigams auf den Dorfstraßen. Erst widerwillig, dann immer entspannter. Ich habe keine andere Wahl. Mein Nein akzeptieren sie nicht. Dass ich das Brautpaar nicht kenne, spielt keine Rolle. Heute sind wir alle zum Hochzeitsfest in Rohet eingeladen.

Zurück in der blauen Stadt lande ich bei Om Juice Corner am Glockenturm, wo man aus lokal hergestelltem Joghurt und Palmzucker Lassi in den Geschmacksrichtungen Safran, Kardamom oder Rosenwasser herstellt. Ich setze mich in einen der beigefarbenen, schmuddeligen Plastikstühle an der Straße und nicke dem Verkäufer zu, der in einer kleinen Bude im Lotussitz zwischen Bergen von Apfelsinen und Granatäpfeln auf dem Tisch hockt.

«Safran! Ein großes!», bestelle ich.

Das Glas ist von der Kälte beschlagen, das Lassi cremig, und auf der Oberfläche schwimmt eine wohl abgewogene Prise Safranfäden. Neben mir Männer mit Mopedhelmen am Arm und Frauen mit kleinen Kindern und Tüten voller Gemüse. Wir haben zwei Dinge gemeinsam: Alle haben wir ein Glas eiskaltes Lassi in der Hand und alle den Blick in die Ferne gerichtet. Das Lärmen der Stadt wird leise, alles wird seltsam still … und safrangelb. Alle Konzentration auf einen Punkt am Gaumen, wo es göttlich schmeckt.

14. Gott ist einer und viele

Im Zentrum der Millionenstadt Madurai im südlichen Bundesstaat Tamil Nadu thront der 65 000 Quadratmeter große Shri Minakshi-Sundareshwara-Tempel. Jeden Tag strömen mindestens 15 000 Besucher zu dem Tempelkomplex, einem der größten Indiens. Sie kommen, um sich von all dem Schönen beeindrucken zu lassen und um zu beten und den Segen der Göttin Shri Minakshi, einer Erscheinung der Parvati, und ihres Gemahls Sundareshwara, einer Inkarnation von Shiva, zu erbitten. Zuerst betet man zu Minakshi – sie ist sowohl am schönsten als auch am wichtigsten, hat die meiste Macht, auf sie verlässt man sich – und erst dann zu ihrem Gatten. Die wahrscheinlichste Erklärung für diese Reihenfolge bietet die dravidische Kultur Südindiens mit ihren matriarchalischen Traditionen, die sich von der indoarischen Kultur Nordindiens mit ihren patriarchalen Wurzeln unterscheidet.

Auch Besucher, die keine Hindus sind, dürfen den Tempelkomplex betreten, und Fotografieren ist auch gestattet. Der innerste Raum, in dem die Göttin und der Gott sich befinden, ist jedoch für Nicht-Hindus verschlossen, und dort darf man auch nicht fotografieren. Der Auswahlprozess ist grob: Westlich Aussehende werden routinemäßig aufgehalten, wenn sie sich in den heiligen Raum begeben wollen, Menschen mit indischem Aussehen werden eingelassen. Sollte man gläubiger Hindu mit europäischem Aussehen sein, dann muss man dies in der lokalen Sprache Tamilisch erklären, um reingelassen zu werden, doch es ist nicht sicher, ob das genügt. Die Religionszugehörigkeit ist eng verknüpft mit der ethnischen Identität.

Ehe ich den Tempel verlasse, bleibe ich an einer der vielen Spendenbüchsen stehen. Obwohl der Tempel in Tamil Nadu – im Gegensatz zu allen anderen in Indien – staatlich finanziert ist, ist man doch von zusätzlichen Spenden abhängig. Nahezu alle Glaubensgemeinschaften leben von Spenden, aber nur wenige sind so geradeheraus und modern wie diese. Auf einem Schild steht: «All credit cards are accepted for donations». Das Pendant des Tempels zur Kollekte der Kirche heißt *Hundi*. Doch hier gibt es zumeist *E-Hundi*, wo man auf elektronische Weise seine Spende schicken kann.

Von Madurai nehme ich den Morgenzug Vaigai Express nach Tiruchirappalli, wo ich Abdul Khader treffe, der 29 Jahre alt und Single ist, als Webdesigner arbeitet und aus der Zeit, als er Gastarbeiter in Saudi-Arabien und Dubai war, Geld gespart hat.

Abdul stammt aus einer muslimischen Familie, nichtsdestotrotz besuchen wir gemeinsam den Tempel der hinduistischen Göttin Mariamman außerhalb der Stadt auf der Ebene nördlich des Kaveri-Flusses. Wir fahren mit seinem Moped – wie ein ängstliches Affenjunges klammere ich mich hinten fest. Er weicht souverän aus, wenn die Lastwagen dröhnend auf uns zugerast kommen. Der glühend heiße Fahrtwind duftet nach brennendem Laub. Au! Ein Schlagloch. Hoppla! Drei Kühe auf der Kreuzung.

Im Tempel werden wir die Zeremonie des Hindu-Priesters mit Feuer, Farbpulver und Ölen ansehen und den Männern und Frauen Platz machen, die wie lebende Holzpfähle um den Tempelkomplex herumrollen und dem Schöpfungslaut – *aum, aum* –

aus zerkratzten Blechtrichter-Lautsprechern gelauscht haben. Aum, was die Bezeichnung für das Weltall ist, steht auch für die höchste Dreieinigkeit: A für Brahma (den Schöpfer), U für Vishnu (den Erhalter) und M für Shiva (den Zerstörer). Oder wie ein Brahmane in Srirangam mir erklärte: «Aum» ist der noch vorhandene Laut des *Big Bang*, als Raum, Zeit und Materie in einem kräftigen Urknall entstanden.

Als wir uns dem Tempel nähern, rufe ich, um die wütenden Hupen der Busse zu übertönen:

«Du hast nichts gegen Hindus, oder?»

Er schreit zurück, während er einen mit Heuballen überladenen Lastwagen überholt:

«Ich sag dir, sowas machen sie nur in Nordindien. Ich bin nur mit Hindus und Christen zusammen, hab keinen einzigen muslimischen Freund.»

«Gehst du oft in den Hindutempel?»

«Ab und zu. Ich würde auch ein hinduistisches Mädchen heiraten, aber Papa macht nicht mit.»

«Echt?»

«Nein, also wird nichts draus. Es gibt eine arrangierte Ehe mit einer muslimischen Frau.»

«Du willst nicht, aber der Wille deines Vaters ist wichtiger?»

Er weicht dem Bus nach Chennai aus und brüllt, so laut er kann:

«Ja, so ist es!»

Abduls bester Freund heißt Senthil Murugesan und ist Computeringenieur. Von ihm habe ich in Kapitel 7 erzählt, wie seine Eltern ihm geholfen haben, auf Bharatmatrimony.com eine Frau zu finden. Vor einigen Jahren beschloss die Tempelbehörde in Tamil Nadu, dass alle großen Hindutempel im Bundesstaat eine eigene Internetseite haben sollten. In Tamil Nadu werden die Tempel staatlich mit Steuergeldern finanziert, und im Wahlkampf versprechen die Politiker neben Subventionen auf Reis für die Armen auch mehr Geld für die Götter.

Kurz nach der Entscheidung über die Internetseite für jeden Tempel konnte Senthil einen lukrativen Vertrag unterschreiben. Er gründete zusammen mit seinem muslimischen Freund Abdul und einigen anderen Weggefährten eine Webdesign-Firma, mietete Räume an und legte mit großem Enthusiasmus los. Heute designen er, Abdul und sieben Angestellte Websites sowohl für profane Kleinunternehmen wie auch für hinduistische Tempel.

Senthil trägt ein gut gebügeltes Hemd und Hosen mit Bügelfalte. Er macht einen properen Eindruck und strahlt Selbstbewusstsein aus. Er ist 26 Jahre alt, frisch verheiratet und leitet sein erfolgreiches Unternehmen, von dem er glaubt, dass es in zwei Jahren doppelt so groß sein wird wie jetzt. Was kann man mehr wollen? Das Leben sieht rosig aus für ihn.

Jeden Freitag- und Samstagabend geht Senthil mit einem Tablett voller Blumen, Räucherwerk und einer Kokosnuss zum Tempel – manchmal sind auch Bananen und ein paar andere Kleinigkeiten dabei –, um den Segen des Priesters zu erhalten. Ab und zu fahren er und seine Frau zum Samayapuram-Tempel, der jeden Tag Tausende Pilger anlockt, die dafür beten, geheilt zu werden oder keine Pocken zu bekommen. Es gibt verschiedene Formen des Betens. Eine ist, vor der Göttin ihren Namen mehrmals zu wiederholen. Eine andere, seine Kleider nass zu machen, sich auf den Boden zu legen, die Hände über den Kopf zu strecken und um den Tempel herumzurollen. Eine dritte, sich platt auf den Boden zu legen, so dass andere Besucher brennende Kerzen auf einem platzieren können, als wäre man ein lebendiger Kerzenständer. Ganz gleich, was die Betenden tun, zeigen sie doch ihre Ergebenheit gegenüber der roten Göttin Mariamman, auch sie eine Erscheinung der Parvati.

Im Tempel sind alle willkommen. Ich, der ich Atheist bin, besuche den Tempel zusammen mit Abdul, einem Muslim, und Senthil, einem Hindu. Wir betreten eine Welt, die mir sehr mystisch und exotisch vorkommt, für Abdul und Senthil aber alltäglich ist. Es ist heiß und eng, duftet nach Blumen und Kraut, glitzert von Gold, ist von Feuern erhellt, es riecht nach Schweiß und man hört gemurmelte Gebete. Aber wir müssen nicht in der hundert Meter langen Schlange stehen, die sich zur Göttin hineinzieht.

«Wir können hier entlang!», sagt Abdul, der Kontakte zum Tempelvolk hat, und dann dürfen wir mit ungefähr zehn anderen Besuchern durch den VIP-Eingang gehen.

Als wir vor der Göttin stehen, die blutrot glänzend im innersten, dunklen Raum thront, stellt sich heraus, dass es auch einen VIP-VIP-Eingang gibt («Double-VIP», scherzt Senthil), zu dem wir keinen Zutritt haben. Ihn nehmen nur die höchsten Gesellschaftsschichten. Von Polizisten eskortiert wird eine sehr reiche indische Familie – Mutter, Vater und drei Teenagertöchter – an allen Absperrungen vorbeigeführt, darf vor der Göttin Platz nehmen und erhält eine extra lange private *Puja* (religiöse Zeremonie) vor der hundert Meter langen Schlange, wo alle gewöhnlichen Betenden geduldig warten.

Ich schaue die jüngste der Töchter in der VIP-VIP-Familie an. Sie ist vielleicht 15 Jahre alt und sieht aus, als sei ihr das Ritual herzlich egal. Ich denke: Es ist ihr egal, und trotzdem darf sie vor allen denjenigen hineingehen, die wirklich da hinwollen. Wie ungerecht. Im Unterschied zu ihrer Mutter und den großen Schwestern, die traditionelle Saris tragen, ist die 15-jährige westlich gekleidet. Enge Jeans und ein Manchester-United-Pullover. Das Farbpulver, das der Priester in ihre geöffneten Hände streut, schüttet sie auf den Boden, seufzt dabei und verdreht die Augen. Die großen Schwestern werfen ihr die ganze Zeit böse Blicke zu, die sagen: Benimm dich, reiß dich zusammen!

Der Priester fährt mit den Händen übers Feuer, dann zum Gesicht, als würde er sich im Rauch der Flammen waschen. Dann tun die Familienmitglieder es ihm nach. Schließlich nimmt der Priester Farbpulver auf den Mittelfinger und malt allen Familienmitgliedern Farbflecken auf die Stirn.

Nach der Zeremonie frage ich Senthil:

«Warum durften wir vor den Wartenden rein, und warum diese Familie vor uns?»

«Geld», antwortet er und zuckt mit den Schultern. «Die Otto-Normal-Bürger bezahlen keine Rupien, wir haben ein paar Rupien bezahlt, die VIP-VIP-Familie hat viele Rupien bezahlt.»

«Hast du Geld für uns bezahlt? Das habe ich gar nicht gesehen.»

«Doch, das habe ich, und warum auch nicht? Der Tempel braucht immer Geld. Die Steuermittel reichen nicht.»

Keine andere Religion erzeugt im Westen so viel Verwirrung wie der Hinduismus. Bis ins 18. Jahrhundert hinein hatte sich niemand überhaupt die Mühe gemacht, ihn als ein zusammenhängendes System aus Riten und Lehren zu charakterisieren. Sie waren einfach da, die weit verbreiteten Kulturen und Riten – und es gab Hunderte von Millionen, die die Rituale ausübten und dabei nicht einmal selbst ihren Glauben und ihre Anbetungsformen als zwingend in einem Zusammenhang mit den Praktiken im Nachbarbezirk begriffen. Als die indische Religion schließlich im 18. und 19. Jahrhundert von Europäern beschrieben wurde und einen Namen bekam, Hinduismus – nach der Bezeichnung der Perser für nicht-muslimische Einwohner –, regte sich sofort Widerspruch. Bis heute sind Schilderungen des Hinduismus sehr häufig mit Kritik an dem üblichen Bild durchsetzt.

Für einen Betrachter, der den Monotheismus gewohnt ist, hat der Hinduismus viele Gesichter und scheint mehrere Widersprüche zu enthalten. Zum Beispiel wird der Hinduismus mit allen seinen Tausenden von Göttern gern als polytheistisch bezeichnet. Gleichzeitig sind die meisten Hindus einig, dass es nur einen einzigen höchsten Gott gibt, der ewig und unveränderlich ist. Wie passt das zusammen? Nun, den einzigen Gott gibt es in einer persönlichen Form, die sich unterschiedlich gestaltet: Er kann wie die männlichen Götter Vishnu und Shiva und all ihre weiteren Erscheinungsformen daherkommen oder wie die Göttin Devi, die als Kali und Durga oder, wie in Südindien, als Minakshi erscheint.

Also ist der Gott abstrakt, ewig und einzigartig, während er sich in Tausenden von verschiedenen menschengleichen Gestalten darstellt. Die Gottesikonen der Tempel werden auch danach behandelt: Priester und Besucher beten sie auf der einen Seite als höhere mystische Wesen an und behandeln sie auf der anderen Seite doch so, als wären sie Menschen – die morgens geweckt, gewaschen, angezogen werden, Essen bekommen und trinken und die abends mit einem Gutenachtlied ins Bett gebracht werden.

Wie sieht eigentlich die Sicht der Hindus von der Welt, ihrer Entstehung und ihrer Zukunft aus? Nun, das hängt davon ab, wen man fragt. Es scheint eine gebildete Antwort zu geben, die über religiöse Texte vermittelt und von den Brahmanen und anderen in Sanskrit Ausgebildeten dargelegt wird, und dazu tausend andere Antworten von weniger gebildeten oder analphabetischen Hindus, die niemals von den Upanishaden oder einem anderen hinduistischen Ursprungstext gehört oder gelesen haben, aber dennoch an Gott glauben und die Riten auf eine Weise ausüben, die seit Generationen weitervererbt wird.

In den sogenannten Puranatexten und in der Ramayana und der Mahabharata, zwei lyrischen Epen, die in den Jahrhunderten um Christi Geburt niedergeschrieben wurden, findet man große Teile des gelehrten Weltbilds und der Mythologie, die wir heute mit dem Hinduismus verbinden. Nach diesen Texten geht der Kosmos von dem absoluten Gott aus. Unter diesem Gott ist Brahma der Schöpfungsgott, der wie alle lebendigen Wesen in der Welt dem Kreislauf *Samsara* unterworfen ist, in dem sich alles ewig wiederholt. Wenn der von Brahma geschaffene Kosmos sich seinem Ende nähert, was bald der Fall sein wird, kehrt er zu dem absoluten Gott zurück, wo alles einen Moment lang ruht, ehe es für einen neuen Brahma Zeit ist, eine neue Welt zu schaffen.

Die Menschen und die Tiere in unserer Welt sind im selben Kreislauf gefangen wie Brahma, doch mit einer unendlich schnelleren Umwandlungszeit. Der Mensch sollte in seinem Leben nach gewissen Normen, *Dharma*, leben, um auf diese Weise seine geistige Bilanz, das *Karma* (die Summe aller Taten im Leben), aufzubessern und sich dafür zu qualifizieren, im nächsten Leben als etwas Besseres geboren zu werden. Ein Bettler kann durch das rechte Karma im nächsten Leben Direktor werden. Ein Direktor kann durch ein falsches Leben im kommenden zu einer Ratte degradiert werden. Das endgültige Ziel ist es, *Moksha* zu erlangen, die Befreiung aus dem Kreislauf der Wiedergeburt und die Wiedervereinigung mit dem höchsten Gott.

Alles Irdische ist eine Illusion, *Maya*, und unwirklich und unwahr. Die Menschen identifizieren sich mit ihrem irdischen Leben und sind somit in den Klauen der Maya gefangen. Die Menschenseele, *Atman*, ist der göttliche Funke, der einst von dem höchsten Gott angezündet wurde. Es gibt zumindest zwei Interpretationen, wie das vor sich gegangen sein soll. Die Samkhya-Philosophie meint, es sei eine unendliche Anzahl Seelenfunken entstanden, die einen Schein der Selbständigkeit vermitteln, deren innerste Natur aber zu einer Verschmelzung mit ihrem geistigen Ursprung, dem höchsten Gott, zurückstrebt. Die Vedanta-Philosophie ihrerseits betrachtet den höchsten Gott als unteilbar.

Dass der Mensch sich als ein selbständiges Individuum erlebe, beruhe auf der Illusionswelt der Maya.

Ganz gleich, welcher Philosophie man anhängt, so geht es bei aller Heilsbringung doch darum, Maya zu durchschauen und das Licht des höchsten Gottes in sich zu befreien.

Die vier Kasten, *Varna* (was eigentlich Farbe bedeutet), bestehen aus einer Menge Untergruppen oder Zünfte, *Jati* (was eigentlich Geburt bedeutet). Zusammengenommen nennt man diese das Kastensystem, was eine soziale Klassifizierung mit Wurzeln in den über 2000 Jahre alten Texten Rigveda und dem Gesetz des Manu ist. Heute hat sich das Kastensystem zu einer Hierarchie entwickelt, die auf verschiedene Weise von ihrem hinduistischen Ursprung abgekoppelt ist und sich bis hin zu indischen Muslimen und Christen und sogar zu den Buddhisten in den Nachbarländern in Südasien verbreitet hat.

Ursprünglich ging es bei dem Kastensystem um das Bedürfnis der Brahmanen, eine rituelle Reinheit aufrechtzuerhalten. Je höher im System, desto größer die rituelle Reinheit, je niedriger, desto geringer. Nach dieser Tradition galt ein Mensch hoher Kaste, der einen Menschen niedriger Kaste berührte oder von ihm Essen serviert bekam, als besudelt.

Das traditionelle Bild des Hinduismus wurde unter anderem von dem indischen Kulturjournalisten und Schriftsteller Pankaj Mishra in Frage gestellt. Die Darstellung des Hinduismus als einer in sich zusammenhängenden Weltreligion sei weniger ein Ergebnis des Versuchs von Anhängern der reinen Lehre, ihre Religion als einheitlich zu präsentieren. Vielmehr, so meint er, sei dies der Effekt der Versuche der britischen Kolonialherren, zu verstehen, was man in Indien sah, als man im 17. und 18. Jahrhundert dort ankam. Die Religionen in Indien waren immer mehr auf das Ritual denn auf rigide Denksysteme ausgerichtet. Riten und Glaubenslehren variieren zwischen den verschiedenen Teilen Indiens, und die Schar der Götter ist nie komplett, sondern wird ständig erweitert. Andere Religionen sind deshalb auch niemals als Irrlehren angesehen worden, sondern als interessante Ideen, die man sehr gut auch der indischen Religionsausübung einverleiben könnte.

Der Hinduismus als eine zusammenhängende Weltreligion ist ein Produkt der Europäer, meint Pankaj Mishra. Die Briten waren es gewohnt, die Identität eines Menschen von der monotheistischen Religion und vom Nationalstaat her zu definieren. Deshalb verwirrte sie die übermoderne Welt aus zusammengesetzten Identitäten und Glaubensbekenntnissen, auf die man in Indien traf. In Indien, schreibt er, «suchten die Briten auf dieselbe Weise Uniformität wie die mächtigen Christen in Rom, und zwangen sie dann den Indern auf». Als die Briten die indischen Religionen kennenlernten, suchten sie nach Gemeinsamkeiten, auch wenn diese nicht größer waren als die zwischen Christentum, Judentum und Islam. Da das Christentum eine Bibel und eine Ansammlung rechter Lehren besitzt, so dachten die Briten, müssten auch die indischen Religionen so etwas haben.

Doch es gibt auch hinduistische Denker, die verschiedene indische Denksysteme in einer gemeinsamen Bewegung hatten sammeln wollen. Einer, der das versuchte, war der Tempelpriester Ramakrishna, der Mitte des 19. Jahrhunderts viele Anhänger für seine neuen Ideen über die Beziehung zu Gott bekam. Er predigte, dass die persönliche religiöse Erfahrung wichtiger sei als Doktrinen und Rituale, ungefähr, wie die christlichen Freikirchen in Europa es ein paar Jahrzehnte später taten.

Einer von Ramakrishnas Lehrjungen nannte sich Swami Vivekananda. Nach dem Tod des Lehrmeisters 1886 bildete er die Ramakrishna-Bewegung, die nach dem Muster der christlichen Mission mit sowohl religiöser Überzeugungsarbeit als auch sozialem

Wirken aufgebaut war. Auf dem World's Parliament of Religions in Chicago 1893 hielt er eine beachtete Rede, die zum Meilenstein für die Interpretation des Hinduismus als einer zusammenhängenden Weltreligion wurde. Der Hinduismus, so Vivekananda, ist eine universale Weisheitslehre, eine übergreifende Wahrheit, um die sich die Menschen, ungeachtet ihrer Religionszugehörigkeit, versammeln können.

Die heutige Hindutva-Bewegung, die die Rolle des Hinduismus in der Politik stärken und das hinduistische nationale Selbstwertgefühl betonen will, wird von Organisationen wie dem Welt-Hindu-Rat, dem Nationalen Freiwilligenkorps RSS und der Barathiya Janata Party (BJP), die seit 2014 die Regierungskoalition leitet, repräsentiert. Sie sind stark beeinflusst von Vivekanandas Versuch, den Hinduismus zu einer zusammenhängenden Bewegung mit einer zentralen Philosophie zu machen und dem hinduistischen Weltbild eine wissenschaftliche Legitimität zu verleihen.

In der Induskultur, die ihre Blütezeit ein paar tausend Jahre vor Christus hatte, huldigte man Fruchtbarkeitsgöttern und hegte vermutlich auch einen Glauben an rituelle Reinheit. Mit den Indoariern, die ca. 1500 v. Chr. einwanderten, kam ein Kult mit Tieropfern und der Verwendung des berauschenden Tranks Soma ins Land. Die philosophischen Texte der Upanishaden wurden in der indoarischen Sprache Sanskrit verfasst und während der Jahrhunderte kurz vor Christus ausgeformt. In diesen Texten wird eine Alternative zu dem äußerlichen Opfer dargestellt, nämlich ein «inneres Opfer» in Form von strenger mentaler Aktivität. Auch durch Askese (sich kasteien) und Yoga (körperliche Übung und seelische Meditation) konnte man sich dem Göttlichen nähern.

Beide Methoden werden heute noch gelebt. Tieropfer sind nicht gebräuchlich, kommen aber noch in Ostindien vor (vor allem im Kali-Tempel in Kalkutta, wo man Ziegen opfert), während Askese und Yoga über den ganzen indischen Kontinent verbreitet sind.

Heute kann das Kultobjekt, zu dem man betet, eine Götterfigur in einem Tempel oder zu Hause im Wohnzimmer sein. Es kann auch ein Bild sein oder ein anderes materielles Symbol – oder ein abstraktes Objekt, das man sich während der Meditation vorstellt. Dies lässt Raum für enorme Variationen, die unmöglich in einem einzigen System einzufangen sind. Manchmal werden die bekannten Götter Vishnu und Shiva oder deren Inkarnationen angebetet, dann aber auch der Koch-Gott, der Moped-Gott, der Aids-Gott oder der Schlangen-Gott, je nachdem, was lokale Tradition ist und was man erreichen möchte.

Im Tempel stehen die wichtigsten Götterikonen im innersten Raum, der oft fensterlos ist und den – in den meisten Fällen – nur die Priester betreten dürfen. Im Rest des Tempels gibt es oft andere Gottheiten, die öffentlicher platziert sind und zu denen jeder Zutritt hat. Selbst lebendige Tiere können im Tempel angebetet werden, allerdings ist das seltener. Doch zu den ungewöhnlichsten Einrichtungen gehört der Mannarasala-Tempel in Kerala, in dem es 30 000 Schlangengott-Ikonen gibt und die Büsche um den Tempel herum voller Schlangen sind, die mit Futter dorthin gelockt und als heilig betrachtet werden. Und der Karni Mata-Tempel in Rajasthan, wo es um die Göttin, eine Inkarnation der Durga, herum von wohlgenährten Ratten wimmelt, die von Priestern wie von Besuchern gefüttert werden.

Ein typischer Besuch im Tempel beginnt in der Regel damit, dass man in einem der vielen kleinen Geschäfte, die den Tempeleingang umgeben, Blumen, Räucherwerk, Obst und Kerzen kauft, die man dann als Opfergabe zur Götterikone trägt. Die Schüssel mit den Opfergaben wird vor der Götterfigur abgestellt oder dem Priester gegeben, der die *Puja*, also die religiöse Zeremonie anleitet. Danach kann der Besucher die nun geheiligte Gabe oder Teile davon mit nach Hause nehmen, was bedeutet, dass man der Segnung des Gottes teilhaftig wird. Wasser, Feuer, Farbpulver und Asche werden benutzt, um dem Tempelbesucher göttliche Segnung zukommen zu lassen. Deshalb kommen die Tempelbesucher mit einem roten Farbpunkt auf der Stirn aus dem Tempel. In manchen Tempeln ist die Zeremonie strikt auf gläubige Hindus beschränkt, in anderen sind alle willkommen, den Gott anzuschauen, eine Opfergabe zu überreichen und gesegnet zu werden, auch Muslime, Christen und atheistische Westeuropäer.

Die *Puja* kann auch zu Hause abgehalten werden, entweder mit einem angeheuerten Priester, einem anderen Funktionär oder auch jemandem aus der Familie, der das Ritual anleitet.

Indien hat im Gegensatz zum Christentum kein zentral geregeltes Kirchenjahr. Es gibt gewisse Feste, die in großen Teilen Indiens gemeinsam gefeiert werden, doch ein Tempel kann auch einen völlig eigenständigen Feiertagskalender haben. Während der religiösen Feste besuchen Tausende von Pilgern den Tempel – und da ist es üblich, dass mehrere Götterfiguren (oder als Götter verkleidete Menschen) auf Holzwagen auf dem Tempelgelände oder auf den Straßen ringsum gefahren werden, begleitet von geräuschvollen Orchestern, sprühenden Feuerwerken und lauten Knallern, und manchmal auch in Begleitung geschmückter Elefanten.

Im Mittelalter entstand ein Kult, der immer noch ausgeübt wird: die Bhakti-Frömmigkeit und die Sehnsucht nach Gemeinschaft mit Gott. Bhakti, die Hinwendung zu Gott, geschieht in Form von Hymnen, die zu Ehren des Gottes gesungen werden. Die Dichter der Hymnen, die oft als Heilige betrachtet wurden, haben vor allem in Nordindien die populären Inkarnationen des Vishnu, wie Rama und Krishna, angebetet. In Südindien sind es eher Shiva und seine unterschiedlichen Erscheinungsformen, denen gehuldigt wird.

Ein weiteres Beispiel für diese Kultur ist die *Sant*-Tradition, eine fast revolutionäre Ausrichtung, die aller hinduistischen Mythologie, den Ritualen und der Kastenhierarchie gegenüber kritisch ist. Die *Sant*-Heiligen wanderten umher und predigten einen toleranten, aber monotheistischen Glauben an einen Gott, der in allem gegenwärtig ist, auch im Innern des Menschen. Noch heute beten viele Hindus, mehr oder weniger von der *Sant*-Tradition inspiriert, zu muslimischen Sufi-Heiligen, die vom 13. Jahrhundert an in Indien lebten.

Die Wege zur Erlösung sind somit zahlreich. Alles das Hinduismus zu nennen, kann praktisch sein, auch wenn die Unterschiede in Riten und Gottesvorstellungen zwischen unterschiedlichen Gläubigen so groß sind, dass es schwer ist, ein zusammengehöriges Religionssystem daraus abzuleiten. Da müsste man sich, wenn man über Religion in Indien spricht, eher im Plural ausdrücken. Und warum auch nicht: Der Hinduismus vereint viele verschiedene religiöse Kulte und Glaubensauffassungen mit mehreren tausend Jahre alten Wurzeln auf der indischen Halbinsel.

Eine Sache, die mich seit meiner ersten Indienreise beschäftigt, ist die Frage, wie heilig die heilige Kuh eigentlich für die Hindus Indiens ist. Mit jedem Jahr wird diese Frage relevanter, denn Indien wird auf der einen Seite immer säkularer und moderner und auf der anderen Seite erleben wir eine hindu-nationalistische Bewegung, welche die Rolle der Religion in der weltlichen Politik immer stärker betont. In Indiens Städten wird das Kastensystem aufgelockert, die Auffassung davon, was eine anständige Bekleidung für eine Frau ist, wird immer liberaler. Gleichzeitig gibt es die Gegenbewegung, *Hindutva*, die für die alte Tradition kämpft.

Obwohl Hindus normalerweise tolerant waren und aufgrund

des bunten Weltbilds und des Fehlens einer «rechten Lehre» das meiste akzeptiert haben, haben die Hindu-Nationalisten begonnen, verschiedene Dinge in der Gesellschaft, die sie als Verhöhnung des Hinduismus betrachten, zu kritisieren. Ein besonderes rotes Tuch war lange Zeit D. N. Jha, Professor für Geschichte an der University of Delhi, mit seinem Buch *The Myth of the Holy Cow* von 2002.

In dem Buch behauptet der Geschichtsprofessor, dass die Tradition der Hindus, die Kuh zu ehren, sie nicht zu schlachten und ihr Fleisch nicht zu essen, gar nicht so alt ist, wie man immer behauptet. Ehe die Indoarier 1500 Jahre vor Christus von Zentralasien aus nach Süden emigrierten, gab es eine Zivilisation im Indus-Tal, die nach einem der archäologischen Fundorte *Harappa* benannt wird. In der Harappa-Zivilisation schlachtete man die Kuh und aß sie. Dafür gibt es, so D. N. Jha, mehrere schriftliche Belege in verschiedenen Dokumenten. Die gibt es auch für das Schlachten von Kühen in der Vedischen Zeit – ungefähr 1500 bis 1000 v. Chr. – und in den frühen jainischen und buddhistischen Texten. Die Kuh wurde rituell als Opfer an den Gott geschlachtet und dann gegessen, wenn man feinen Besuch aus der Fremde hatte, wenn der Sohn nach mehreren Jahren der vedischen Studien heimkehrte oder bei Hochzeiten und anderen großen Festen im Leben.

Als ich D. N. Jha 2003 in seinem Arbeitszimmer auf dem Universitätsgelände in Nord Delhi traf, berichtete er, dass erst 200 bis 400 Jahre nach der Zeitenwende die Hinweise auf das Schlachten von Kühen seltener werden. Er meint, dass die Heiligkeit der Kuh nicht von den Göttern vorgegeben, sondern aus höchst materiellen Umständen erwachsen sei. In den ersten Jahrhunderten wurden große Teile von Nordindien urbar gemacht und zum ersten Mal in eine ausgedehnte Landwirtschaft verwandelt. D. N. Jha glaubt, dass die Heiligkeit der Kuh damit begann, dass die Bauern versuchten, das Jägervolk davon zu überzeugen, sich der Landwirtschaft zu widmen. Da sagte man: Iss die Kuh nicht auf, sondern spann sie stattdessen vor den Pflug. Diese praktische Erklärung geriet in Vergessenheit. Man brauchte sie nicht mehr. Tatsache war, dass die Kühe auf dem Acker als Arbeitstiere notwendig wurden, diese Bewertung im Bewusstsein des Volkes aber rituell verklärt worden war.

Deshalb essen nur die Hindus aus den niedrigen Kasten Rindfleisch, was als rituell unrein angesehen wird. Doch nicht einmal das ist ganz richtig, sagt D. N. Jha. Er listet in seinem Forschungsprojekt nicht weniger als 72 Orte in Indien auf, wo auch Hindus aus den hohen Kasten Rindfleisch essen, unter anderem in Kerala, ganz im Süden, und in Nord-Bihar. Und bei seiner Suche nach alternativen hinduistischen Riten hat D. N. Jha ein Dorf im Pauri-Bezirk im Bundesstaat Uttarakhand in Nordindien entdeckt, wo Hindus immer noch Stiere opfern. Der moderne Hinduismus scheint also, was die Kuh betrifft, verschiedene Sichtweisen zu enthalten, auch wenn die Verehrung und der Unwille, sie zu schlachten, natürlich dominieren.

D. N. Jhas historische und anthropologische Schlüsse in *The Myth of the Holy Cow* können einem harmlos erscheinen. Was spielt es schon für eine Rolle, ob die Kuh vor 1500 Jahren heilig wurde und noch nicht vor 3000 Jahren? Doch für den Welt-Hindu-Rat VHP und andere Fundamentalisten sind solche Forschungsunternehmen Blasphemie. Für sie war die Kuh schon immer heilig. Für sie haben Hindus schon immer die Heiligkeit der Kuh verehrt. Keine Diskussion! Die Fundamentalisten waren so empört, dass D. N. Jha für seine Behauptungen Morddrohungen erhielt und eine Zeitlang unter Polizeischutz lebte.

Die Heiligkeit der Kuh in Indien zu einer politischen Frage zu stilisieren, kann man als einen Versuch betrachten, die ganze Idee, was es denn bedeutet, «indisch» zu sein, neu zu definieren. Indien war nie zuvor in der Geschichte ein zusammenhängendes Land. Das, was wir heute Indien nennen, bestand aus mehreren kleineren und größeren Königtümern, einige davon hinduistisch, andere buddhistisch, wieder andere muslimisch. Indien war eine Patchworkdecke aus religiösen Zugehörigkeiten. Als Ende des 19. Jahrhunderts der Nationalismus erstarkte, wuchs auch die Sehnsucht nach einer gemeinsamen Geschichte, die es eigentlich nie gab. Doch alle Nationen brauchen eine Sammlung gemeinsamer Mythen und historischer Vorstellungen, um zusammenzuhalten. Deshalb wurde der politische Hinduismus geboren, der nun verlangte, dass Hindus mehr Einfluss auf die politischen Ideologien und das gesellschaftliche Leben erhalten müssten. Die Aufklärungsphilosophen Ram Mohan Roy und Ramakrishna versuchten, den Hinduismus mit westlichem Denken zu verbinden – und Mahatma Gandhi kleidete sich wie ein hinduistischer Prediger und bekämpfte die Briten mit *Ahimsa*, also der hinduistischen Idee der Gewaltlosigkeit.

Dennoch sollte die Idee von Indien als einer religiösen und ethnischen Patchworkdecke die Unabhängigkeitsbewegung dominieren. Und die Grundlage der unabhängigen indischen Nation garantierte, dass keine einzelne Religion favorisiert werden solle. Alle, ganz gleich ob sie Gott oder einen Guru anbeten, haben das Recht, ihren Glauben auszuüben.

Als Indien 1991 seine Zollgrenzen öffnete und das globale Kapital mit allen seinen Waren und Marken und kompletten Lebensstilen einlud, empfanden die Hindu-Fundamentalisten das als eine Bedrohung der hinduistischen Werte. Die Fundamentalisten wurden handgreiflich und rissen eine Moschee ab, die auf einem Platz stand, wo man ursprünglich einen Hindutempel vermutete. Als die BJP Indien 1998–2004 beherrschte, beschloss die Regierung, die Geschichtsbücher zu überarbeiten, so dass sie hinduistischer würden. In den 1990er und den 2000er Jahren entschieden regionale Politiker, die Namen von indischen Städten auszutauschen, so dass sie indischer und weniger kolonialistisch klingen würden. Und sie brachten mehrere indische Bundesstaaten dazu, das Schlachten von Kühen zu verbieten. Das bedeutete ein gesetzliches Verbot, das auch für Christen, Muslime, Atheisten und andere galt, für die das Verzehren von Rindfleisch kein Tabu ist. Heute ist der Konsum von Rindfleisch und das Schlachten von Kühen in 21 von Indiens 29 Bundesstaaten verboten, doch der Oberste Gerichtshof hat bis auf weiteres gegen die Einführung eines nationalen Verbots entschieden.

Der Geschichtsprofessor D. N. Jha, der selbst Hindu und Brahmane ist, findet das Schlachtverbot entsetzlich. Seiner Meinung nach sollte man Essen, Religion und Politik nicht vermischen.

«Früher war die Kuh religiös belastet. Jetzt ist sie auch noch Politik geworden.»

15. Indiens heiligste Stadt

Als ich zum ersten Mal nach Indien reiste, wollte ich etwas erleben, das in seinem Kern so weit wie möglich von meinem Heimatort und meinem Alltag entfernt war. Ich hatte das Andere schon probiert, als ich in einem Kibbuz in Israel arbeitete und Ausflüge nach Jerusalem und Kairo unternommen hatte. Ich mochte die Basare, ihren Duft, das Gedränge und den Überfluss an Eindrücken. Alle Dinge schienen lebendig zu sein, alles war beseelt und drängte auf Aufmerksamkeit. Die Intensität, die Bewegung und das Chaos gefielen mir.

In meiner schwedischen Heimatstadt hingegen gab es nur geruchslose Supermärkte mit in Plastik verpacktem Essen, verpennte Kaufhäuser mit brummenden Klimaanlagen, leere Straßen und öde Wohngebiete mit endlosen Hagebuttenhecken. Ich fand, die erwachsenen Menschen in Schweden hätten die Idee von einem lebendigen sozialen Umgang miteinander im Alltag aufgegeben und säßen nur schweigend im Bus und starrten auf dem Weg nach Hause zum Fernseher vor sich hin. Würde ich später auch mal so werden? Das wäre doch Sklaverei, wie Ebba Grön es im Freizeitpark vor den Toren Stockholms sang. Und in einem anderen Song, der noch dystopischer anmutete: «Man soll sein wie ein Zombie/zufrieden mit seinem Los, nie etwas erbitten/

Wir sind die U-Bahn leid/die Monotonie/Die toten Schlafstädte/ Wo keiner eine Miene verzieht». Ich schauderte, aber stimmte zu. Ich fand, das war eine korrekte Beschreibung des Lebens in den seelisch verarmten und sauerstoffleeren Wohngebieten der städtischen Randgebiete. Auch wenn ich es damals noch nicht begriff, war es natürlich ein Luxus, in der hygienischen und organisierten Wohlfahrt aufzuwachsen, unverletzt und sauber und einigermaßen gebildet, um dann im Rahmen der Selbstverwirklichung am vibrierenden Leben der Basare in der Dritten Welt schnüffeln zu dürfen.

Doch damals sah ich das noch nicht so. Hinterm Horizont wartete das Leben. Je entfernter, desto interessanter und lebendiger, davon war ich überzeugt. Ich blieb nicht und stürzte mich nicht in den Kampf, in meinem Heimatort etwas Sinnvolles zu erschaffen, ich floh vor dem Gefühl, festzusitzen und nicht loszukommen. Nach dem Trip nach Kairo ging ich deshalb noch weiter auf der Jagd nach dem elektrisierenden Gefühl der Gegenwart. Afrika war eine Alternative. Ich dachte an den Sudan. Per Boot über den Nil von Luxor über die Grenze, in den Bergen wandern, dann mit dem Milchzug nach Khartum und dann wieder mit dem Boot nach Süden Richtung Uganda oder Kenia. Doch nein, die Guerilla im Südsudan machte die Reise zu gefährlich.

Stattdessen begab ich mich nach Osten. Und eines Herbsttags bestieg ich ein Jahr später den Shiv Ganga Express. Meine Flucht vor dem Sicheren, Ordentlichen und gut Organisierten schien mir zu gelingen. Die Waggons rumpelten an Dörfern mit braunen, runden Lehmhütten vorbei, deren Dächer aus getrocknetem Gras bestanden. Um sieben Uhr am nächsten Morgen hielt der Zug mit einem metallischen Rucken in Varanasi Junction. Endlich in der Stadt, die anders war als alles, was mich geformt hatte. Die Antithese zu meiner Herkunft.

Vom Bahnhof nahm ich eine Fahrrad-Rikscha hinunter zum

Ganges und glitt mit einem morgenkühlen Wind im Gesicht durch eine Symphonie aus klingelnden Glöckchen und rasselnden Ketten dahin. Je näher wir dem Fluss kamen, desto öfter überholten wir wandernde heilige Männer mit bemalten Stirnen, orangenen Kleidern und Wanderstäben. Überall Kühe und Hunde auf den Straßen, schnatternde, streitende Affen auf den Hausdächern. Doch ich war kein bisschen entsetzt.

Als Kind im Alter von vielleicht fünf, sechs Jahren hatte ich unordentliche Zimmer gemocht, die viele verschiedene Eindrücke boten. Proppenvolle Bücherregale mit Büchern in unterschiedlichen Farben, seltsame Souvenirs, rostige Nägel und alte Alltagsgegenstände aus verschiedenen Zeitaltern. Das Wohnzimmer unseres Nachbarn war unordentlicher und lebendiger als unseres. Deshalb fand ich es dort gemütlicher und netter als bei uns. Als ich jetzt aus dem Fahrradtaxi stieg und 21 Jahre alt, allein und voller gespannter Erwartung in einer menschenwimmelnden Basarstraße in Varanasi stand, wurde mir klar, dass ich das Gefühl der Geborgenheit aus dem vollgestopften Wohnzimmer des Nachbarn wiedergefunden hatte.

Dreißig Jahre nach meinem ersten Besuch kehre ich nach Varanasi zurück und wandere durch die schattigen Gassen, in denen es nach Chili, Kreuzkümmel und Kuhdung riecht. Schließlich komme ich zum Blue Lassi Shop. Dort lasse ich mich in einem der blau gestrichenen Räume nieder und bekomme einen *Lassi*, das indische Pendant zum Smoothie, ein cremiges Joghurtgetränk, das ursprünglich salzig und mit Muskat, Zimt oder Ingwer gewürzt war, in diesem Fall jedoch süß ist und Kardamomkapseln, ganze gekochte Apfelstücke und gehackte Pistazien enthält.

Draußen schwankt eine Kuh mit feuchtem Maul vorbei, wie gewöhnlich nur an Dingen interessiert, die man sich einverleiben und widerkäuen kann. Eine in orangenen Stoff eingewickelte

Leiche auf einer Bambustrage fliegt, von vier schnellfüßigen Trägern getragen, vorbei. Klatsch, klatsch, macht es, wenn sie ihre Fußsohlen in Kuhdung und Strohhaufen setzen.

Wie immer! In Varanasi, oder Benares oder Kashi, wie man früher sagte, ist alles wie immer. Und so war es nicht nur die letzten dreißig, sondern die letzten 3200 Jahre, seit die Indoarier aus dem Westen kamen und die Stadt gründeten, das Waldvolk kolonialisierten und damit begannen, die Wälder abzuholzen und den Kult zu formen, den wir heute Hinduismus nennen. Wie der Schriftsteller Mark Twain schrieb: «Benares ist älter als die Geschichte, älter als die Tradition, älter als die Legende und sieht doppelt so alt aus wie die Geschichte, die Tradition und die Legende zusammen.»

Billige Formulierungen wie «zeitlos» und «Flügelschlag der Geschichte», die in der Touristikbranche so leichtfertig benutzt werden, bedeuten hier wirklich etwas. Die älteste immer noch bewohnte Stadt der Erde, lese ich in meinem Reiseführer und grabe mit meinem kleinen Holzspatel in dem dicken Lassi in einem terrakottafarbenen Keramikbecher.

Auf Youtube habe ich neulich zwei schwarz-weiße amerikanische Dokumentarfilme aus dem Varanasi der 1930er Jahre gesehen. Ich sah Dashashwamedh Ghat, die Treppen, die zum Ganges hinunterführen, und barfüßige Männer mit rasierten Köpfen und Tüchern um die Hüften, die in der Morgendämmerung baden. Ich sah alte Ruderboote die spiegelglatte Flussoberfläche durchschneiden. Ich sah Handwagen mit Waren und ein Gewimmel aus Menschen, deren Bewegungen ineinandergeschlungen waren, wie Ameisen in einem Ameisenhaufen.

Es gibt keinen Unterschied zwischen dem Varanasi von damals und heute. Damals wie heute keine modernen Gefährte. Damals wie heute dieselben Kleider. Damals wie heute dasselbe Gedränge. Ich bin überzeugt, wenn es vor 3200 Jahren Filmkameras gegeben hätte, würden wir erkennen, dass Varanasi auch damals genauso ausgesehen hat.

In der stahlgrauen Dämmerung wickele ich mir den Wollschal um den Kopf und renne die Treppen zum Kai hinunter. Sani bettelt hartnäckig. Ich mache einen Deal.

«Okay, du darfst mich in deinem Boot auf dem Ganges rudern», sage ich fröhlich und vergesse, den verlangten Preis von 200 Rupien zu halbieren, wie es der Lonely-Planet-Reiseführer so dringend empfiehlt.

Sani rudert, die neuesten Bollywoodhits summend, mit kraftvollen Zügen an Manikarnika Ghat vorbei, wo am Ufer, einer Müllkippe gleichend, die Kremierungsfeuer brennen, und weiter nach Dashashwamedh Ghat, wo die Pilger ihr rituelles morgendliches Bad nehmen. Im Osten färbt sich der Himmel lila. Die Ruder quietschen und platschen. Die Tempelglocken pingeln frenetisch. Auf dem westlichen Ufer: die massiven Treppen, der Palast, die Boote, das Volksgewühl und das dumpfe Murmeln von einer Stadt mit anderthalb Millionen Menschen, die gerade aufwachen. Auf dem östlichen Ufer: eine Mondlandschaft aus hellbraun getrocknetem Lehm, kein einziges Haus, kein einziger Mensch, kein Gefährt. Mystisch öde und still.

Ich horche auf die heiligen Gesänge, welche die Ruhe durchbrechen, als die ersten Sonnenstrahlen die Badenden auf den Treppen plötzlich in Gelb, Orange und Pfirsichfarben leuchten lassen. Der Moment, in dem das geschieht, ist für mich der schönste in Varanasi: Am heiligsten Platz, den ich je besucht habe, den Triumph der Sonne über die Nacht zu erleben. Ich lasse in der geistig dichten Atmosphäre die Gedanken wandern. Auf der einen Seite ein menschlicher Ameisenhaufen, auf der anderen ein toter Planet, Nicht-Leben, die Antithese zum menschlichen Streben. Als wäre die lärmende Vielfalt des westlichen Ufers nur eine

Illusion oder ein Spiel – die Scheinwelt *Maya* – und verberge die friedliche Wirklichkeit des östlichen Ufers, *Atman*, die wahre Natur des Universums, die man durch lebenslanges Meditieren erreicht.

Sani weckt mich aus meinen quasi-hinduistischen Überlegungen.

«Schau mal, ein Flugzeug!», ruft er plötzlich, und ich muss den Kopf in den Nacken legen und den Kondensstreifen am Himmelsgewölbe bewundern.

Als wäre das die exotischste Entdeckung des Morgens – was es für Sani natürlich ist, nicht jedoch für mich.

Beeindruckende drei Meter hohe Holzstapel, das Werk von fleißigen Holzhackern, und sieben brennende Feuer, in denen in weiße Laken gewickelte Leichen gerade angefangen haben zu brennen oder gerade fertig verbrannt sind.

«Ich habe die Leichen aus dem Hospiz nebenan hierhergebracht», sagt Raju und zeigt auf ein verfallenes Haus mit großen, rußschwarzen Flecken, das aussieht, als wäre das Gebäude von einer unheimlichen Krankheit heimgesucht und läge auch im Sterben.

«Eine einzige Kremierung verbraucht 300 Kilo Holz. Das ist nicht billig. Rechne mit 30 000 (das sind ungefähr 400 Euro)», erklärt er mir.

«Möchtest du etwas geben?», fragt er.

«Nein, die Toten bekommen meinen Segen, aber nicht mein Geld», antworte ich, aus einer Kultur kommend, in der es als geschmacklos angesehen wird, in einer solchen Stunde und Situation über Geld zu sprechen.

Geier kreisen am Himmel, und orangefarbene Tageskränze, die eben noch die Bahren schmückten, liegen zwischen Asche und Gerümpel auf dem Boden. Es duftet nach Holzrauch und stillstehendem Flusswasser, und die Rauchsäulen steigen zum hellblauen Himmel über Manikarnika Ghat hinauf. Nach dem Mythos hat Mata Sati, die Göttin der langlebigen Ehe, sich selbst angezündet. Als ihr Mann Shiva ihren brennenden Leib auf die schneebedeckten Gipfel des Himalaya trug, fiel ihr Ohrgehänge ab und landete da, wo ich jetzt stehe und mit großen Augen auf die brennenden Menschenkörper schaue. Weil *Manikarni* auf Sanskrit «Ohrgehänge» bedeutet, erhielt dieser Platz den Namen Manikarnika Ghat – «die Treppen des Ohrgehänges».

Über Tausende von Jahren sind auf den immer rußigeren und abgenutzteren Treppen ununterbrochen Leichen kremiert worden, damit ihre Asche danach in den Ganges verstreut werden kann, den vom Gott Ganges geschützten Fluss. Mit ihm eins zu werden garantiert den Ausstieg aus dem Knausern und Schuften des Erdenlebens und ist die Eintrittskarte zur himmlischen, friedlichen Auslöschung, *Moksha*.

Als ich da stehe und die Leichen betrachte, die in den Kremierungsfeuern auf Manikarnika Ghat brennen, muss ich an den Sommer vor einigen Jahren denken, als meine Mutter an Krebs starb. Kurz nachdem wir uns im flackernden Schein einer Kerze auf dem Nachttisch von ihr verabschiedet hatten, während sie auf dem Krankenbett lag, wurde sie vom Bestattungsinstitut zu einer Behandlung nach dem Tod weggebracht, die vor unseren Blicken verborgen war. Ich erinnere mich an die Männer von der Bestattungsfirma, die durch die Flure des schwedischen Hospizes schlichen, um die Verstorbenen zu holen und in den Kühlraum oder das Krematorium zu bringen. Die Männer sahen mich ängstlich an, als fürchteten sie, ich würde sie, die Handlanger des Todes, die sich nicht unsichtbar machen konnten, nicht mögen.

Ich starre in die sieben Feuer mit den sieben toten Leibern, die am lehmigen Strand des Ganges brennen. Rund um die Kremierungsfeuer, die Tag und Nacht brennen, versammelt sich wie immer eine Mischung aus Passanten, Angehörigen und Touristen, die das Ritual verfolgen. Trotz des Gefühls, weggehen zu sollen, stehe ich wie festgenagelt und starre in die Flammen, als würden sie ein Mysterium bergen, das sich jederzeit offenbaren könnte. Viele zu Hause in Europa würden es wahrscheinlich taktlos, um nicht zu sagen, geschmacklos finden, dass ich und andere Touristen, die keinerlei Verbindung zu den Toten hatten, zuschauen. Wir würden doch auch nicht wollen, dass japanische oder koreanische Touristen dabei sind, wenn unsere Angehörigen kremiert werden.

Doch keiner der Angehörigen, mit denen ich bei den Kremierungsfeuern am Ufer des Ganges sprach, fand es anstößig, dass ich zusah, wie ihr Ehemann, ihre Ehefrau, die Großmutter oder der Großvater kremiert wurden. Das ist nämlich die indische Tradition: Es soll offen geschehen, am liebsten außer Haus, weil es ein Teil des Lebens ist, der nicht versteckt werden darf. Es sind auch die nahen Angehörigen, nicht gekauftes Personal, die vor allen Blicken die Leiche waschen, ankleiden und auf einer Bambusbahre in goldglänzenden Stoff gewickelt durch Marktgassen und Volksgewimmel zum Flussufer tragen. Das Feuer wird ebenfalls von einem nahen Angehörigen entzündet, und ein anderer verstreut die Asche in den Fluss. Alles, was wir im Westen anonymen, dunkel gekleideten Männern anvertrauen, übernimmt die Familie selbst.

Zuerst war ich ebenso fasziniert wie alle anderen westlichen Besucher. Fasziniert und auch ein wenig schockiert, dass die Leichenträger nicht betrübt wirkten, sondern freimütig, um nicht zu sagen hurtig liefen und gemeinsam eine schöne und nicht sonderlich traurige Melodie summten. Doch ich gewöhnte mich schnell daran. Am zweiten Tag stieg mein Puls nicht mehr jedes Mal an, wenn ich die Leichenträger und Kremierungsfeuer sah. Am dritten Tag fand ich es geradezu – man entschuldige die Wortwahl – gemütlich in der ständigen Gegenwart des Todes. Am vierten Tag kamen mir kritische Gedanken zu unserem europäischen System, wo wir den Kopf in den Sand stecken und so tun, als gäbe es die Nacktheit des Todes nicht.

Wenn der Tod uns heimsucht, wie er es im Falle meiner Mutter bei mir tat, würde es uns vielleicht guttun, wenn er nicht so effektiv verborgen würde, sondern sich vor uns abspielte, als wäre er ein Schauspiel, ohne Geheimnistuerei, Verwindungen und Umschreibungen. So dass wir alle kapieren, was da eigentlich passiert ist.

In der ältesten Stadt der Welt sind die Blicke aller nach innen in die Seele und zurück in die Geschichte gerichtet. In der ältesten Stadt der Welt scheint alles, was man sieht, traditionell, verfallen und klapprig zu sein.

Aber der IT-Unternehmer Mayank Mishra schaut nach vorne. Alles, was ich in seiner unmittelbaren Umgebung sehe, ist modern, intakt und glänzend.

Er sitzt im Halbdunkel an seinem dunkelbraunen Holzschreibtisch. Die rotgeblümten Gardinen sind zugezogen und sperren die grellen Lichter und wütenden Geräusche der Straße aus. Eine LED-Lampe wirft ihren düsteren, bläulichen Schein über eine mit Blumengirlanden behängte Ganesha-Statue. Nanu – ist nicht einmal hier die Tradition ganz außen vor?

«Die Einwohner von Varanasi sind nicht sonderlich neugierig auf Neues. Wenn man auch nur im mindesten technikbejahend und modern ist, dann gehört man zur Avantgarde. Hier zu den Vorreitern zu gehören, ist nicht schwer», sagt Mayank, der Amritz Web Solutions mit zehn Angestellten leitet, wovon die meisten Frauen sind, weil «Frauen besser sind als Männer, wenn es darum geht, neu zu denken».

«Aber Varanasi ist wunderbar», gesteht er und offenbart mir seine Liebe zur Tradition.

«Nichts ist geplant, alles ist spontan entstanden. Und die Menschen einigen sich über Kasten- und Religionsgrenzen hinweg. Varanasi zu besuchen ist die beste Methode, die es gibt, um zu erklären, was Menschlichkeit ist, was es bedeutet, Mensch zu sein.»

Mayank hat recht, denke ich und nippe an dem heißen, süßen Tee mit Milch, der in einer roten Tasse auf einem blauen Plastiktablett reingebracht wurde. Hindus, Jainisten, Buddhisten, Muslime und der ein oder andere Christ. 563 religiöse Feste pro Jahr. Menschen und Sprachen aus ganz Indien. Niemand kann behaupten, dass ihm Varanasi gehört, auch wenn manchmal gesagt wird, es sei die Stadt der Brahmanen oder die Stadt Shivas. Nein, sie gehört allen.

Bei Sonnenaufgang versammeln sich Tausende Hindus für ihr rituelles Bad im Fluss auf den Treppen zum Ganges.

Godowlia ist die Urmutter aller Stadtviertel auf der ganzen Welt, die sich «Altstadt» nennen. Die Sonne reicht nicht bis in die schmalen nach Holzfeuer, Räucherwerk und Abflüssen riechenden Gassen hinein. Im ewigen Schatten steht die Stadt still. Milch, Zucker und Kräuter kochen in großen, schwarzen Eisentöpfen über glühenden Kohlenbetten nach Rezepten aus dem vorvorigen Jahrtausend. Träge pupsende, lehmverschmierte Kühe mit breiten Bäuchen schieben sich voran, und ordentlich gekämmte und mit Seife geschrubbte Schulkinder eilen in so weißen und gut gebügelten Schuluniformen vorbei, dass sie fast unwirklich erscheinen.

Raus aus der Gasse und hinein ins Chaos auf der Dashashwamedh Road, wo der Verkehr genau wie auf allen anderen Straßen in der Stadtmitte stillsteht. Fahrrad-Rikschas, Mopeds, Kühe, Handkarren und Fußgänger sind in einem zähen Stau gefangen.

Zu laufen ist zehnmal schneller, als ein Gefährt zu nehmen, ganz egal, wie es angetrieben wird. Und es könnte noch schlimmer sein. Wenn eine Hochzeit stattfindet oder eine lokale Wahlkampagne oder wenn das Sterben Hochsaison hat – was gerade heute der Fall zu sein scheint –, dann kommt man nicht einmal zu Fuß vorwärts. Ich stehe still an die Fassade gepresst und betrachte träge erstaunt das Chaos.

Für die Flüchtlinge der modernen Gesellschaft, wie ich einer bin, ist die unzeitgemäße Umgebung Balsam für die Seele. Die Globalisierungswelle der letzten Jahrzehnte hat viele kulturelle Eigenheiten gekostet. Das Geradlinige, Glatte, Harte und Polierte fühlt sich inhaltslos an, und das Abgenutzte und mit Patina Bedeckte ist verdrängt, das Besondere verwischt und das Einzigartige versteckt worden. Die verschiedenen Teile der Welt ähneln einander immer mehr. Wenn ich heute über die Einkaufsstraßen in Kopenhagen, Tallinn und Hamburg schlendere und dieselben Schnellimbiss-, Café- und Bekleidungsketten sehe wie in Stockholm, dann sollte mir der Wiedererkennungsfaktor Freude und Geborgenheit schenken. Doch nein! Er lässt mich Verlorenheit und Düsternis empfinden.

Deshalb bin ich so hingerissen, wenn ich auf einer Straße im zeitlosen Varanasi stehe und das ganze Ramponierte, Kaputte, Eigenartige und einzigartig Indische betrachte. Endlich habe ich eine Welt gefunden, die noch nicht von der anonymisierenden, gleichmachenden und reduzierenden Kraft der Globalisierung heimgesucht wurde.

Die Ganges-Ebene, die Varanasi umgibt, besitzt alle Voraussetzungen für eine reiche, harmonische landwirtschaftliche Gesellschaft. Stattdessen herrschen mit mächtigen Großgrundbesitzern und verarmten rechtlosen Tagelöhnern größere Klassenunterschiede als irgendwo sonst in Indien. Doch in Varanasi gibt es eine engagierte Seele, die das ändern will. Er heißt Lenin Raghu-vanshi und betreibt eine erfolgreiche Menschenrechtsorganisation. Eines Morgens verlasse ich die rituell badenden Pilger an der Dashashwamedh Ghat und nehme eine Fahrrad-Rikscha in ein friedliches Wohngebiet hinter dem Bahnhof und den alten Garnisonsvierteln der Briten. Ich betrete sein winziges Büro, das im selben Haus liegt, in dem Lenin mit seiner Familie und der 101-jährigen Großmutter wohnt.

Sein Name verpflichtet, und ich frage ihn, warum er Lenin heißt.

«Ach», antwortet er, «ich heiße nicht nur Lenin. Ich heiße Lenin Stalin Che Guevara Mao.»

«Aber warum denn?», frage ich.

«Mein Vater war Kommunist und wollte seinen Kindern die besten Namen geben, die er kannte.»

«Und Sie selbst?», frage ich. «Sind Sie Kommunist?»

«Nein», antwortet Lenin, «ich bin kein Kommunist.»

Er hat seinen Marx gelesen – das muss man einfach, wenn man Lenin heißt, sagt er –, und ist zu dem Schluss gekommen, dass es sich dabei um wirklich gute Analysen handelt, doch als Medizin gegen die moderne Unterdrückung in Indien glaubt er mehr, wie er sagt, an «egalitären Liberalismus». Und an Buddha, den Propheten, der vor über 2000 Jahren seine erste Predigt in Sarnath, knapp zehn Kilometer von Varanasi entfernt, hielt.

Indiens Lenin will das Schweigen brechen. Er will, dass die Unterdrückten ein Bewusstsein entwickeln, dass sie zornig werden und ihre Stimmen erheben. Bisher hat er den Dorfbewohnern dabei geholfen, die Unternehmer aus den hohen Kasten anzuzeigen, weil sie Kinder beschäftigen und Landarbeiter aus niedrigen Kasten mit Feudalverträgen festhalten. Er hat Kinderhochzeiten gestoppt und dafür gesorgt, dass kriminelle Politiker hinter Schloss und Riegel kamen. Es versteht sich von selbst, dass der aufmüpfige Lenin ab und zu Prügel von seinen mächtigen Feinden bezieht, doch er wirkt geläutert und lacht herzlich abwehrend, als wir von der Bedrohung sprechen.

In früherer Zeit wurde Indien von über 600 Maharadschas regiert, von denen jeder sein eigenes Reich besaß. Viele von ihnen errichteten sich einen Palast an der Dashashwamedh Ghat oder einer anderen der Treppen am Flussufer in Varanasi, um einen Ort zu haben, an dem sie während ihrer Wallfahrten wohnen konnten. Dann badeten sie im Fluss, wodurch das Karma verbessert oder, wie wir im Westen sagen, den Sündern vergeben wird, und manchmal kamen sie hierher, um zu sterben. Heute wirken die meisten der Paläste gespenstisch verlassen. Einige sind zu Hospizen umgebaut worden.

Unterhalb der Paläste an der Dashashwamedh Ghat sind die Beschaulichkeit und der friedliche Verfall verflogen. Um halb sieben jeden Abend, jahrein, jahraus, findet mit klingelnden Glocken und brennenden Feuern der Gottesdienst zu Ehren des Flussgottes Ganges statt, an dem über tausend Zuschauer teilnehmen, viele von ihnen in Booten auf Reede draußen im Fluss.

Die ganze Zeremonie scheint wie in einem schwarzen Loch der Zeitläufte entstanden zu sein, die eigentlich in eine Vergangenheit gehört, wo Tora, Bibel und Koran noch nicht geschrieben waren und das Volk zu den Göttern betete und die Kulte ausübte, zu denen es Lust hatte.

Sieben Brahmanen, junge Männer um die zwanzig, stehen jeder vor einem mit Tausenden orangefarbenen Tagetesblättern bestreuten Altar, lassen Räucherstäbchen kreisen und entzünden Kerzen in Messinghaltern in der Form von Kobras mit aufgespannten Halsschilden. Und dann blasen sie in große Muscheln, die einen gellenden und durchdringenden Laut von sich geben, der uralt und erschreckend wirkt.

«*Hari Bol, Hari Bol*» («Geehrt sei unser Gott, geehrt sei unser Gott») rufen sie zu den Klängen eines Harmoniums.

Und sieben Rauchsäulen steigen zum sternenbedeckten Nachthimmel über der chaotischen Stadt an dem glatten Fluss auf, wo seit der Morgendämmerung der Zivilisation alles – fast alles – so ist wie immer.

16. Die Unberührbaren melden sich zu Wort

Stellen Sie sich vor, der Adel würde immer noch alle wichtigen Posten in der Gesellschaft einnehmen – und Sie, mit einfachem Hintergrund, würden gemobbt und ausgeschlossen, sobald sie deren Arbeitsplätze, Stadtteile und Stammkneipen besuchen. Stellen Sie sich vor, alle Priester wären adlig und hätten die Kirchentüren für Menschen wie Sie geschlossen und würden Sie darauf verweisen, Ihre Religion für sich allein auszuüben. Sie können doch im Schrank beten oder warum nicht auf der Toilette? Stellen Sie sich vor, die Menschen würden die Nase rümpfen und sich abwenden, wenn Sie erzählen, wer Sie sind. Stellen Sie sich vor, das würde sich jeden Tag des Jahres, jahraus, jahrein wiederholen.

Im Gesetzbuch des Manu, einem 2000 Jahre alten Lehrbuch für indisches Sittenrecht, steht, dass die niedrigsten Kasten geboren seien, um den höheren Kasten selbstlos zu dienen. Die Verfechter dieser Ordnung waren die am höchsten Stehenden – die Brahmanen, also die Priester. Während Tausenden von Jahren haben die niedrigsten Kasten pariert und, überzeugt davon, dass es sich um eine göttliche Ordnung handeln würde, ihre Arbeit gemacht.

Doch das ist nicht die ganze Wahrheit. Im 5. Jahrhundert vor

Christus revoltierten sowohl Gautama Buddha als auch der Jain-Prophet Mahavira gegen das Monopol der Brahmanen auf Religionsausübung, brachen aus und gründeten eigene geistige Bewegungen. Und im 16. Jahrhundert waren die niedrigen Kasten in Punjab die Herrschaft der Brahmanen leid und schufen den Sikhismus, der die Lehre von der Seelenwanderung beibehalten, aber das Kastensystem verworfen hat.

Doch Hunderte Millionen Inder blieben in der Kastenhierarchie der Brahmanen gefangen. Wie typisch «indisch» ist diese Gruppeneinteilung? Alle menschlichen Gesellschaften waren ja lange Zeit gleichermaßen hierarchisch angelegt. In jeder Ecke der Welt gab es im Grunde einmal ein System der Unterscheidung und Klasseneinteilung, auch wenn es oft nicht so religiös bedingt war wie in Indien. In Schweden hatten wir bis 1866 vier Parlamente, eines für Bauern, eines für den Adel, eines für Priester und eines für Bürgerliche. Es war normal, dass man in eine Gruppe / Klasse / Kaste geboren wurde und sein Leben lang darin blieb. Soziale Beweglichkeit und das Streben nach oben waren die Ausnahme. Auf diese Weise unterscheidet sich Indien nicht so sehr von anderen Gesellschaften. Der Unterschied ist, dass die Hierarchien bis in unsere Zeit hinein weiterleben und so eng mit der Idee von geistlicher Reinheit verknüpft sind.

Als Indien 1947 unabhängig wurde, verbot man die Diskriminierung, führte sie jedoch in der Praxis fort, da Werte sich langsamer ändern als Gesetze. Die niedrigsten Kasten blieben unterdrückt und wurden ignoriert. Warum also nicht sich selbst genau das nennen und geradeheraus sagen, worum es geht: Wir sind Unterdrückte – *Daliten* – ein Wort, das von sich aus Selbstbewusstsein und Widerstand signalisiert.

Im Laufe der Zeit bildete sich eine Widerstandsbewegung, die zersplittert war und aus vielen verschiedenen Organisationen bestand. Eine radikale Gruppe, die sich Dalit-Panther nannte und von den Black Panther der USA inspiriert war, schrieb 1973 in Bombay ein Manifest nieder, das gegen die Brahmanen gerichtet war. Darin argumentierte man, die Hindus hoher Kasten in Indiens politischer Führung seien schlimmer als die früheren britischen Kolonialherren, denn die hinduistischen Herrschenden hätten nun sowohl den gesamten Staatsapparat als auch die ererbte feudale Macht und die geistliche Unterdrückung in ihrer Hand. Der Journalist Vontibettu Thimmappa Rajshekar, Redakteur der Kampfzeitschrift *Dalit Voice*, formulierte den Vergleich mit der Situation der Schwarzen in den USA wie folgt: «Den Afroamerikanern muss bewusst sein, dass ihr Befreiungskampf nicht vollendet sein kann, solange ihre Blutsbrüder und -schwestern in Asien leiden. Es ist wahr, dass die Afroamerikaner auch leiden, doch wir [die indischen Daliten] befinden uns da, wo die Afroamerikaner vor 200 Jahren waren.»

Die Ideologie der Panther war vom Glauben an Marxismus, Wissenschaft und Buddhismus und sogar von der christlichen Befreiungstheologie getragen. Sie sprachen von Revolution, davon, das ganze Land zu regieren. «Wir begnügen uns jetzt nicht mit ein bisschen», steht in dem Manifest. «Wir wollen nicht nur eine kleine, elende Hütte auf der Gasse der Brahmanen.»

Innerhalb der Daliten-Bewegung gab es viele, die sogar argumentierten, dass die Angehörigen niedriger Kasten keine Hindus seien und auch niemals gewesen wären. Kancha Ilaiahs Buch *Why I am not a Hindu* von 1996 spricht klar aus, was viele lange empfunden haben. «Ich bin kein Hindu …», schrieb er, «… aus dem einfachen Grund, dass meine Eltern nicht wussten, dass sie Hindus waren.» Kancha Ilaiah beschreibt, wie ausgestoßen sich seine Familie in ihrem Heimatdorf fühlte. Es gab Brahmanen, stellte er fest, soll heißen Hindus hoher Kasten, und dann gab es Muslime und Christen. Seine Familie gehörte zu keiner dieser Gruppen. Am wenigsten von allem gehörte sie zu den Brahmanen. Im Gegenteil. Die Brahmanen mit ihrer Erniedrigungs- und Ausgrenzungsstrategie, so meinte der Autor, waren ihre schlimmsten Feinde.

Die Forderungen waren radikal, und die Wut und Frustration der Aufständischen richtete sich auch dagegen, dass die niedrigen Kasten die Unterdrückung so lange akzeptiert hatten. Heute ist die Tonlage der dalitischen Aktivisten weniger revolutionär, doch oft sozialistisch und manchmal auch feministisch. So wie die dalitische Aktivistin und Feministin Ruth Manorama, die 2006 den schwedischen Right Livelyhood Award (den alternativen Nobelpreis) für ihre Arbeit in der National Federation of Dalit Women erhielt. Kurz nach der Preisverleihung traf ich sie im Büro der schwedischen Entwicklungshilfeorganisation Sida. Ich bat sie, mir erst einmal die Situation in Indien für Menschen wie sie selbst, die Dalit-Frauen, zu erläutern.

«Bedenken Sie, dass die indischen Dalit-Frauen dreifach unterdrückt werden», antwortete sie. «Stellen Sie sich eine Dalit-Frau vor, die auch eine Landarbeiterin ohne Grundbesitz ist. Aufgrund ihrer Kaste ist sie in der hinduistischen Gesellschaft untergeordnet, aufgrund ihres Mangels an Besitz in der Klassengesellschaft und aufgrund ihres Geschlechts in der patriarchalen Gesellschaft.»

Doch in den Dörfern ist die Vorstellung von der Unberührbarkeit der Daliten immer noch lebendig. Da schleppen sie für den Rest ihres Lebens ihre niedrige Kaste mit sich – so sehen es zumindest die Brahmanen. Die Ausgrenzung hat dazu geführt, dass viele sich ganz und gar vom Hinduismus abgewandt haben. Ruth Manorama hat ihr Leben dem Kampf gegen die Kehrseiten des hinduistischen Kastensystems gewidmet, ist selbst aber nicht Hindu, sondern Christin. Ihre Eltern konvertierten schon vor ihrer Geburt zum Christentum, um der Diskriminierung zu entgehen.

«Meine Eltern konvertierten, um ihrer Kaste zu entkommen.

Ich bin als christliche Dalitin aufgewachsen und bin stolz darauf»,
sagt sie.

Seit Indiens erster Justizminister Bhimrao Ramji Ambedkar,
Hindu der niedrigsten Kaste, sich 1956 dazu entschied, in Nagpur,
dem Bundesstaat Maharashtra, zum Buddhismus zu konvertie-
ren, geschehen immer wieder Massenkonversionen niedrigkasti-
ger Hindus – alles, um der Kastenunterdrückung zu entkommen.
Die letzte Massenkonversion geschah 2006 am 50. Jahrestag der
Konversion Ambedkars in derselben Stadt. Tausende Niedrigkastige konvertierten da in einer großangelegten Zeremonie, in der
man seinen alten Göttern abschwor, zu Buddhismus und Christentum. Ein Ergebnis der Konversionen ist, dass die Anzahl Buddhisten in Indien von 181 000 im Jahr 1951 auf heute 8,5 Millionen
angestiegen ist.

Alte Tabus der Unberührbarkeit verblassen langsam, zumindest in den Städten und unter jenen, die Schulbildung haben. Einkommen und Karriere beginnen, ein wichtiger Faktor für die Zu-
gehörigkeit zu einer Kaste zu werden. Ganz allmählich – für die
Dalit-Bewegung zu langsam – verwittert das uralte Gesetz des
Manu. Doch der Wind der Veränderung weht nicht überall. In
manchen Teilen Indiens, vor allem auf dem Land in den nördlichen und östlichen Bundesstaaten Uttar Pradesh, Bihar, Jharkhand und Chhattisgarh, muss man von Stillstand sprechen. Hier
hat sich auch eine Brutalisierung Bahn gebrochen, wo besitzlose
und niedrigkastige Gruppen, sowohl Daliten als auch Angehörige
der Ursprungsbevölkerung (die mit einem gemeinsamen Namen
Adivasis genannt werden), in gewaltsamen Aufständen mit Grund-
besitzern und Kaufmannsfamilien in Streit geraten, bei dem es
um alles Mögliche von Ehre und Marktausbeutung, Löhnen und
Menschenrechten geht. Allgemein könnte man sagen, dass die
neue Haltung zu den Rechten der Daliten, an der Gesellschaft teilzuhaben, sich in Südindien mehr durchgesetzt hat als in Nord-

indien, wo das patriarchalische indoarische Erbe stark wiegt, außerdem mehr in den Großstädten als auf den Dörfern und mehr unter den Menschen mit Schulbildung als unter den Ungebildeten.

Die Politik hat trotz allem seit der Unabhängigkeit versucht, die Effekte des Kastensystems zu lindern und Unterschiede auszugleichen, die in der Kastenzugehörigkeit begründet sind. Mit der Unabhängigkeit 1947 wurde Kastendiskriminierung verboten, und die Angehörigen niedriger Kasten können dank eines der radikalsten Quotierungssysteme der Welt, das bereits 1950 in die Verfassung geschrieben wurde, an den höheren Kasten vorbei staatliche Ausbildung und Beamtenberufe erlangen. Die indischen Behörden benutzen ein Klassifizierungssystem, um zu bestimmen, wie groß die Quoten sein müssen:

In der Gruppe *Scheduled castes* (registrierte Kasten) gibt es ungefähr 1100 Kasten, die zusammen zirka 16 Prozent der Bevölkerung, also knapp 200 Millionen Menschen ausmachen.

Darüber hinaus gibt es etwas mehr als 700 Ureinwohnergruppen, die als *Scheduled tribes* (registrierte Volksgruppen/Stämme) eingetragen sind, die ungefähr 9 Prozent aller Inder oder knapp 100 Millionen Menschen ausmachen.

Dann gibt es in den Behörden den Begriff *Other backward classes* (andere benachteiligte Klassen), die in Indiens Verfassung als «socially and educationally backward classes» bezeichnet werden. Hier variieren aufgrund von Grenzziehungsproblemen und Meinungsverschiedenheiten die Schätzungen, um wie viele es sich handelt, stark. Mal heißt es 52 Prozent der Bevölkerung (Bericht der Mandal-Kommission), mal 34 Prozent (National Family Health Survey II).

Man kann nun diese Kategorisierung Unterdrückter so interpretieren, dass die Politiker das Kastensystem akzeptiert haben. Doch man kann es auch so sehen, dass die Politiker ihre Augen nicht vor der Tatsache verschließen, dass Indien eine hierarchische Gesellschaft ist, und erkannt haben, dass freie Konkurrenz nicht über die sozialen Mauern hinweg möglich ist, die die hohen Kasten gegenüber den niedrigen Kasten errichtet haben. Als Angehöriger einer niedrigen Kaste, eines indigenen Volks, Stammesvolks oder einer unteren Klasse registriert zu werden, bedeutet im offiziellen Indien nämlich Vorteile. Da kann man über die Quote in Ausbildungen, politische Vereinigungen und Beamtenjobs kommen. Deshalb geschieht es durchaus, dass Gruppen, die nicht als niedrige Kasten registriert sind, auf den Straßen lautstark protestieren, um als Unterdrückte eingestuft zu werden und damit Vorteile zu erlangen.

Während des World Social Forums in Bombay 2001 brachte die Dalit-Bewegung das Argument ein, dass, da die Globalisierung zur Privatisierung staatlicher Betriebe geführt habe, die Daliten Gefahr liefen, wieder auf den Grund der Gesellschaft abzusacken. Warum? Nun, die Privatwirtschaft hält sich im Gegensatz zum staatlichen Sektor an keine Quoten für niedrige Kasten. Je mehr Privatwirtschaft, desto weniger Quoten. Doch wenn dieses Argument wirklich zuträfe, dann müssten die globalisierten Großstädte Indiens, wo der Anteil privatwirtschaftlicher Unternehmen am größten ist, Moloche sozialen Elends sein. Das Gegenteil ist der Fall. In den anonymen Großstädten sind die Hierarchien eingerissen worden. In den Dörfern Indiens hingegen sind die großen gesellschaftlichen Veränderungen noch nicht angekommen, hier herrscht die schlimmste Unterdrückung.

Deshalb habe ich auch Ruth Manorama gefragt, ob die Stadt mit ihrer Auflösung von Normen nicht zum Befreiungsprozess beitragen kann, so dass die Urbanisierung somit die Lösung wäre.

«Schon», antwortete sie, «in den Städten hat sich die Haltung verändert. Da gibt es keine deutliche Trennlinie zwischen den Kasten, und die Unberührbarkeit gilt nicht mehr.»

Die Kastenhierarchien haben ihre religiöse Begründung in den hinduistischen Quellenschriften, sind aber auch aufgrund der Arbeitsteilung und dem Bedürfnis der eingewanderten Indoarier, als Herrenvolk zu agieren, entstanden. Deshalb wirkt die Unterdrückung am stärksten, wenn drei Faktoren zusammenwirken: tiefste Armut, geringe soziale Beweglichkeit und starke Religiosität. Der bekannteste Kastensoziologe Indiens, Mysore Narasimhachar Srinivas, stellte eine Analyse von nötigen Veränderungen vor, die ganz anders aussieht als die der Dalit-Bewegung. Die stärkste Kraft zur Durchbrechung des Kastensystems, sagt er, sei nicht der Versuch des Staates, die Diskriminierung mit Quoten zu bekämpfen, sondern der Auflösungseffekt, den Urbanisierung und Globalisierung auf die alte Ständegesellschaft hätten.

Es scheint so, als könne nur eine Kombination aus staatlichen Programmen, sozioökonomischen Umwälzungen und Urbanisierung dem Kastensystem beikommen. Wenn der Staat mit Hilfe von Quoten dafür sorgt, dass die Menschen am unteren Rand der Gesellschaft Ausbildung und politische Vertretung bekommen, dann erzeugen der wirtschaftliche Zuwachs und die Meritokratie eine neue Arbeitsteilung: Das Kastensystem kann nur gemeinsam gestürzt werden.

Als ich im Herbst 1983 zum ersten Mal nach Indien reiste, fand ich, dass die Armen so seltsam still und bescheiden wirkten. Ich begegnete niemals Bedrohungen, aufmüpfigen Worten oder offenem Zorn. All die nächtlichen Spaziergänge, die ich im Herzen von Multimillionenstädten unternahm, vorbei an auf dem Bürgersteig nächtigenden Menschen mit ihren bellenden Hunden, fühlten sich so sicher an. Ich hatte das starke Gefühl, dass mir nichts passieren konnte und niemand mir Böses wollte. So hatte ich mir nicht vorgestellt, in einem der ärmsten Länder der Welt mitten in der Nacht unter bettelarmen Menschen unterwegs zu

sein. Das kam mir komisch vor. Da ging ich, ein weißer Westeuropäer mit mehr Geld in der Brieftasche als die Familien, die in Ju-
tesäcken in der Gosse schliefen, in einem Jahr verdienten. Warum
rücken sie beiseite? Warum lächeln sie mich an? Warum stellen
sie nur neugierige Fragen? Warum sind sie nicht wütend? Warum
kommen sie nicht und nehmen mir mein Geld weg?

Weil trotz der strengen Gesetze gegen Diskriminierung die
Unberührbaren immer noch dem Spott der Inder aus den hohen
Kasten ausgesetzt sind. In Punjab ist der Anteil Daliten fast doppelt so hoch wie im übrigen Land. Hier, im fruchtbaren Land der
fünf Flüsse, Indiens Kornkammer, ist die Landwirtschaft effektiver und der Wohlstand größer, doch das gilt auch für die Kluft
zwischen Arm und Reich. Und eben hier, in Punjab im Nordwesten von Delhi, wo mächtige Großgrundbesitzer seit langem alles
beherrschen, melden sich nun die Daliten wieder zu Wort und
verlangen Gerechtigkeit. Doch diesmal sind sie nicht von den ge-
ballten Fäusten der Schwarzen Panther inspiriert, sondern vom
Bling-Bling des Hip-Hop.

In den letzten Jahren sind mehrere politisch und historisch
sensible Bands gegründet worden, die eine aufmüpfige Variante
des Bhangra, der traditionellen rhythmischen Erntemusik, spielen. Ihr Stil signalisiert, dass sie die Unterdrückung leid sind und
damit auch nicht mehr als Gruppe, sondern als Individuen defi-
niert werden wollen. Und sie sind es leid, so zu tun, als würden
sie sich damit zufriedengeben, was viele Inder aus hohen Kasten
von ihnen erwarten.

Die Musik ist zu einer Karrieremöglichkeit für junge Daliten
in Punjab geworden. In Youtube-Clips mit den neuen Daliten-
Bands kann man sehen, dass Unterwürfigkeit und Gleichgültig-
keit der Vergangenheit angehören. Hier kommen alle Symbole
von Emporkömmlingskultur und materiellem Wohlstand vor, die
man sich denken kann: schicke Autos, luxuriöse Häuser, Goldket-

ten und Marken-Brillen. Hier rückt niemand beiseite. Hier wird nicht gelächelt. Und sie sehen definitiv so aus, als wollten sie an mein Geld.

In den Texten geht es um Unterdrückung und den Traum von einer gleichberechtigten Gesellschaft. Und es wird sehr oft der Begriff *Chamar* verwendet, das Wort, was man traditionellerweise für Menschen benutzt hat, die mit Leder arbeiten, was für Hindus hoher Kasten rituell gesehen eine der schmutzigsten Arbeiten überhaupt ist. Die Bedeutung des Wortes hat sich allmählich vom Begriff für ein Handwerk zu einem Ausdruck für Verachtung verschoben. Chamar hat für Indiens Daliten ungefähr denselben abwertenden Klang, wie das Wort «Nigger» für die Afroamerikaner in den USA. Wenn man das Wort in der Öffentlichkeit benutzt, dann kann man nach den indischen Antidiskriminierungsgesetzen sogar wegen Ehrverletzung verurteilt werden.

Doch die Daliten-Bands haben das Wort zurückerobert und ihren Texten, ihrer Alltagssprache und den Songtiteln wie *Fighter chamar*, *Cool chamar* und *Proud sons of chamar* hinzugefügt. Das Bling-Bling und die freche Sprache sind vielen Hochkastigen ein Dorn im Auge. Die Daliten sollen nicht so selbstbewusst und mit physisch herausfordernden Posen tanzen und dabei noch lautstark auf Ungerechtigkeiten hinweisen. Daliten sollen still sein, den Blick senken und mit ihrem Los zufrieden sein.

Als die Zeitung *Tehelka* über die neuen Daliten-Musiker schrieb, zitierte sie einen Sänger, der sagte, früher habe man auf Hochzeiten und Festen zu der Musik der Obrigkeit getanzt. Jetzt, meinte er, haben wir unsere eigenen Songs und ein neues Selbstbewusstsein, das sagt: «Auch wir können Autos besitzen und Häuser und ein gutes Leben haben.»

Die neuen, jungen Daliten-Bands haben mehrere ideologische Leitsterne. Einer von ihnen ist der nordindische Guru des 15. Jahrhunderts Ravidas, der Sohn eines unberührbaren Schuhmachers, der Philosoph, Pazifist, spiritueller Führer und schließlich politischer Reformator wurde. Ravidas war so populär, dass sogar die hinduistischen Priester anfingen, zu ihm zu beten, und die Gründer der Sikh-Religion im 16. Jahrhundert fügten seine Hymnen ihrem heiligen Buch hinzu. Der andere Held ist Ambedkar, der Mann, der, obwohl er arm in die Unberührbaren-Kaste der *Mahar* geboren wurde, der erste Justizminister des unabhängigen Indiens und Vorsitzender der verfassunggebenden Versammlung wurde. Ambedkars Ideen von einem freien, gleichen und säkularisierten Indien, in dem alle – auch Frauen, Muslime, Christen, Buddhisten und unberührbare Hindus – dieselben Rechte genießen, wurde in die Verfassung der jungen Nation hineingeschrieben. Ohne Ambedkar hätte Indien wahrscheinlich nicht die moderne Gesetzgebung und das radikale Quotierungssystem für Daliten und das Stammesvolk.

Eigentlich ist es kein Wunder, dass junge Musiker aus niedrigen Kasten in Punjab mehr als 70 Jahre später mit Bling-Bling glitzern und von dem alten Opa Ambedkar singen, von dem sie gelesen und den sie auf Schwarz-Weiß-Fotos gesehen haben. Mit jedem Jahr, das vergeht, wird er mehr zur Ikone. Der Mann, der aus Wut gegen die Kastenunterdrückung der Hindus 1956 zum Buddhismus konvertierte, gilt nicht nur unter den Daliten, sondern auch bei der hinduistischen Elite als Held, weil er den Traum vom Ende der Ungerechtigkeit formulierte.

Wenn man nach Indien reist, sieht man die Statue von Ambedkar in fast jeder Bundeshauptstadt auf den Verkehrsrondellen stehen. Ich habe sie nicht gezählt, aber würde sagen, dass es fast ebenso viele Ambedkar-Statuen gibt wie von Mahatma Gandhi, der anderen nationalen Ikone Indiens. Universitäten und Krankenhäuser sind nach ihm benannt worden, und wenn man sein letztes Wohnhaus am Rande von Neu-Delhi besucht, muss man die Schuhe auszuziehen – wie es sonst nur vorm Tempel und an anderen heiligen Orten vorgeschrieben ist.

Mahatma Gandhi war der Ansicht, dass vor Gott alle gleich sind und dass der Straßenfeger dieselbe Menschenwürde und dasselbe Recht hat, mit Respekt behandelt zu werden, wie der Priester und der Gutsbesitzer. Doch gleichzeitig verteidigte Gandhi die Idee des Kastensystems, dass man seine Rolle im Leben erbt und bei seinen Leisten bleiben soll. Ambedkar hingegen war der Meinung, dass die Unberührbaren erst gleichberechtigt sein werden, wenn das Kastensystem verboten wird oder die Daliten der Religion und ihrer untergeordneten Rolle den Rücken zuwenden, so wie er selbst es kurz vor seinem Tod mit der Konversion zum Buddhismus tat. Während Mahatma Gandhi glaubte, dass der Hinduismus reformiert werden könne, meinte Ambedkar, dass die Unterdrückung ein Teil der grundlegenden Vorstellungswelt des Hinduismus sei.

In *Fighter chamar* singt Pamma Sunnar, die Daliten müssten aufhören zu betteln, zu bitten und zu warten und stattdessen hier und jetzt ihre Probleme selbst in die Hand nehmen. Im Video, das man auf Youtube sehen kann, wird mit Gewehren geschossen und mit Schwertern gefuchtelt. Doch das ist mehr für die Optik. Es heißt, man hoffe, auf diese Weise einen wohlsituierten Hochkastigen, der vom Hochmut befallen ist, erschrecken zu können. Die Chamar-Sänger sind gegen Gewalt und singen, die Waffen gegen die Ungerechtigkeiten seien «Zusammenarbeit und Ausbildung».

Wenn Mahatma Gandhi und Ambedkar sich diesen Song angehört hätten, wäre wahrscheinlich der nächste Streit zwischen ihnen fällig gewesen. Gandhi wäre skeptisch gewesen, Ambedkar hätte mit ganzem Herzen eingestimmt. Gott, hätte Ambedkar gesagt, hat leider nicht dafür gesorgt, dass die Menschen gleichberechtigt leben. Darum muss sich der Mensch selbst kümmern.

17. Pikays Wald und die Inseln
der Glückseligkeit

Ich reise weiter nach Osten. Von Mughalsarai, dem Bahnhof, der eine halbe Stunde mit dem Taxi von Varanasi entfernt liegt, nehme ich den Nachtzug nach Bhubaneswar, die Hauptstadt des Bundesstaates Odisha. Für viele Inder, die ich in den großen Städten West- und Südindiens kennengelernt habe, ist Odisha eine exotische, wilde und furchterregende Ecke des Landes. Dort höre man oft von dramatischen Ereignissen, wie dem christlichen Missionar, der von Hindus und den Ureinwohnern getötet worden war, die entweder alkoholisiert oder zornig waren – oder gar beides – und gegen Großunternehmen kämpfen, die ihre Wälder und Hügel vereinnahmen wollen. Wahrscheinlich sah meine Freundin Dipali deshalb so besorgt aus, als ich vor zwei Wochen im Café in einem Einkaufszentrum in Bombay von meinem nächsten Ziel berichtete. Sie gab mir die Telefonnummer von Bekannten von Bekannten in Odisha, die mir vielleicht helfen könnten, wenn ich in Not geriete. Brav notiere ich die Nummer auf meinem Block, weiß aber, dass ich sie nie brauchen werde. Denn ich weiß, dass der Alltag in Odisha allen heftigen Schlagzeilen zum Trotz friedlich ist. Außerdem habe ich bereits einen Freund dort. Deshalb mache ich mir keine weiteren Sorgen und schlafe ruhig in dem ruckelnden Nachtzug, der mit einem Pfiff wie ein röhrendes Wildtier gen Osten zuckelt.

In Bhubaneswar wechsele ich in einen Jeep. Nach vier Stunden Fahrt auf schmalen, verschlungenen Wegen, erreiche ich das ehemalige Königtum Athmallik im großen, dunklen Wald. Als Erstes sehe ich Spuren von Oberst Hathi und seiner Elefantenarmee. Ihre Füße haben tiefe Abdrücke in dem weichen Lehm der Lichtung neben dem Bach hinterlassen. Als der Jeep um Mittag herum weiter auf dem Schotterweg durch den raschelnden Laubwald holpert, halten wir vergebens nach dem Lippenbär Baloo Ausschau. Als ich dann in der Herberge in dem Dorf am Rande des Dschungels unter die Decke gekrochen bin, das Mückennetz vorgezogen habe und einschlafe, ahne ich die gelben Augen von Baghira dem Panther zwischen den Baumstämmen vor dem Fenster, muss aber bald einsehen, dass es nur tanzende Glühwürmchen sind.

Während meines Besuchs in Athmallik begegne ich auch keinem Menschenjungen namens Mowgli, auch wenn die Wahrscheinlichkeit groß ist, denn das ist in dieser Gegend ein gebräuchlicher Jungenname, und schließlich reiste auch Rudyard Kipling selbst Ende des 19. Jahrhunderts, ehe er das Dschungelbuch schrieb, durch diese Gegend. Doch ich sehe Languren in den Bäumen, spitznasige Krokodile in den Flüssen und metallic-blaue Eisvögel am Himmel. Und Menschendörfer: Hütten aus braunem Lehm mit Dächern aus Palmblättern, Bambuseinhegungen für Kühe und Ziegen, Gemüsegärten und Heuhaufen – und ein Stück entfernt den Brunnen, zu dem die Frauen mit Lehmkrügen auf den Köpfen schreiten.

Der große Wald im Tikarpada Wildlife Sanctuary, durch den ich wandere und den Frieden genieße, und der Mahanadi-Fluss, auf dem ich mit dem Kanu paddele und in dessen klarem, strömendem Wasser ich bade, sind, kurz gesagt, die Heimat von Mowgli und Baloo.

Der Grund dafür, dass ich überhaupt dieses Dorf auf der Lichtung zwischen Dschungeln und Fluss entdeckt habe, ist, dass Pikay von hier kommt. Er ist mein bester indischer Freund zu Hause in Schweden, und das hier ist das Dorf, in dem er geboren wurde. Zu Beginn der 70er Jahre verließ er sein Heimatdorf, um an der Kunstschule in Neu-Delhi zu studieren. Dort begegnete er der Schwedin Lotta von Schedvin, sie verliebten sich schnell ineinander, doch die Romanze dauerte nur einige Monate, weil Lotta nach Schweden zurückkehren musste, um eine Ausbildung an der Musikhochschule zu beginnen. Die beiden Verliebten mussten Abschied nehmen, und es schien unwahrscheinlich, dass sie sich je noch einmal wiedertreffen würden. Doch ein Jahr später, im Januar 1977, kaufte Pikay ein gebrauchtes Fahrrad, fest entschlossen, die 7000 Kilometer von der indischen Hauptstadt in die schwedische Kleinstadt Borås zu radeln, wo seine geliebte Lotta wohnte. Und er kam tatsächlich an.

Pikay ist weder groß noch stark, doch er besitzt einen eisernen Willen und einen unverbrüchlichen Glauben an das Schicksal. Und das Schicksal hatten die Astrologen des Dorfs in sein Geburtshoroskop geschrieben, in dem stand, dass er sich eines Tages mit einer ausländischen Frau verheiraten würde. So kam es. Heute, 40 Jahre später, sind Pikay und Lotta immer noch verheiratet und wohnen in einem gelben Haus im Kiefern- und Tannenwald – dem schwedischen Dschungel – kurz vor Borås.

Einmal mitten im schwedischen Winter sagte Pikay, ich sollte mit ihm in sein Heimatdorf reisen, um zu sehen, wo er aufgewachsen ist. Als ich damals mit eigenen Augen sehen konnte, wie aus dem ehemals bespuckten, gemobbten, als Abschaum behandelten unberührbaren Daliten-Junge der Stolz der Umgebung geworden war, ja sogar ein großer Held, da beschloss ich, dass die Lebensgeschichte meines indischen Freundes alle inspirieren und mit Hoffnung erfüllen könnte, die den Glauben an das Gute im Menschen verloren hatten. Also schrieb ich das Buch über Pikay, das auf Deutsch *Vom Inder, der mit dem Fahrrad nach Schweden fuhr, um seine große Liebe wiederzufinden* heißt.

Odisha, der Bundesstaat, in dem Pikay geboren wurde, und der bis 2010 Orissa hieß, ist eine der geheimnisvollsten Regionen Indiens. Sie wird selten von ausländischen Touristen besucht, obwohl die Hippies schon in den 70er Jahren den Jagannatha-Tempel, das Yoga-Institut und den kilometerlangen Sandstrand in Puri für sich entdeckten. In Indien ist der Bundesstaat für seine Wälder bekannt, die Tiere, seine 63 Gruppen von *Adivasis*, was die indische Sammelbezeichnung für verschiedene Stammesvölker ist, und für das antike Schlachtfeld, auf dem König Ashoka im Jahr 261 v. Chr. das Nachbarkönigreich Kalinga besiegte – ein Pyrrhussieg, in dem 100 000 Soldaten das Leben verloren, was dazu führte, dass es König Ashoka gereute und er Pazifist und Buddhist wurde.

Für einen Inder ist Odisha auch das Synonym für Tausende mittelalterliche Tempel, den klassischen Odissi-Tanz und den Sonnentempel in Konarak mit seinen elaborierten erotischen Skulpturen. Mancher Großstadtinder sagt, Odisha sei primitiv und zurückgeblieben – «aber exotisch und spannend», wird meist hinzugefügt.

Zuerst begebe ich mich an den Strand in der Küstenstadt Puri. Dort tobt ein Fest. Girlanden, Bollywoodmusik, Erdnüsse, goldgelbe, frisch frittierte Samosas und rosa Zuckerwatte. Kühe und Ziegen, die Papiermüll futtern. Kinder, die auf geschmückten Kamelen reiten, und erwachsene Nichtschwimmer, die in großen, bunten Schwimmringen treiben. Ganze Gruppen von Jungen planschen in den sich brechenden Wellen, und junge romantische Paare spazieren Hand in Hand am Saum des Wassers.

Ein Bereich von etwa zweihundert Metern des Strandes unterhalb vom Park Beach und dem Puri Hotel ist voll indischer Touristen. Sie kommen hierher, um Urlaub zu machen von ihrem Alltag in Kanpur, Patna oder Lucknow, Kalkutta oder anderen engen und staubigen Millionenstädten. Ich laufe mit der Kamera durch das Gedränge am Strand, bin von der Festivalstimmung angeregt und mache begeistert ein Foto nach dem anderen. Alle wollen in meinem Sucher landen. Doch ich muss innehalten. Sie wollen auch Fotos machen. Von mir.

«Von mir?», frage ich, woraufhin sie eifrig nicken.

Ich und drei kleine Jungen in gut gebügelten, weißen Hemden vor einem Kamel aufgereiht. Klick! Ich und eine Frau im Sari, Wasser bis zu den Knien, in der Brandung. Klick! Ich und eine ganze Fußballmannschaft aus Kalkutta vor dem Stand mit rosa Zuckerwatte. Klick! Für die Mehrheit der Besucher bin ganz einfach ich der exotische Pfiff dieses Strandes.

Einen Kilometer weiter nach Norden, weg von dem verunreinigten Fluss, der in die Bengalische Bucht fließt, ist die Situation genau umgekehrt. Am Strand unterhalb von Puris Backpacker-Ansammlung von einem Billighotel, dem Peace Restaurant und der Honeybee Bakery & Pizzeria dominieren die westeuropäischen Touristen. Das macht nicht so viel Spaß. Am nächsten Tag kehre ich deshalb zum Strand der Urlaubsinder zurück, um noch einmal den Strandkarneval mitzuerleben.

Die Temple Road in Puri ist unglaublich breit. Sie bietet Platz für mindestens zehn Fahrstreifen. Doch hier fährt kaum ein Auto, sondern die Straße ist voller spazierender Pilger, wiederkäuender Kühe und kettenrasselnder und klingelnder Fahrräder und Rikschas.

«Viel Indien fürs Geld», sagt mein schwedischer Reisekamerad und sieht unglaublich zufrieden aus.

Auf den Bürgersteigen: Marktstände, die Schneckenhäuser, Schals, Tücher und Farbpulver verkaufen, aber auch Kokosnüsse, Grießbrei, Bananenblätter und Obst – alles, was man für ein *Prasad*, die Opfergabe an die Trimurti, die Dreiheit von Odisha, braucht: den schwarzen Gott Jagannatha, Herrscher über die Erde, seinen weißen Bruder Balabhadra und die gelbe Schwester Subhadra. Das sind die uralten Götter des Waldvolks, die sich die Hindus zu eigen gemacht haben.

Die vor Menschen wimmelnde Straße führt zum Jagannatha-Tempel hinauf, dem Ziel für hinduistische Pilger aus ganz Indien, wo nicht nur die Götter, sondern auch die Nachkommen der Könige von Puri immer noch die Zentralgestalten sind.

Odisha bestand bis zur Unabhängigkeit Indiens 1947 aus ungefähr vierzig Unterkönigtümern unter britischer Oberhoheit. Der Maharadscha von Puri war der König der Könige. Sein Erbe lebt weiter. Der Königsnachkomme Dibyasingha Deb kann seine Herkunft bis zu den Königen zurückverfolgen, die das mächtige Gajapati-Reich regierten und vor tausend Jahren den Tempel errichteten, und betrachtet sich deshalb als einen kulturellen Botschafter für die uralten hinduistischen Traditionen. Zu Beginn des Sommermonsuns rollt aus den Tempelportalen ein riesenhafter Holzwagen – ein *Juggernaut* – in einer Prozession, die Rath Yatra genannt wird und von Hunderttausenden Pilgern besucht ist. Der Wagen mit Holzrädern, der aussieht wie ein Fahrzeug aus der Steinzeit, bringt den Gott zu seinem jährlichen Besuch bei der Göttin Gundicha Mata, die in einem anderen Tempel der Stadt wohnt.

Heute ist kein Festival. Dennoch kommt einem das Gedränge vor wie eine Kombination aus Oktoberfest in München und Vorweihnachtsrausch in einem Ikea-Warenhaus. Ich bahne mir einen

Weg durch die Menschenmenge zum Jagannatha-Tempel, der leider für Nicht-Hindus geschlossen ist, was in der Praxis bedeutet, dass niemand hinein kann, der nicht indisch aussieht. Ich werde auf die Bibliothek direkt gegenüber verwiesen, die eine Dachterrasse mit Ausblick über den heiligen Komplex bietet.

«Wir freuen uns, wenn die Besucher der Terrasse eine Spende geben», bittet der Bibliothekar und schiebt das Rechnungsbuch rüber.

Ich schreibe «200 Rupees» hin, unterschreibe und bekomme einen Wachmann mit Bambusstock zugeteilt.

«Der Stock ist gegen die Affen. Sie beißen», erklärt er und schlägt mit dem Stock auf den Boden, damit ich kapiere, dass er eine taugliche Waffe ist.

«Ich bin Brahmane und besuche den Tempel jeden Tag», fährt er in brüchigem Englisch fort und zeigt die schmale, weiße Baumwollschärpe, die schräg über seiner Brust hängt.

«Warum weiß?»

«Um zu zeigen, dass ich als Brahmane beschlossen habe, der rechten yogischen Philosophie zu folgen. Und dass ich mich Gott annähern will!», ruft er, um das Gekreisch der Affen und den Klang der Tempelglocken zu übertönen.

Bisher hat der Wachmann den Stock noch nicht einsetzen müssen. Die Affen halten Abstand. Drinnen im Tempelgelände auf der anderen Straßenseite schwingen sie sich schnatternd von Dach zu Dach. Gut gelaunt, aufmüpfig, götterfröhlich. Ich kann mich nicht entspannen, sondern muss an das denken, was der Affenkönig Louie mit Mowgli machte, während er sang:

Ich bin der König im Affenstaat,
der größte Klettermax.
Spring ohne Hast von Ast zu Ast,
das ist für Sportler ein Klacks.

Ich würde lieber auch Mensch sein
und trollen durch die Stadt.
So'n Mensch hat's gut
ich aber hab' das Affenleben hier satt.
Oh dubidu
hubdiwui
ich wäre gern wie duhuhu!

Vom Rücksitz eines Taxis, das auf den breiten, mit Bäumen gesäumten Boulevards dahingleitet, betrachte ich Bhubaneswar, die Hauptstadt von Odisha. An den Straßenecken stehen Politessen mit weißen Tropenhelmen, Sonnenbrille und weißen Handschuhen und dirigieren den Verkehr. Elegant schwingen sie ihren Körper und zeigen mit der ganzen Hand, als würden sie einen modernen Tanz choreographieren. Es geht vorbei an mittelalterlichen Tempeln und modernen Shoppingzentren – und an Brückenfundamenten, Hauswänden und Mauern, die in ein Freilichtmuseum mit dem Kunsthandwerk des Stammesvolks verwandelt worden sind. Eine eigenartige Bilderwelt flimmert vorbei: weiße Farbe auf rotbraunem Hintergrund; Punkte, Spiralen, Oktagone und wie Strichmännchen gezeichnete Tiere und Menschen.

Neben mir im Auto sitzt Tushar Senapati. Er arbeitet in einer Privatschule in der Stadt, die 17 000 Kindern vom Stammesvolk draußen in den Dörfern kostenlos Unterricht bietet – ein soziales Projekt zur Verbesserung ihrer Situation. Seit einigen Jahren haben *Naxaliten*, die Maoisten-Guerilla in den Wäldern von Ostindien, ihren Kampf gegen Polizei und Armee verschärft. Die Guerilla behauptet, für die Rechte des Stammesvolks zu streiten.

«Die Maoisten-Guerilla sieht Gewalt als Antwort auf die Probleme. Wir bieten stattdessen Ausbildung, damit das Stammesvolk seine Situation verbessern kann», sagt er, als das Taxi durch die Tore seiner Schule, des Kalinga Institute of Social Sciences, rollt, einer Stadt in der Stadt mit Schulhaus, Speisesälen und Internat, umgeben von satten Rasenflächen und gepflegten Rabatten.

«Kannst du einem Menschen, der dir auf der Straße begegnet, ansehen, ob er Brahmane oder Unberührbarer ist?», frage ich, nachdem wir angehalten haben, um den Begründer der Schule, Achyuta Samanta, zu begrüßen.

«Nein», antwortet Tushar. «Die Brahmanen haben zwar oft hellere Haut, doch gibt es da auch viele Ausnahmen. Hochkastige Inder pflegen eine rassistische Sichtweise. ‹Traue niemals einem dunklen Brahmanen›, sagen sie, als würden sie befürchten, dass sich die Unberührbaren unrechtmäßig als Angehörige der höchsten Kaste ausgeben.»

Tushar ist stolz auf seine Schule und den Kampf für das Stammesvolk. Er selbst ist unberührbar geboren, aber ausgebildeter Soziologe mit einem Examen von der angesehenen Jawaharlal Nehru University in Neu-Delhi – und damit der lebendige Beweis dafür, dass Ausbildung etwas verändern kann.

Der Rektor der Schule, Achyuta Samanta, hat die Vision von der Ausrottung der extremen Armut. Abgesehen von der Schule für die Kinder des Stammesvolks betreibt er eine große private, prestigeträchtige Universität. Die Semesterbeiträge der wohlhabenden Studenten finanzieren den Schulbesuch der armen Kinder.

«Stellen Sie sich vor, Odisha hat 63 Stämme, viele aus den indigenen Völkern sind ungebildet und abergläubisch, alle haben sie unterschiedliche Sprachen und Sitten. Es ist, kurz gesagt, eine ungeheure Arbeit, sie in die Gesellschaft zu integrieren, aber es geht», erklärt Samanta, als er mich in der Schule herumführt, wo die Mädchen blaue Kleider und die Jungen rosafarbene Hemden tragen.

Einige Tage später, bevor ich auf die Andamanen weiterreise, laufe ich zu der Sandbank, wo Pikay als Kind badete. Ich mache einen riesigen Satz, springe raus und lande in dem strömend kalten Wasser. Hinter mir liegt das kleine Dorf Binkel, direkt neben dem großen Wald im Tikarpada Wildlife Sanctuary. Ich schwimme gegen die starke Strömung an. Obwohl ich mit aller Kraft kraule, komme ich doch keinen Zentimeter voran. Die Kraft des Wassers in dem verschlungenen Fluss, umgeben von einem vor Insekten schwirrenden Dschungel vom Hirakud-Staudamm bis hinauf zur Bengalischen Bucht, ist unbändig.

Mit einem Handtuch um die Hüften, feuchten Haaren und einem behaglichen Gefühl der Kühle gehe ich unter der brennenden Sonne noch einmal in den Wald, in der Hoffnung, Baloo und Baghira zu entdecken.

Von Odishas Hauptstadt Bhubaneswar sind es 1200 Kilometer bis zu den östlichsten Inselgruppen Indiens, den Andamanen und Nikobaren – einer Reihe kleiner und großer Inseln nördlich von Sumatra. Das Boot vom indischen Festland braucht dafür drei Tage, deshalb fliege ich.

Kurz nachdem wir abgehoben haben, sausen wir hoch über ein Meer ohne Inseln, ohne Schiffe, ohne irgendein Anzeichen dafür, dass dieser Teil der Welt aus etwas anderem als Wasser besteht. Doch als das Flugzeug nach einer knappen Stunde Flug zur Landung ansetzt, sehe ich, wie das dunkelblaue Meer plötzlich in hellem Türkis leuchtet. Dort unter der transparenten Meeresoberfläche ahne ich die weiß schimmernden Korallenriffe. Land in Sicht! Und ich bin endlich auf den Inseln der Glückseligkeit.

Die Andamanen sind atemberaubend. Die Baumstämme sind so dick, die Meeresbrandung ist so sanft und der Gesang der Vögel so anders. Ich stehe barfuß in dem weißen, kühlen Korallensand in einem Dschungel nahe dem Strand, wo die Entfernung zu den Baumkronen der Mahua-Bäume so groß ist, dass es sich anfühlt, als sei ich in einer riesigen Kathedrale. Ich gehe auf dem Pfad, der zum Elephant Beach führt, wo die Mangrovensümpfe ans Meer reichen. Eilige Einsiedlerkrebse laufen in dem kristallklaren Wasser, das den Wald mit seinen grauen, verdrehten Baumstämmen und dunklen Luftwurzeln hoch überschwemmt. Fische aalen sich auf Sand- und Lehmbänken, als hätten sie soeben beschlossen, das Meer zu verlassen und zu Landtieren zu werden.

Auf Havelock, einer der Inseln der Andamanen, herrscht ein magisches Gefühl von natürlicher Urkraft und übernatürlicher Schönheit. Ich wate in kniehohem Wasser. Die Zehen versinken im Lehm und die Sonne brennt auf der Stirn. Ich wickele mir das Handtuch wie einen Turban um den Kopf, trete neben eine zusammengerollte Kobra und zucke zurück – um festzustellen, dass sie tot und somit harmlos ist. Steige in tiefe Elefantenfußabdrücke hinunter. Schwitze komplett. Der Hals schnürt sich mir zu. Mir wird schwindelig. Habe nichts zu trinken dabei. Aber wie herbeigezaubert steht er plötzlich mitten im Dschungel: der Mann im Hüfttuch mit nacktem, vor Schweiß glänzendem Oberkörper. Er hat eine Machete in der Hand und neben ihm liegt ein Haufen frischer grüner Kokosnüsse.

«Eine Kokosnuss zum Trinken, Sir?»

«Zwei, bitte!»

Das kühle, süße und gleichzeitig salzige Kokoswasser befeuchtet die Kehle, und die Andeutung eines Kopfschmerzes verschwindet.

Die Andamanen sind grüne, von weißen Sandstränden und von blauem Meer umgebene Inseln. Man meint, in Thailand gelandet zu sein, und das ist man auch fast. Zur thailändischen Westküste sind es 500 Kilometer. Nach Indien, in das Land, zu dem die Inselgruppe gehört, ist es doppelt so weit. Während der Kolonialherrschaft der Briten waren die Inseln der Verdammungsort für Aufrührer. Kein Inder träumte je von der Schönheit der Inseln, sondern man schauderte vor Grusel, wenn die Rede darauf kam. Man nannte sie *Kala Pani*, was auf die lange Überfahrt über ein unendliches und dunkles Meer anspielte. Zum schauerlichen Cellular Jail der Inselgruppe transportiert zu werden, weckte dieselbe Furcht wie der Gulag für die Russen.

Heute ist alles anders. Für die neue Generation Inder bedeuten die Inseln das Paradies. Die größte Zielgruppe sind indische Touristen, viele von ihnen Hochzeitsreisende, und das wichtigste Ziel sind die Sandstrände auf Havelock und Neil Islands, zwei von nur einer Handvoll Inseln, die für Touristen geöffnet sind. Doch ehe es an der Zeit ist, ins lauwarme Meer einzutauchen, besucht man die Reste einer verschwundenen europäischen Zivilisation auf Ross Island.

Ich mache es wie die indischen Touristen und nehme die Fähre zu der kleinen Insel, wo die Briten ihr Hauptquartier hatten. Ich lande in einer Touristengruppe mit älteren Damen aus Bombay. Sie tragen alle die gleichen weißen Sonnenkappen und singen gemeinsam die jüngste Landplage, einen Song aus einem populären indischen Film mit einem Text, der eine Mischung aus Englisch und der südindischen Sprache Tamilisch ist: «*Why this loaveri, kolaveri, dii?*» («Warum diese Wut, diese Wut, Frau?») Die Damen sind wuselig, hemmungslos und ausgelassen wie Schulkinder auf einem Ausflug. Ihre Fröhlichkeit ist ansteckend. Ich gehe auf Ross Island mit einem Lächeln auf den Lippen und der Filmmusik in den Ohren an Land.

Doch die Stimmung ist schnell wie ausgewechselt. Die einst so hübsche Siedlung der Insel, ein Miniatur-England, kommt einem heute wie die Gruselszene aus einem Science-Fiction-Film vor, in dem eine fremde Naturkraft die Zivilisation in Ruinen verwandelt hat. Aus den verfallenen Ziegelsteinhäusern ragen mächtige Banyan-Bäume. Lianen haben sich um die Häuser geschlungen, den Kirchturm in Würgegriff genommen und sein Dach zum Einsturz gebracht. Die Bäckerei, der Klub, der Swimmingpool und die presbyterianische Kirche aus burmesischem Teak und venezianischem Glas – alles ist, in kraftvoll ausschlagende Äste und Wurzeln eingewickelt, in Ruinen verwandelt. Als hätten die Inder die Natur auf ihrer Seite bei ihre bittersüßen Rache für alle Jahre, in denen die Briten die Andamanen als Verbannungsort benutzt haben.

Nach Indiens Unabhängigkeit wurde Cellular Jail auf dem Hügel oberhalb von Aberdeen Bazaar in Port Blair dichtgemacht und zu einem patriotischen Monument umfunktioniert. Die Idee war, die Erinnerung an den Unabhängigkeitskampf und an die Folter, die harte Strafarbeit im Wald und an alle, die in den 663 Zellen verschmachteten, zu bewahren.

Der Schiffsverkehr über das Meer mit britischen Gefangenentransporten vom indischen Kontinent zu den Andamanen begann so richtig im Jahr 1858 nach dem Ersten Befreiungskrieg, wie er in der indischen Geschichtsschreibung heißt, oder dem Aufstand, wie es die Briten zu nennen pflegen. Die Licht- und Tonschau auf den Gefängniswänden mit einer eingespielten Stentorstimme, die ergreifend von den Opfern und dem Leiden berichtet, ist so emotional, dass ich fast in Tränen ausbreche. Welche Hölle! Welches Leiden! Und als ich das Gefängnis verlasse, um in der Nacht zurück ins Hotel zu spazieren, begegnet mir noch mehr Wehmut: Ungefähr fünfzig indische Rentner stehen neben der Statue des tapferen Widerstandskämpfers V. D. Savarkar, der zehn Jahre im Cellular Jail saß, und singen ein Lied aus dem Unabhängigkeitskampf.

Als die Briten in den 1850er Jahren kamen, lebten auf den Inseln 7000 Andamanesen, in zehn verschiedene Volksgruppen eingeteilt. Heute leben noch ungefähr 500 Menschen in der Gruppe indigener Völker, die den Historikern zufolge ohne Kontakt mit der Umwelt gelebt haben sollen, seit sie sich in einer frühen Vorzeit in Kanus von Afrika aufmachten. Aber soll man wirklich Volksgruppen «bewahren», als handele es sich um vom Aussterben bedrohte Tierarten? Ist das nicht, wenn auch gut gemeint, Rassismus in seiner reinsten Form? Doch eins ist klar, denke ich: Wenn Menschen gegen ihren Willen ihre Kultur aufgeben müssen, dann ist das ein Problem.

Beim Betreten der Ankunftshalle des V. D. Savarkar Airport in Port Blair sehe ich das Schild. «Es ist kategorisch verboten, die Ureinwohner zu fotografieren», steht dort. Doch viele der Sightseeing-Unternehmen in Port Blair kümmern sich nicht darum. Sie locken mit dem Ausflug zu einem Lehmvulkan und einer Kalksteingrotte auf Baratang Island im nördlichen Teil des Archipels, doch in Wirklichkeit wollen sie das indigene Volk aufsuchen.

Vor einiger Zeit filmte eine Gruppe indischer Touristen ihre eigene Begegnung mit nackten Frauen und Kindern vom Stamm der Jarawa.

«Tanzt», sagte einer der Touristen.

«Tanzt für mich», bettelte ein anderer Tourist.

«Wenn du tanzt, bekommst du Essen», fuhr ein Dritter fort.

Der Film wurde im Netz publiziert und indische und britische Medien schrieben, wie geschmacklos es sei, wenn Touristen auf Menschen-Safari auf die Andamanen reisen. Alle verurteilten das Geschehen, doch nichts passierte. Inzwischen ist eine Weile vergangen und der Medienzorn verflogen. Die örtlichen Behörden aber haben, wie der britische *Observer*, der als Erster von den Stammesvolk-Safaris berichtete, noch nichts unternommen, um das Elend zu beenden.

Einige Touristen setzen sich eigenmächtig über das Besuchsverbot hinweg. So wie der Amerikaner John Allen Chau, der im Herbst 2018 Fischer aus der Gegend bat, ihn nach Nord Sentinel zu bringen. Die Bevölkerung auf der unzugänglichen Koralleninsel im Meer, 30 Kilometer östlich von der Hauptinsel, auf der Port Blair liegt, gehört zu einem der fünf indigenen Völker der Inselgruppe und ist eine der letzten Volksgruppen der Erde, die keinerlei Kontakt zur Außenwelt haben.

Die Sentilesen leben seit Tausenden von Jahren auf der Insel, doch jetzt besteht das Volk nur mehr aus zwischen 50 und 150 Personen. Sie sind kurz gewachsen, unter 150 Zentimeter groß und haben dunklere Haut als die meisten Inder. Frühere Versuche der indischen Behörden, sich ihnen zu nähern, sind jeweils damit geendet, dass Helikopter und Boote einem Pfeilregen ausgesetzt wurden. 1974 wollte *National Geographic* einen Film über die Insel drehen, doch dieses Projekt wurde schnell abgebrochen, als der Regisseur durch einen Pfeil verletzt wurde.

John Allen Chau war Christ und betrachtete das indigene Volk als den «letzten Außenposten des Satans». Das würde sich nun ändern. Vom Fischerboot aus ließ er ein Kanu zu Wasser und begann, zur Insel zu paddeln. Als er an dem weißen Korallenstrand angekommen war, rief er:

«Mein Name ist John. Ich liebe euch und Jesus liebt euch!»

Er hatte Fußbälle dabei, die er der Inselbevölkerung schenken wollte.

Doch dann kamen die Pfeile, und John wurden augenblicklich getötet.

Die Behörden gaben den Versuch, die Leiche von Chau zu bergen, schnell auf. Es würde zu gefährlich sein – sowohl für die Rettungskräfte wie für die Sentilesen. Das indigene Volk besitzt keinerlei Immunkräfte gegen gewöhnliche Krankheiten, weil es so lange vom Rest der Menschheit abgeschieden gelebt hat.

Ein Besucher mit einer kleinen Erkältung könnte den gesamten Stamm ausrotten.

Die Insel Havelock liegt direkt westlich von der Hauptinsel und besitzt eine ebenso verführerisch schöne Natur wie Nord Sentinel. Doch hier wohnt kein indigenes Volk mehr, sondern ausschließlich zugezogene Festlands-Inder. Und Besucher sind mehr als willkommen. Beach Number 7 ist der technokratische Name für den schönsten Strand der Insel und eines der heftigsten Naturerlebnisse Asiens, von dem man hofft, dass es das auch bleiben möge und keine thailändischen Ausmaße annehme. Glücklicherweise werden dem Tourismus Zügel angelegt: Man darf nicht näher als 200 Meter von der Hochwasserlinie ans Meer bauen und auch keine Häuser, die höher sind als neun Meter. Als ich an dem Strand mit dem perfekten Paradiesblick stehe, kann ich deshalb auch kein Haus entdecken, keinen Strandverkäufer und keinen einzigen Sonnenschirm.

Nördlich von Beach Number 7 liegt Neils Cove, eine weitere von Havelocks magischen Naturbuchten. Doch als ich, ohne eine Menschenseele zu sehen, in die Brandung gehe, muss ich an die Amerikanerin Lauren Failla denken, die hier 2010 von einem Salzwasserkrokodil getötet wurde, als sie in der Nähe des Strands schnorchelte. Da packt mich die Krokodilangst und ich mache kehrt und gehe zurück ins Barefoot, das ökologische Bungalow-Hotel, in dem ich wohne.

Ich frage die Rezeptionistin nach dem tragischen Ereignis.

«Ja, das war sehr schlimm», antwortet sie. «Deshalb darf man jetzt nicht mehr nach Einbruch der Dunkelheit zum Strand hinuntergehen. Beach Number 7 hat abends geschlossen.»

Als meine Furcht nachlässt, muss ich daran denken, welche starken Gefühle doch die Bedrohung durch wilde Tiere weckt. Das steckt wohl seit Menschengedenken in uns. Auf den Andamanen wird durchschnittlich ein Mensch im Jahr von Krokodilen angegriffen. In neun von zehn Fällen gehören die Opfer der Lokalbevölkerung an, und der Vorfall wird lediglich in der örtlichen Presse erwähnt. Damals vor acht Jahren aber war es eine Amerikanerin, und die Nachricht ging um die Welt. Warum kriegen wir keine Autoangst? Konsequenterweise müssten wir doch ein Verbot einführen, uns Straßen zu nähern, auf denen einmal ein Unglück geschehen ist, denke ich.

Rahul serviert ein paar hundert Meter vom Strand entfernt an einer Wendeplatte in seiner aus Brettern zusammengenagelten Restaurant-Baracke Fisch.

«Komm heute Abend mit in mein Dorf und feiere Shivaratri mit uns.»

«Aber dann müssen wir doch im Dunkeln über den Strand gehen», wende ich ein. «Das ist verboten.»

Rahul überhört meinen Einwand. Er zieht mich auf den Strand hinaus, in der Dunkelheit. Große, bleiche Krabben eilen im Schein meiner Taschenlampe vorbei. Das Meer rauscht. Der Sternenhimmel ist ein Feuerwerk. Dann biegt Rahul in den Busch ab. Ich folge erleichtert. Wir kommen an einer Gruppe Kinder vorbei, die aufgekratzt auf Stöcke gespießte Krabben über einem offenen Feuer grillen. Es sprüht und zischt, wenn die Flammen auf die Schalen treffen.

Dann sind wir in Rahuls Dorf, Radha Nagar, das von hinduistischen Flüchtlingen aus dem muslimischen Bangladesch bewohnt ist. Über einem weiteren offenen Feuer köchelt ein großer Topf mit Linsen und Chili und in einem anderen Gemüse und Reis.

«Ah, *kitchidi*!», ruft Rahul, als er den Gemüsereis sieht. «Das kochen wir, um Shiva zu feiern.»

Heute Abend wird der Gott, dessen Aufgabe es ist, die Welt zu zerstören, damit sie wiederaufgebaut werden kann, paradoxerweise durch einen Phallus repräsentiert, und zwar den *Lingam*, das Pendant zur weiblichen *Yoni*. Um das Feuer liegen die Opfergaben: Reisbrei, blühende Zweige, Kokosnussschalen und Gurken.

Frauen und Männer sitzen im Lotussitz vor den Göttersymbolen. Der warme Schein von Kerzen flackert über ihre Gesichter. Ein Mann spielt auf einem Harmonium mit handbetriebenem Schöpfbalg, drei Frauen schlagen den Takt auf kleinen Zimbeln, und alle singen mit. Kleine Kinder kauern auf dem Schoß von Erwachsenen. Ein Shillum mit Hasch macht die Runde, und der süße Duft der Droge vermischt sich mit dem strengeren Geruch des Holzes, das unter den Töpfen brennt.

Im Hafen von Havelock mit dem wenig ansprechenden Namen Village Number 1 sitzt Susheel Dixit mit einer Tasse dampfendem Kaffee vor sich in dem Restaurant, das er zusammen mit seiner österreichischen Ehefrau betreibt. Zu seinem Inselimperium gehört auch Barefoot, das Bungalow-Hotel, in dem ich wohne, und ein Budget-Hotel am Beach Number 3. Er ist mit anderen Worten die Vorzeigefigur, wenn es um den Tourismus auf Havelock geht.

«Wir wollen keinen Massentourismus. Das Ideal sind wenige Touristen, die viel bezahlen», sagt er und berichtet, dass sie ausschließlich lokale Baumaterialien benutzen, sich eine Recyclinganlage für PET-Flaschen angeschafft haben und praktisch nur Menschen aus dem umliegenden Dörfern anstellen.

«Auf diese Weise gewinnen wir die Unterstützung der Lokalbevölkerung», sagt er.

«Aber wie wird es in zehn Jahren in Havelock aussehen? Da stehen die Strandlokale doch sicher dicht an dicht, oder?»

«Nein», meint Susheel, «die Polizei auf der Insel lässt sich nicht bestechen. Wir haben einen guten Polizeichef. Er achtet streng darauf, dass das Verbot eingehalten wird. Die Lokale, die es jetzt schon gibt, sind dann vielleicht ein bisschen schicker oder teurer, doch selbst dann – in zehn Jahren wird der Strand immer noch unberührt sein. Davon bin ich überzeugt.»

Ich sitze in der Dämmerung auf einem großen Kissen mit orangefarbenem Batikdruck auf dem Fußboden im Restaurant des Barefoot und genieße ein gutes Fischcurry. Die Bedienung sieht mich forschend an.

«Ich kenne Sie. Sie waren gestern Abend auf der Shivaratri.»

«In Radha Nagar, ja, woher wissen Sie das?»

«Ich habe mit meinem kleinen Bruder auf dem Arm neben Ihnen gestanden und die Kinder angeschaut, die Krabben grillten.»

Sie verschwindet in der Küche, um eine weitere Flasche kaltes Bier zu holen. Angenehmerweise wird im Restaurant keine Musik gespielt. Stattdessen höre ich Besteck, das auf Porzellan klappert, leise Gespräche, zirpende Grillen, Vogelrufe und, das bilde ich mir zumindest ein, das Geräusch von weißen, durchsichtigen Blütenblättern, die langsam von den mächtigen Mahua-Bäumen fallen.

18. Das Mosaik der Sprache

Ich reite in der Karawane durch den Dschungel, komme an einen Bungalow, ziehe mir einen Pyjama an und hole mein Shampoo heraus.

Alle Substantive in dem Satz, den Sie eben gelesen haben, sind Lehnwörter aus dem Hindi, der Muttersprache von ungefähr 350 Millionen der 1,3 Milliarden Einwohner Indiens. Die Lehnwörter zeichnen Bilder von einem exotischen, vergangenen Leben in einem tropischen Land, was natürlich damit zu tun hat, dass sie während der britischen Kolonialzeit in die englische Sprache einwanderten und von dort aus in andere Sprachen der Welt. Doch damit nicht genug. Die Liste der Lehnwörter aus Hindi und Sanskrit in den europäischen Sprachen ist noch länger. Begnügen wir uns hier mit *Avatar* (Erscheinungsform der Göttlichkeit), *Bandana* (Schal für den Kopf, heißt ursprünglich «knoten»), *Chutney* (stark gewürzte, süß-salzige Marmelade, heißt ursprünglich «lecken»), *Mantra* (Wort/Satz, der in der Meditation verwendet wird) und *Toddy* (das in Europa die Bezeichnung für eine Mischung aus heißem Wasser, Zucker und Wein oder einer besseren Spirituose, zum Beispiel Cognac oder Rum, ist, in Indien aber alkoholhaltigen Palmsirup bezeichnet).

Obwohl Hindi so umfassend und so eng verbunden ist mit

den Begriffen Indien, Hindu und Hinduismus – dem persischen Wort für den Ort, das Volk und die Religion jenseits des Indus –, ist es in seinem Heimatland nicht unumstritten. Hindi ist die Muttersprache auf den Ebenen in Nordindien, doch wenn man sich bereits nach Kalkutta (Bengali), Bombay (Marathi), Punjab (Punjabi) oder Kaschmir (Kaschmiri) begibt, gerät man in andere Sprachgebiete. Reist man nach Südindien, dann trifft man auf Sprachen, die mit dem indoeuropäischen Hindi nicht einmal verwandt sind.

Schon 1956 wurden Indiens Regionen nach linguistischen Grenzen, getreu dem Prinzip «eine Sprache, ein Bundesstaat», neu geordnet. Eine Ausnahme ist Hindi, das in mehreren Bundesstaaten im Norden Amtssprache wurde. Viele meinen, dass die neue Einteilung der Bundesstaaten ein Geniestreich war, der Indien vor dem Zusammenbruch bewahrte. Im Licht der politischen Sprengkraft der Sprach-Frage war es kein Wunder, dass die indische Regierung in großem Stil scheiterte, als man in den 60er Jahren versuchte, Hindi zur obligatorischen Reichssprache des gesamten Landes zu machen. Die Opposition seitens der anderen großen Kultursprachen Indiens war zu stark, nicht zuletzt die Verfechter des südindischen Tamilisch, das ebenso wie das Hindi eine mehrere tausend Jahre alte Grammatik- und Literaturtradition besitzt. Für die Südinder wurde das Hindi zum Symbol für die politische und wirtschaftliche Dominanz der Nordinder. Jede Bemühung, den Status des Hindi im südlichen Teil des Landes zu verstärken, wurde als Versuch angesehen, die Macht von Neu-Delhi zu vergrößern und die Selbständigkeit der Bundesstaaten einzuschränken.

Hindi sprechende Behörden behaupteten darüber hinaus, das verwandte Punjabi würde die Voraussetzungen nicht erfüllen, um sich Sprache zu nennen, sondern sei vielmehr ein Dialekt des Hindi, da es kein eigenes Alphabet besäße und auch keine nen-

nenswerte Literaturgeschichte. Die Sprach-Frage entzündete den Funken, der zu Jahrzehnten ethnischer, religiöser und wirtschaftlicher Widerstände führte, die in den 80er Jahren in einen gewaltsamen Konflikt um das selbständige Khalistan in Punjab mündeten. Heute ist dieser Konflikt gelöst, Punjabi wird als eigene Sprache anerkannt und besitzt einen offiziellen Status im indischen Grundgesetz.

Die Bundesstaaten haben inzwischen in der Regel ein Zweisprachigkeitsmodell mit obligatorischem Unterricht in der regionalen Sprache plus Hindi – und manchmal auch Englisch. Die föderale Regierung in Neu-Delhi – oder, wie man in Indien sagt, die Zentralregierung – soll laut Grundgesetz ihre Entscheidungen in zwei Sprachen kommunizieren: Hindi und Englisch.

Doch in Tamil Nadu, dem Herzland der tamilischen Sprache, ist die Skepsis gegenüber Hindi groß, was dazu führt, dass sich tamilische Touristen und Geschäftsreisende zum Beispiel aus Chennai bei einem Besuch in Neu-Delhi in Ermangelung rudimentärer Kenntnisse des Hindi auf Englisch verständlich machen müssen. Und umgekehrt natürlich ebenso. Jemand aus Neu-Delhi auf Besuch in Chennai würde ohne Englisch nicht weit kommen.

Viele Inder besitzen beeindruckende Sprachkenntnisse. Wer die *First* und die *Secondary School* besucht hat, also die Klassen eins bis zehn, der spricht in der Regel drei bis vier Sprachen fließend. Als Westeuropäer bekommt man oft den etwas herausfordernden Satz zu hören: «Ach was, du sprichst nur zwei Sprachen?», wenn man erzählt, dass Englisch die einzige Fremdsprache ist, die man beherrscht. Das Mehrsprachensystem der indischen Schulen hat dafür den Grundstein gelegt, und Völkerumsiedelungen und Urbanisierung haben die Entwicklung beschleunigt. Wenn man nach Bangalore zieht, dann lernt man wenigstens ein paar Worte in der lokalen Sprache Kannada, zieht man nach Bombay, ist es selbstverständlich, ein bisschen Marathi zu beherrschen. Grundlegend ist die Sprache, die man zu Hause als Kind mitbekam, darüber hinaus spricht man Hindi und Englisch, die man in der Grundschule gelernt hat, und eine weitere Sprache, die man aufgeschnappt hat, indem man vielleicht die Muttersprache von Freunden, Arbeitskollegen oder der Ehefrau bzw. des Ehemannes hörte. Da ist man schnell bei fünf Sprachen, zwischen denen man frei wechseln kann.

In diesem sprachlichen Schmelztiegel – mit zusammengenommen 400 Sprachen/Dialekten und 22 offiziellen Sprachen – entstehen natürlich Hybriden. Die populärste ist Hinglish, die Mischung aus Hindi und Englisch, das seine Wurzeln in der Kolonialzeit hat. Schon 1886 wurde das dicke Lexikon *Hobson-Jobson* publiziert, das alle seltsamen und eigensinnigen anglo-indischen Ausdrücke auflistet.

Für mich, der ich meine, das Englische gut zu beherrschen, kann es schwierig sein, indische Zeitungen zu lesen, da das Indisch-Englisch mit Lehnwörtern aus dem Hindi und anderen indischen Sprachen gespickt ist und zudem altertümliche englische Ausdrücke benutzt, die aus der Kolonialzeit überlebt haben (ungefähr so wie das Deutsch der Amish in den USA Begriffe enthält, die im sprachlichen Mutterland ungebräuchlich geworden sind). Einige übliche Hindi-Worte sind:

Bandh = Streik/politische Aktion.

Core = 10 Millionen.

Dacoit = Einbrecher.

Juggernaut = gigantischer Holzwagen für religiöse Prozessionen. Das Wort wird heute metaphorisch für eine rücksichtslose und nicht aufzuhaltende Kraft verwendet.

Lakh = 100 000.

Pukka = gut gekocht, reif, mit Substanz, gut gebaut.

Pandi/pundit = Senior Expert, weise Person, Ratgeber.

Thug = Mörder.

Wallah = Eine Person, die einen Beruf oder eine Tätigkeit ausübt oder von einem bestimmten Ort kommt (z. B. *chaiwallah* = Teeverkäufer, *Bombaywallah* = Bombay-Bewohner).

Wenn man diese Wörter nicht beherrscht, dann versteht man die Schlagzeilen in der englischsprachigen Zeitung nicht, zum Beispiel: «*Dacoits Robbed Train Passengers Of One Lakh Rupees*» und «*Here Are The Only Pundits You Need To Pay Attention To Between Now And The Election*». Ich habe vielleicht fünfzig solcher englisch-indischen Wörter gelernt und komme damit einigermaßen durch die *Times of India*, die *Hindustan Times* und *The Hindu*. Manchmal, wenn ich genau wissen möchte, was passiert ist, sehe ich mich aber doch gezwungen, die Nachrichten auf der britischen öffentlichen Service-Nachrichtenseite BBC India nachzulesen, die in einem traditionelleren britischen Englisch gehalten ist.

Hinglish kann auch andersherum betrachtet werden, nämlich als Hindi, das mit englischen Lehnwörtern gespickt ist. Wenn man die Dialoge in einem Hindi-Film aus Bollywood anhört, dann bemerkt man, wie sich in fast jeden Satz englische Wörter geschlichen haben, was zu einer modernen und *urban trendy* Art zu reden geworden ist – und, wie in vielen anderen Sprachen auch, die Hüter der Muttersprache empört.

Ab dem Jahr 2000 vor unserer Zeitrechnung wanderten die Indoarier aus Zentralasien in die Gegend um den Fluss Indus im heutigen Pakistan ein. Sie sprachen verschiedene Sprachen, die zur Grundlage des indoeuropäischen Sprachstamms und damit zur Majorität der heutigen europäischen Sprachen wurden (ausgenommen sind unter anderem Finnisch, Ungarisch, Estnisch, Samisch und Baskisch). Die ältesten indoarischen Texte sind in der Hymnensammlung Rigveda von ca. 1500 v. Chr. erhalten und bilden den Grundstock des Hinduismus. Einige Jahrhunderte vor

Christus legte der Grammatiker Panini die Regeln für Sanskrit fest, einen Dialekt, der von den Brahmanen gesprochen wurde und der sich seither, ungefähr so wie das europäische Latein, als eine archaische, statische Kultur- und Religionssprache bewahrt hat.

Im Jahrtausend vor Christus wurde das Brahmi-Alphabet geschaffen, das die Grundlage vieler der heutigen indischen Alphabete bildet. Das heutige Hindi- und Sanskrit-Alphabet wird Devanagari genannt und hat in seiner modernen Form elf Vokale und 35 Konsonanten. Zu jedem Konsonanten gehört ein kurzes *a*, das mit Hilfe von diakritischen Zeichen zu anderen Vokalen wie *e, ä, o* und *i* geändert werden kann. Wenn im modernen Hindi ein Wort auf einen Konsonanten endet, nimmt man das eingebaute *a* komplett weg, während es im klassischen Sanskrit beibehalten wird. Deshalb sagt man auf Sanskrit *Rama*, aber auf Hindi *Ram*, und *Ganesha* auf Sanskrit, aber *Ganesh* auf Hindi.

Für einen Europäer mit seiner indoeuropäischen Muttersprache ist es nicht furchtbar schwer, die Grundlagen des Hindi zu lernen. Ich habe vor einigen Jahren in Neu-Delhi einen einwöchigen Intensivkurs in Hindi besucht und habe in der Zeit Devanagari, also das Alphabet, gelernt, auch wenn einiges davon schon wieder in Vergessenheit geraten ist. Binnen einer Woche schafft man auch, die Grundlagen der Grammatik zu lernen, die an die Grammatiken anderer indoeuropäischer Sprachen angelehnt ist und, verglichen mit europäischen Sprachen, viel mehr Regelmäßigkeiten und weniger Ausnahmen aufweist. Hindi ist eine relativ logisch aufgebaute Sprache.

Es gibt über 800 Millionen Menschen, die eine der Hunderte von indoarischen Sprachen sprechen, die nicht nur in Indien (Hindi und viele andere), sondern auch in Pakistan (Urdu), Bangladesch (Bengali), Nepal (Nepali), Sri Lanka (Singhalesisch) und auf den Malediven (Dhivehi) offiziell sind.

Das moderne Hindi ist natürlich ein Produkt der indischen Geschichte. Die vielen englischen Lehnwörter haben ihren Ursprung sowohl in der britischen Kolonialzeit als auch in der heutigen angelsächsischen Popkultur. Die vielen persischen, arabischen und türkischen Lehnwörter stammen aus der Zeit zwischen dem 11. und dem 18. Jahrhundert, als muslimische Dynastien Nordindien beherrschten. Der muslimische Einfluss ist noch stärker in der dem Hindi verwandten Sprache Urdu zu erkennen, Muttersprache für viele nordindische Muslime und die Mehrheit aller Pakistani. Urdu wird – was die des Hindi Mächtigen leicht verstehen können – aus politischen und religiösen Gründen nicht in Devanagari geschrieben, sondern im arabisch-persischen Alphabet.

Die dravidischen Sprachen Südindiens haben eine ganz andere Sprachhistorie. Sie stammen von den Völkern, die lange vor den Indoariern vom Norden her nach Indien einwanderten, und sind damit überhaupt nicht mit dem indoeuropäischen Sprachstamm verwandt. So gesehen hat Hindi mehr mit Schwedisch, Englisch und Deutsch gemein, als mit dem Tamilischen, das dravidische Wurzeln hat. Insgesamt gibt es ungefähr zwanzig dravidische Sprachen, die von mehr als 215 Millionen Menschen gesprochen werden. Die größte Gruppe ist das Tamilische (gesprochen vor allem im Bundesstaat Tamil Nadu), Telugu (in Andhra Pradesh und Telangana), Kannada (Karnataka) und Malayalam (Kerala).

Tamilisch ist mindestens 2100 Jahre alt und hat stolze, kulturtragende und literarische Ahnen. An den südindischen Akademien, *Sangam*, dichteten die tamilischen Poeten umfassende Hymnen- und Gedichtwerke, unter anderen die Ettuttogai und Pattuppattu, die in den Jahrhunderten um Christi Geburt verfasst wurden. Diese lange Tradition ist der Hauptgrund dafür, dass die Tamilen die härtesten Kritiker waren, als die hindisprechenden

Nordinder ihre Sprache zur indischen Amtssprache erklären wollten. Das Kulturbewusstsein der Tamilen und der Kampf für ihre Sprache sind seit den 50er Jahren virulent. Im Jahr 2007 folgte endlich die Anerkennung: Die indische Regierung beschloss, ein Institut für klassisches Tamilisch zu gründen. Die offizielle Leitlinie heute – dem Tamilischen dieselbe Anerkennung und Bedeutung zu verleihen wie den nordindischen Sprachen – scheint Lichtjahre vom hindu-chauvinistischen Tenor der 60er Jahre entfernt.

Doch die modernen dravidischen Sprachen sind auch keine isolierten Sprachinseln. Sie sind sowohl vom klassischen Sanskrit als auch vom modernen Hindi beeinflusst. Das gilt für das Alphabet (das tamilische Alphabet ist auch eine Entwicklung aus der indoarischen Brahmi-Schrift) wie für den Wortschatz (das Tamilische hat viele Lehnwörter aus Sanskrit und Hindi).

Welche indische Sprache soll man jetzt lernen, wenn man sich länger in Indien aufhält? Ich selbst habe also einen Versuch mit Hindi unternommen. Wenn man hauptsächlich im nördlichen und mittleren Indien reisen will, dann ist Hindi die Sprache der Wahl, denn es ist die größte Muttersprache in Indien, viele haben es als erste Fremdsprache und es dominiert die Filmindustrie, die Popkultur und unzählige Fernsehkanäle. Möchte man auch mit gebildeten Menschen in Südindien kommunizieren können, sieht sich aber nicht imstande, sowohl Tamilisch als auch Malayalam und Kannada zu lernen, dann muss man sich des Englischen bedienen. Mindestens 20 Prozent oder 260 Millionen Inder sprechen Englisch und knapp 50 Millionen haben die Sprache der ehemaligen Kolonialherren als Muttersprache. Das bedeutet, dass nur in den USA mehr englischsprachige Menschen leben.

In den Städten haben viele Geschäfte Schilder auch auf Englisch, und Inder, die im Service arbeiten, beherrschen in der Regel zumindest einige Wörter Englisch. Doch gibt es große Unterschiede im Kenntnisreichtum. Viele sind einigermaßen gut darin, einen englischen Text zu lesen, zögern aber zu sprechen. Für andere ist es genau umgekehrt. Als europäischer Journalist, der Englisch spricht, hat man es in Indien recht einfach. Praktisch alle Menschen ab einem mittleren Ausbildungsniveau aufwärts beherrschen die Sprache. Wenn ich in den Städten Interviews mit Indern mache, die eine College- oder Universitätsausbildung haben, zum Beispiel Schriftsteller, Journalisten, Wissenschaftler, Juristen oder andere Akademiker, muss ich die Frage «Können wir das Interview auf Englisch halten?» nicht einmal stellen. Es ist eine Selbstverständlichkeit, dass das geht. Und nach einer Weile im Gespräch bemerke ich oft, dass mein indischer Interviewpartner mit subtilen oder avancierten englischen Wörtern um sich wirft, die ich nicht recht beherrsche. Dann bin *ich* es, der als der ungebildete Vetter vom Lande daherkommt.

Genau wie in der übrigen Welt ist also das Englische zu der Sprache geworden, die man lernen muss, wenn man eine Karriere in der Geschäftswelt, in verschiedenen akademischen Disziplinen oder der IT-Industrie anstrebt. Deshalb sind die Englischkenntnisse gebildeter Inder zu einem großen Konkurrenzvorteil gegenüber China im Kampf um internationale Verträge geworden. In Indien benötigt der westliche Geschäftsmann und Wissenschaftler keinen Dolmetscher. Und indische IT-Ingenieure können ohne jedes Sprachtraining nach Europa und Nordamerika geschickt werden, denn sie beherrschen oft ein avancierteres Englisch als Europäer, für die es doch die zweite Fremdsprache ist. Englischsprachige Medien sind sehr weit verbreitet. Selbst viele mittelgroße Städte im ganzen Land haben neben den Zeitungen in regionalen Sprachen englischsprachige Tageszeitungen. Englischsprachige überregionale Medien – sowohl Fernsehen als auch Zeitungen – haben einen hohen Status, und ihre

Nachrichten werden von vielen Medien auf anderen, indischen Sprachen aufgegriffen.

Viele befürchten, dass die lokalen Sprachen verdrängt werden, wenn das Englische mehr und mehr das indische Bewusstsein kolonialisiert. Tatsache ist jedoch, dass das Englische im multilingualen Indien als die Zukunftssprache erscheint, die man in einem zunehmend globalisierten Indien und einer globalisierten Welt beherrschen muss.

19. Bhelpuri in Bombay und Masala Dosa in Chennai

Das Essen, das man in einem indischen Restaurant in Europa isst, ist meist nicht indisch. Zunächst einmal wird das Essen in neun von zehn indischen Lokalen in vielen Ländern Europas von Menschen aus Bangladesch oder Pakistan zubereitet. Zum anderen sind viele der Gerichte aus einer Essenskultur entwickelt, welche die muslimischen Moguln pflegten, als sie im 16. Jahrhundert nach Nordindien einwanderten. Und ein Großteil der Gerichte ist erst im Großbritannien der 1960er Jahre erfunden worden.

Nimmt man zum Beispiel das Paradegericht Chicken Tikka Masala (am Spieß gebratene Stücke Hähnchenfilet, die in einer sahnigen Tomatensoße serviert werden). *Tikka* steht für die rote Farbe und *masala* für die Kräutermischung. Die Namenskombination und die Soße sind eine Erfindung südasiatischer Köche in indischen Restaurants in Großbritannien und ein Versuch, etwas zu schaffen, das exotisch aussieht, aber doch nicht zu scharf ist. Danach hat sich dieses Gericht über indische Restaurants in der ganzen westlichen Welt verbreitet und ist sogar wieder zurück ins Mutterland exportiert worden.

Man kann das indische Restaurantessen in Europa dennoch

indisch nennen. Trotz seines historischen Erbes von den muslimischen Eroberern Nordindiens hat es ja dennoch seine Wurzeln auf dem indischen Kontinent – und jede Essenskultur ist im Grunde eine Mischung aus Einflüssen aus allen möglichen Richtungen. So wie Kohlrouladen ungeachtet ihrer türkischen Herkunft natürlich als schwedische Hausmannskost gelten dürfen oder Currywurst trotz des indischen Gewürzes als ein typisches deutsches Schnellgericht. Da kann es einem reaktionär vorkommen, nach genuinen nationalen Kulturmerkmalen zu suchen. Denn was ist schon «indisch» und was bedeutet «genuin»?

Das Essen ist genauso wie das Kulturerbe aus eingewanderten und einheimischen Einflüssen zusammengesetzt. Die Inder haben sich von jedem Eroberer der Geschichte etwas entliehen. Die Briten kamen zwar mit Cricket und den Eisenbahnen, aber kaum mit nennenswerten kulinarischen Besonderheiten. Von alten britischen Paradegerichten wie Windsor Brown Soup und Bread and Butter Pudding sind heute in Indien keine Spuren mehr zu sehen. Hingegen entwickelten die britischen Kolonialherren in Indien eine völlig eigene Essenskultur, die man dann mit nach Hause nahm. Schon 300 Jahre bevor in den Londoner Vororten East Ham und Southall und auf der Brick Lane im East End indische Restaurants auftauchten, aßen die Anglo-Inder Mullygatawny Soup. Das ist eine mit Curry gewürzte Huhn- und Gemüsesuppe – bekannt aus *Dinner for one* –, deren Name wahrscheinlich eine Verdrehung des tamilischen *Millagu* (Pfeffer) und *Thanni* (Wasser) ist.

Um die Wurzeln zum indischen Restaurantessen, das in Europa serviert wird, zu finden, geht man am besten in Indiens Hauptstadt. Die Spur führt nach Old-Delhi – oder Shahjahanabad, wie die Stadt nach dem Moguln-Fürsten Shah Jahan genannt wird, der im 17. Jahrhundert herrschte, als der von einer Mauer umgebene Stadtkern errichtet wurde.

Durch eine schmale Öffnung in der Wand gegenüber der Jama Masjid, Indiens größter Moschee und dem letzten Protzbau der Moguln, kommt man in eine Gasse, die zu einem kleinen Innenhof wird, der von Neonröhren erhellt ist und nach Holzkohle und gebratenem Fleisch duftet. Das Essen wird auf dem Hof unter dem Sternenhimmel gekocht und es wird den Gästen in vier verschiedenen Räumen in vier unterschiedlichen Häusern, die um den Hof herum gruppiert sind, serviert. Seit 1913 bereiten Karimmuddin, sein Sohn Nooruddin und der Enkel Wasimuddin im Karim's für die Allgemeinheit Mogul-Gerichte zu.

Einer ihrer Vorväter emigrierte im 18. Jahrhundert aus Saudi-Arabien und wurde Chefkoch beim letzten Moguln-Kaiser Bahadur Shah Zafar, der sein verfallendes Reich vom Roten Fort in Shahjahanabad aus regierte. Die Macht der Briten wuchs immer mehr, doch Familie Karim verfiel nicht den europäischen, neumodischen Sitten, sondern kochte weiterhin das Essen ihres alten Herrschers. «Ich will berühmt und reich werden, indem ich gewöhnlichen Leuten königliches Essen serviere», soll der Gründer des Restaurants gesagt haben. Diese Tradition vom Hof der Moguln hat sich heute über die Welt verbreitet.

Die Gerichte im Karim's haben ihre Wurzeln in den Gegenden, aus denen die muslimischen Eroberer in den letzten tausend Jahren stammten: in Zentralasien und im Nahen Osten. In Indien nennt man diese Küche abwechselnd *Mughlai* (Mogul) und *North Western Frontier*. Im Unterschied zum übrigen indischen Essen gründet es sich auf dicke, fette Soßen, Fleisch und den relativ teuren, langkörnigen Basmati-Reis, der vor allem in Nordwestindien und Pakistan angebaut wird. Typische Gerichte sind Pulau (gewürzter Reis mit persischen Wurzeln) und Kebab, das Türkisch für «gegrilltes Fleisch» ist, aber in Indien oft *Kabab* geschrieben wird. Zu Hause bei uns ist Kebab fast immer kleingeschnittenes, gepresstes Fleisch, das an einem rotierenden Spieß gegrillt wird.

Im Nahen Osten und in Indien sind das *alle* Arten von gegrilltem Fleisch. Im Karim's zum Beispiel wird unter anderem *Seekh Kabab* gereicht, Lammhack, das um dicke Eisenspieße geknetet gegrillt wird, *Chicken Mughlai*, Hühnchen in starker und sahniger Currysoße, und *Roomali Roti*, hauchdünnes Pfannenbrot, das, wenn es serviert wird, aussieht, als hätte jemand sehr dünnes und leichtes Tuch genommen und in der Schüssel auf einen Haufen geworfen.

Es gibt hier auch Gerichte, die man auf der Karte eines jeden europäischen Inders findet: *Chicken Tandoori* (rot mariniertes, im Ofen gegrilltes Hühnchen), *Tandoori Naan* (im Ofen gebackenes, plattes Brot) und *Palak Paneer* (Spinat mit Frischkäsewürfeln, ein traditionelles Gericht aus Punjab).

Das meiste ist stark gewürzt, doch gibt es auch Ausnahmen. Man isst mit den Händen. Das Hühnchen greift man mit dem dünnen Brot, das Feuer im Mund dämpft man mit roten Zwiebeln und frisch gepressten Limetten, den Durst löscht man mit salzigem oder süßem Lassi oder mit gekühltem Leitungswasser aus Messingkaraffen.

Tandoori ist der Name des traditionellen zylindrischen Lehmofens, der aus Punjab stammt und in dem das Essen gegrillt oder gebacken wird. Ein Gericht, das Tandoori-Irgendwas heißt, sagt im Grunde nichts über die Würzung oder die Rohware aus, sondern nur über die Zubereitung. Doch Tandoori-Huhn ist, ebenso wie Lamm, Fisch oder Frischkäse mit demselben Namenszusatz, immer in karamellrot gefärbtem Joghurt mariniert, der mit *Garam Masala* (garam = Gewürz, masala = Mischung) gewürzt ist, eine Mischung, die unter anderem aus Zimt, Kardamom, Nelken und Muskat besteht. Doch woher stammt die Marinade? Um eine Antwort darauf zu erhalten, gehe ich weiter die Netaji Subhash Marg, die Durchfahrtsstraße von Old-Delhi, hinunter. Dort eröffnete 1947 das Restaurant Moti Mahal, wo man entschieden behauptet, die roten Tandoori-Gerichte erfunden zu haben, die heute auf der ganzen Welt verbreitet sind.

«Tandoori-Huhn ist ein globales Gericht geworden, und darauf sind wir stolz», verkündet Monish Gujral, der Sohn des Restaurantgründers Kundan Lal Gujral, der seinerzeit Hoflieferant für die Bankette von Premierminister Jawaharlal Nehru war.

Curry ist wahrscheinlich das erste Wort, an das ein Westeuropäer denkt, wenn man von indischem Essen spricht. Aber was ist Curry eigentlich? Eine trockene Kräutermischung, antworten wir im Westen. Eine Kräutermischung, die beispielsweise aus Chili, Nelken, Ingwer, Muskat, Senfsamen, Koriander und Kurkuma (das für die gelbe Farbe sorgt) besteht, antwortet jemand, der etwas mehr weiß. Doch Curry, das eine britische Abwandlung des tamilischen *Kari* (gewürzte Soße) ist, ist in Indien zunächst einmal identisch mit seinem etymologischen Ursprung, soll heißen, eine starke Soße, ein Eintopf oder eine Mischung. Reis und Curry bedeutet also Reis mit einem Eintopf, der Gemüse, Fisch oder Fleisch enthält.

Um die Begriffsverwirrung noch zu steigern, kommen in der indischen Küche auch Curryblätter vor. Das sind lorbeerähnliche Blätter vom Currystrauch (*Murraya Koenigii*), der als Kräutergewürz verwendet wird (entweder legt man ganze Blätter ins Essen oder man zerreibt sie) und einen leicht schalen Geschmack hat, der weder an die würzige Soße noch an die gelbe Kräutermischung erinnert.

Archäologische Funde zeigen, dass man von 6000 v. Chr. an Auberginen, Sesamsamen und Fleisch von domestizierten Kühen, Ziegen und Hühnern aß. Mit Beginn der Indus-Zivilisation zirka 3000 v. Chr. baute man Pfeffer, Senfsamen, Kurkuma und Kardamom an – Gewürze, die immer noch als typisch indisch betrachtet werden können.

Mit den Indoariern kamen das Kastensystem und später Buddhismus und Jainismus und damit der Vegetarismus, und der Verzehr von Rindfleisch wurde zu einem Tabu, das heute vor allem von den Brahmanen beachtet wird. In den Veda-Schriften der Indoarier findet man ein System, das sich um Gesundheit, Kräutermedizin und Speisen dreht. Dieses System heißt *Ayurveda* (Sanskrit für «Wissen um das Leben») und wird immer noch von vielen Indern im Alltag praktiziert. Laut Ayurveda befindet sich der Mensch in einem von drei verschiedenen Energiezuständen: *Vata* (Bewegung), *Pitta* (Verbrennung) und *Kapha* (Trägheit und Struktur). Der Mensch soll aus dem Energiezustand, dem er angehört, selbst wählen, welches Essen er isst, damit dieses den maximalen Gesundheitseffekt hat. Essen überhaupt ist entweder *Sattvic* (leicht zu verdauendes Essen, das Gleichgewicht schenkt und die Immunabwehr stärkt, zum Beispiel Linsen, Obst und Gemüse), *Rajas* (frisches, aber schwer verdauliches Essen, das Aktivität erzeugt, zum Beispiel Fleisch, Fisch und Ei) oder *Tamas* (unnatürliches, überkochtes und industriell hergestelltes Essen, das zu Passivität und Krankheit führt, zum Beispiel Brot, Pizza, Schokolade, Alkohol und Kaffee).

Im Westen verbinden wir Ayurveda vor allem mit alternativer Medizin, in Indien ist es ein gleichermaßen volkstümliches wie holistisches System für die Gesundheit, das die meisten kennen und nach dem viele ihr Leben zumindest teilweise auszurichten versuchen.

Indisches Essen besteht aus einer Menge Küchen, die alle eigenständig sind. Oft ist die Küche nach dem Bundesstaat oder der Region benannt, aus der sie stammt. Manchmal hat auch eine Stadt einem Gericht den Namen gegeben. Die Lastwagenfahrer werden von den Schildern mit *Bombay Meals*, *Ahmedabad Meals* oder *Chennai Meals* in die *Dhabas*, die Raststätten, gelockt. In einer traditionellen Dhaba sitzt man auf einem Seilbett, *Charpai*, im Schatten eines Baumes und isst seine Mahlzeit, die meist aus einer großen Portion Reis, einigen platten Broten und verschiedenen Soßen mit Gemüse, Linsen und manchmal auch Fleisch (in dem Fall meist Huhn oder Lamm/Schaf) besteht.

Das typische Armeleute-Essen in Nordindien besteht aus dem platten Chapati-Brot, das aus Weizen- oder Hirsemehl gebacken wird und ohne Fett in einer *Tawa*, einer schalenförmigen, gusseisernen Pfanne, gebraten wird. Dazu gibt es Gemüse, Bohnen und *Daal*, eine aus Linsen gemachte Soße. Je reicher der Haushalt, desto mehr Variationen gibt es und desto kalorienhaltiger ist das Essen. Die nordindische Mittelschicht isst gern fettes Essen aus Milchprodukten wie Sahne, Joghurt, dem Frischkäse Panir und dem Butteröl *Ghi*. Durch die Einflüsse aus dem Islam und dem Nahen Osten steht in Nordwestindien Fleisch auf der Speisekarte, während in den östlichen, küstennahen Bundesstaaten Odisha und Westbengalen Fisch vorherrscht. In Nordwestindien wird das Essen, abgesehen von Ghi, meist in Erdnussöl gebraten, während in Ostindien Senfsamenöl gebräuchlicher ist.

Auch wenn die meisten Inder keine Vegetarier sind, ist deren Anteil von 30 Prozent an der Gesamtbevölkerung doch Weltrekord. Im Bundesstaat Gujarat sind die Vegetarier wegen der starken Stellung des Jainismus und dessen Betonung des *Ahimsa*, des Respekts vor allem Lebendigen, in der Mehrheit. Orthodoxe Jainisten essen auch nur eine begrenzte Auswahl an vegetarischen Rohwaren. Wurzeln, Kartoffeln und Zwiebeln sind tabu, weil man bei deren Ernte die ganze Pflanze tötet – und vielleicht auch einige kleine Insekten. Aufgrund der religiösen Regeln musste man im Hinblick auf das Angebot an Rohwaren umso erfindungsreicher sein. Somit hat sich die Gujarat-Küche zu einer der exklusivsten Indiens entwickelt, mit unzähligen vegetarischen Gerichten, die genau wie in Südindien auf dem *Thali* (einem Blech-tablett) serviert werden.

Ein typisches Gujarati-Thali besteht aus *Roti* (flaches, nicht gegangenes Weizenbrot), *Puri* (frittiertes Weizenbrot), *Daal* (Lin-seneintopf), *Bhaat* (Reis), *Shaak* (verschiedene Gemüsesoßen), *Raita* (kalte Joghurtsoße mit Gemüse), *Chutney* (eingelegtes Ge-müse oder Obst) und schließlich *Shrikhand* (süßer Joghurt mit Nüssen, Obst und Safran) – alles in allem an die zwanzig Soßen und Mischungen.

Es ist den Briten also nicht gelungen, ein Bestandteil von Indiens kulinarischer Karte zu werden, wenn man einmal von der Tra-dition christlicher Inder absieht, einen Weihnachtskuchen mit ge-trockneten Früchten und Nüssen zu backen, und von der Ge-wohnheit alter Kolonialhotels, Scones mit Marmelade und Sahne zu servieren. Doch dafür waren die Erfolge der Portugiesen in der indischen Küche umso beeindruckender. Vor der Ankunft von Vasco da Gama Ende des 15. Jahrhunderts kam die Schärfe der indischen Gerichte aus Pfeffer und Senfsamen. Die Chili-frucht existierte nicht auf dem indischen Kontinent – ebenso we-nig wie Kartoffeln und Tomaten –, sondern wurde aus Amerika über Lissabon eingeführt. Welch ein Importschlager! Heute ist Chili, ebenso wie Tomaten und Kartoffeln, eng mit indischem Es-sen verbunden. Kartoffeln werden nicht wie im Westen als Sätti-gungsbeilage und Kohlenhydrate-Basis serviert, sondern klein gehackt mit anderen Gemüsesorten in stark gewürzten Soßen ge-reicht.

Der portugiesische Einfluss ist an den Küsten von Karnataka und Kerala erkennbar, aber vor allem in Goa, das bis 1961 por-tugiesische Kolonie war. Die Küche von Goa ist eine selige Mi-schung aus Ost und West und enthält unter anderem Gerichte wie *Sorpotel* (Schweinefleisch in starker Chilisoße), *Leitao* (gegrilltes Ferkel), Huhn, Schwein, Rind oder Fisch mit *Vindaloo* (starke Chilisoße mit Weinessig) und *Bibingka* (süßer Pudding aus Eigelb, Kokos und Palmzucker).

Je weiter man nach Süden kommt, desto mehr Chili ist im Essen und desto mehr Reis wird gereicht, zum Teil auch andere Kräuter, wie Bockshornklee und Tamarinde. Gebraten wird oft in Kokosöl. In Tamil Nadu, dem Zentrum für klassische indische Kultur und orthodoxen Hinduismus, ist das Essen oft rein vegetarisch, was bedeutet, dass man neben Fleisch und Fisch auch Eier, Zwiebeln und manchmal auch Pilze außen vor lässt. Der Koch soll zudem nicht in derselben Küche parallel Essen mit «verbotenen» Ingredienzen für andere Gäste kochen.

In der Tempelstadt Udupi im Bundesstaat Karnataka haben Brahmanen eine Tradition entwickelt, dem Gott Krishna als Teil des Gottesdienstes Essen anzubieten. Das Essen wird nach den alten vedischen Prinzipien zubereitet, besteht ausschließlich aus frischen Rohwaren und ist strikt vegetarisch. Der Begriff *Udupi* wird heute in ganz Südindien gebraucht und ist im Prinzip das Synonym für reinen Vegetarismus.

In Tamil Nadu und dem Nachbarstaat Kerala wird das Essen traditionell auf einem Bananenblatt gegessen, was zu einem Trend in Restaurants geworden ist. Selbst feine südindische Restaurants im Rest des Landes servieren ihr Essen gern auf dem schönen, tiefgrünen Blatt. In Südindien isst man normalerweise nicht Chapati, Naan und Roti, sondern Reis – in Kerala einen roten, rundkörnigen Reis – zu den Gemüsesoßen und eventuell zu Fisch und Fleisch. Die südindischen Brote und Pfannkuchen werden aus Reismehl, das manchmal mit Linsenmehl gemischt wird, zubereitet. Es gibt *Idli* (weiße, in Dampf gekochte Reisplatten), *Vada* (frittierte salzige, mit Backpulver aufgegangene Krapfen) und *Dosa* (Pfannkuchen, die innen fluffig sind und außen knusprig). *Masala*

Dosa ist ein gerolltes indisches Crêpe, gefüllt mit einer Kartoffel-Gemüse-Mischung, die ursprünglich in Udupi zubereitet wurde, aber zu einer Art Nationalgericht in Tamil Nadu geworden ist. Von hier aus hat es sich weit über seine Kerngebiete hinaus verbreitet und ist zum Standard-Fastfood in ganz Indien geworden. Masala Dosa, Idli und Wada mit Sambar und Kokos-Chutney sind auch in ganz Indien beliebte Frühstücksgerichte.

Chettinad heißt eine Region im Sivaganga-Distrikt im südlichen Tamil Nadu, wo die dominierende Kaste traditionell Handel betrieb. Dank wirtschaftlicher Erfolge emigrierte die Nagarathar-Kaste in das übrige Indien, nach Sri Lanka und nach Burma. Die Chettinad-Küche verbreitete sich deshalb weit über Karaikkudi und die anderen ursprünglichen Dörfer hinaus. Weil man wohlhabend war, konnte man es sich leisten, Fleisch, Geflügel und Fisch zu essen – und da in Chettinad gejagt wurde, enthält die dortige Küche ungewöhnliche Fleischgerichte wie Taube, Pute und Kaninchen.

Lange bevor amerikanisches Fastfood in den 1990er Jahren die indischen Großstädte erreichte, gab es in Indien eine entwickelte und anspruchsvolle Fastfood-Kultur. Zum Beispiel hat man in Bombay nur 0,1 McDonald's-Restaurant auf hunderttausend Einwohner (in Stockholm sind es 3,2 auf hunderttausend). Das indische Fastfood hat seine starke Stellung behauptet. Westliche Hamburger-Ketten, die in Indien aus Rücksicht auf orthodoxe Hindus kein Rindfleisch verarbeiten, sind zumeist nur exotische Ausnahmen für die Kinder der oberen Mittelschicht in den allergrößten Städten.

Vor jedem Arbeitsplatz, jeder Schule, an jeder Ecke und entlang jeder Landstraße wird von morgens bis abends gebraten, gekocht und gebacken. Um die Mittags- und Abendzeit sieht man Büroangestellte, Lastwagenfahrer und Studenten frisch zubereitetes Essen in einem Blattkorb, einem Stück Zeitungspapier oder von einem Edelstahltablett essen. In Nordindien sind Samosa und Pakora beliebt. In Südindien dominieren Idli, Dosa und Vada zusammen mit Sambar (einer braunen Soße aus Gemüse und Linsen) und Kokosnuss-Chutney. Bombay hat sein eigenes Lieblings-Fastfood: *Bhelpuri*, eine kalte Mischung mit Puffreis, knusprigen Nudeln, gehackten Zwiebeln und Chili und einer starken Soße dazu.

In den letzten Jahrzehnten sind indische Fastfood-Lokale aufgetaucht, die den westlichen Stil mit Selbstbedienung und fertig komponierten Menüs kopiert haben. So kann man in vielen indischen Städten Fastfood-Restaurants aufsuchen, die nach dem McDonald's-Konzept organisiert sind, aber traditionelle indische Gerichte servieren. In einer Einkaufsgalerie in Bombay habe ich ein Fastfood-Restaurant entdeckt, wo das Menü auf beleuchteten Schildern multikulturelle Schöpfungen wie Garlic Roast Dosa, Salsa Lite Dosa und Mini Idli for Kids anbot – alles im Pappkarton und mit einem Becher Cola dazu.

Indisches Essen ist größer als Indien, sein Siegeszug erstreckt sich über die ganze Welt. Indisches Essen wird tagtäglich in Millionen von Haushalten und Restaurantküchen in Indien und unter emigrierten Indern im Rest der Welt weiterentwickelt. In Großbritannien gibt es seit den 1960er Jahren Essenstraditionen, die von Südasiaten im Exil entwickelt wurden, so wie die chinesischen Köche in San Francisco das amerikanisch-chinesische Gericht Chop Suey erfanden.

Eine Küche, die von indischen Restaurants in Birmingham zu Beginn der 1980er Jahre entwickelt wurde, heißt Balit. Der Name rührt von der großen, wokähnlichen Pfanne her, in der das Essen zubereitet wird, und ist auf traditionelle Rezepte aus Punjab gegründet.

Das zuvor schon erwähnte Chicken Tikka Masala, das von Köchen aus Bangladesch in Birmingham, London und Glasgow entwickelt wurde, wird inzwischen in praktisch jedem der rund 8000 indischen Restaurants in Großbritannien zubereitet und wurde vom Tory-Politiker Robin Cook «das wahre Nationalgericht der Briten» genannt.

Bis zu den 80er Jahren gab es außerhalb der größten europäischen Städte kaum ein indisches Restaurant, heute sind es Tausende. Doch indisches Essen ist auch in unsere heimischen Küchen und Gewürzregale eingezogen. Abgesehen von besonderen asiatischen Lebensmittelgeschäften, von denen es inzwischen in den Großstädten viele gibt, findet man auch in gewöhnlichen Geschäften indische Kräutermischungen, Brot, Marinaden und Soßen zu kaufen.

Es scheint eine Ewigkeit her, seit 1982 noch im Vorwort zu einem schwedischen Kochbuch für indisches Essen stand, es sei schwer, an Kreuzkümmel zu kommen, das für die indische Küche doch das entscheidende Gewürz sei. Damals riet die Autorin, es in einem Spezialgeschäft in Stockholm zu versuchen, wo man das Gewürz per Post bestellen könne. Heute findet man Kreuzkümmel in jedem Supermarkt.

20. Die Bedrohung der Umwelt

Als ich in die indische Stadt Ahmednagar im Bundesstaat Maharashtra komme, fällt schon der Monsunregen.

«Sie bringen aber feines Wetter!», sagt ein Mann fröhlich unter seinem Regenschirm und legt in einer Wasserpfütze einen Tanzschritt hin, dass es an seinen Hosenbeinen hinaufspritzt.

Der Regen schüttet nur so aus bleigrauen Wolken. Lehmbraune Wasserpfützen wachsen zu übervollen Seen. Die Rinnsteine verwandeln sich in schmutzige Bäche. Menschen rennen mit Pappen als Schutz über den Köpfen.

Ich frage ihn, was er mit feinem Wetter meint.

Und er antwortet:

«Diesen herrlichen Regen natürlich.»

Die Hälfte der indischen Bevölkerung arbeitet in der Landwirtschaft. Die Mehrheit der Äcker ist nicht künstlich bewässert, sondern von dem Monsunregen abhängig, der im Sommer am reichhaltigsten fällt. Große Teile des Jahres über, neun lange Monate, ist der Boden trocken wie Sand, während die Sonne von einem strahlend blauen Himmel herab brennt. Bis der Regen fällt, auf den die Bauern in froher Erwartung hoffen, ist die Vegetation vergilbt, und die Hitze hat Menschen, Tiere und Natur in einen Würgegriff genommen. Da ist man die ewig brennende Sonne und den verdammten blauen Himmel ganz schön leid.

In dem oscarnominierten indischen Film *Lagaan* von 2001 war die heiße Sonne, die über den Protagonisten brannte, gleichbedeutend mit Unglück und Elend. Doch dann, in der Schlussszene des Films, türmten sich die Monsunwolken am Himmel auf und die Menschen tanzten vor Glück auf den Dorfstraßen. *The End.* Was für ein glücklicher Schluss! Das Kinopublikum verließ den Saal mit einem seligen Lächeln auf den Lippen.

Indien jubelt, wenn es regnet. Weil so viele ihre Einkünfte aus der Landwirtschaft beziehen, führt ein großzügiger Monsun – solange er nicht, wie im August 2018 in Kerala, Überschwemmungen und Erdrutsche verursacht – zu erhöhtem Konsum, niedrigeren Zinsen und steigenden Aktienkursen. In einem richtig regnerischen Jahr läuft die Börse von Bombay besonders gut. Doch während die Inder glücklich sind, stimmt mich der Mangel an Sonnenlicht düster. Hier stoßen zwei Kulturen aufeinander. In meiner Verwandtschaft muss ich drei Generationen zurückgehen, um Bauern zu finden. Ich bin einfach zu sehr Stadtbewohner, um mich über regenschwere Wolken zu freuen. Das Wetter entscheidet über meinen Urlaub, nicht über meine Grundversorgung.

Meine Ahnen haben das Wetter natürlich auch nicht aus der modernen Urlaubsperspektive betrachtet. Und ihre Auffassung davon, was eine schöne Landschaft ist, unterschied sich auch von meiner. Meine Urgroßeltern, die im Dorf Jularbo in Süd-Dalarna Bauern waren, hätten Orte, die ich schön finde – graue Klippen an der schwedischen Westküste, sonnendurchtränkte Mittelmeerstrände und eine windgepeitschte griechische Insel – gewiss nicht attraktiv gefunden, denn das sind ja scheinbar unfruchtbare Plätze.

Ich stelle mir vor, dass der Inder, der in der Stadt Ahmednagar

in einer Wasserpfütze im Monsunregen tanzt, mit der Zeitma-
schine auf den Hof meiner Urgroßeltern im Jularbo des späten
19. Jahrhunderts reist. Da wären sie sich bestimmt einig, dass
Regen wichtiger ist als Sonnenschein, zumindest, wenn die Früh-
jahrssaat ausgebracht ist, und dass fruchtbare Äcker über un-
brauchbare Klippen und Strände gehen. Und wenn der Frühjahrs-
regen über die Korn- und Haferfelder Dalarnas fällt, hätte mein
Urgroßvater die Arme ausgebreitet, den weitgereisten Gast um-
armt und froh ausgerufen:
«Sie bringen aber feines Wetter!»

Die nordindische Ebene um die Flüsse Indus, Ganges und Brahmaputra könnten das politische und wirtschaftliche Zentrum der
Erde sein. Während der Geschichte der Menschheit bis zum vorigen Jahrtausend hat fast immer ein Fünftel der Weltbevölkerung
auf diesen dicken Schichten fruchtbaren Fluss-Sediments gelebt.
Hier und in der Nähe erblickten einige der ersten landwirtschaftlichen Methoden der Menschheit das Licht der Welt, dort sind
mehrere Weltreligionen geboren worden, und einige der mäch-
tigsten Imperien der Geschichte haben hier geherrscht. Dennoch
ist die Ebene, die vom regelmäßigen Sommermonsun und be-
trächtlichen Mengen Schmelzwassers von der höchsten Bergkette
der Welt bewässert wird, heute eine problematische Region. Hier
haben wir die größte Anhäufung von Menschen in extremer Armut, es gibt politische Turbulenzen, große ökologische Probleme, eine für das übrige Indien untypische Alltagsgewalt und
eine, international gesehen, extrem ineffiziente Landwirtschaft.

Hier existieren alle Voraussetzungen für ein gutes Leben, und
dennoch ist das Dasein für einen sehr großen Teil der Bevölkerung extrem hart. Der reiche Mutterboden und die Wasservor-
kommnisse, so schrieb Lasse Berg 1986 in *Längs Ganges* («Entlang
des Ganges»), müssten «theoretisch ausreichen, um die gesamte

Menschheit zu versorgen! Der Ganges trägt die Chance auf ein gutes Leben, verursacht aber in immer größerem Maße Leiden und Tod.»

Wie ist das möglich?

Nimmt man die Karte von Indien und legt sie auf die von Europa, dann landet die Nordgrenze in Lappland und die Südspitze an einem Mittelmeerufer, die Ostgrenze in der Ukraine und die Westgrenze auf Irland. Die Proportionen sind enorm, verglichen mit den europäischen Nationalstaaten: 3200 Kilometer von Nord nach Süd, 3000 Kilometer von West nach Ost. Jeder begreift angesichts dieser geografischen Spannweite, dass es eine völlig falsche Auffassung sein muss, Indien bestehe hauptsächlich aus verbrannten trockenen Ebenen mit heißem Klima.

Innerhalb der Grenzen des Landes kommen im Grunde alle klimatischen, natürlichen und geologischen Besonderheiten vor. Von den Gletschern des Himalaya, über Permafrost und Schneefall bis zur Hitze der Wüste Thar und der ewig brennenden Sonne. Von Kiefern- und Tannenwäldern bis zu Kokospalmen-Dschungeln. Von trockenen Hainen mit Akazien bis zu Feuchtgebieten mit Mangroven. Von gelben Weizenfeldern bis zu grünen Reisfeldern. Vom durchnässten Cherrapunji, wo es 12 000 Millimeter Niederschlag im Jahr gibt, bis zum knochentrockenen Jaisalmer, wo höchstens 150 Millimeter Regen im Jahr fallen.

Es ist mit anderen Worten möglich, in ein und demselben Land Ski zu fahren und auf Natureis Schlittschuh zu laufen (in den nördlichen und bergigen Bundesstaaten Himachal Pradesh, Uttaranchal, Arunachal Pradesh und Kaschmir), auf einem Kamel über Sanddünen zu reiten (im Wüstenstaat Rajasthan), in zartem Trockenlaubwald zu wandern (in Gujarat) und in feuchtem Regenwald (in den Staaten Kerala, Odisha, Westbengalen, Assam), in einer Winternacht in einer nordindischen Herberge ohne Zentralheizung wie ein Schneider zu frieren und in einer anderen Winternacht in der feuchten Wärme eines südindischen Hotels ohne Klimaanlage schweißgebadet zu sein.

Das Klima der Hauptstadt Neu-Delhi erinnert an das von Nordafrika mit großen Temperaturunterschieden zwischen Sommer und Winter und zwischen Tag und Nacht. Ein typischer Januartag in der Hauptstadt beginnt mit dickem Nebel und zehn Grad, bis zum Mittag reißt es auf und die Sonne bringt um die 20 Grad. In der Nacht kann es passieren, dass die Temperatur bis unter null Grad sinkt. Im Mai und Anfang Juni, kurz bevor der Monsun kommt, baut sich die Hitze auf und in manchen Jahren schlägt man den globalen Hitzerekord (am 26. Mai 1998 wurden am Flugplatz von Neu-Delhi 48,4 Grad Celsius gemessen). Dann kommt der Monsun, und die Temperatur sinkt unter 30 Grad. Juli und August, die Monate, die wir in Europa als die wärmsten kennen, sind hier also bedeutend kühler als der Mai und der Juni.

In der südlichsten Bundeshauptstadt Thiruvananthapuram, wo der Himmel von Wolken bedeckt ist, liegen die Temperaturen hingegen das ganze Jahr gleichförmig bei tropischen 30 Grad.

Das Klima wird von der Höhe über dem Meeresspiegel ebenso bestimmt wie vom Breitengrad. Indien hat ein Übermaß von Bergketten und Hochplateaus, die ein Mikroklima schaffen. In der IT-Stadt Bangalore auf dem Dekkan-Plateau zum Beispiel führt die Höhe über dem Meeresspiegel (949 Meter) dazu, dass man trotz der südlichen Lage bedeutend kühlere Sommer erlebt als in der Hauptstadt Neu-Delhi auf den nördlichen niedrigen Ebenen.

Wenn man eine Linie von Gujarat im Westen nach Westbengalen im Osten zieht, kann man vereinfacht feststellen, dass nördlich der Linie der Winter kühler und der Sommer heiß ist, während südlich der Linie sowohl Winter als auch Sommer heiß sind.

Wer an einem Wintertag von Neu-Delhi – nördlich der Linie – nach Bombay – südlich der Linie – fliegt, erlebt denselben

Kontrast wie bei einem Flug zwischen Skandinavien und dem Mittelmeer. Der Schal und die dicke Jacke, die nötig waren, um sich in der trockenen Winterkälte der Hauptstadt warm zu halten, sind in Bombay nur eine Belastung, denn dort klebt in der hohen Luftfeuchtigkeit und der Hitze schon nach wenigen Minuten der Körper von Schweiß.

Aufgrund der Hitzespitzen und des regelmäßigen Monsunregens teilen die Inder das Jahr in drei Jahreszeiten ein:

Die nasse Jahreszeit von Juni bis September: Fast ganz Indien bekommt Regen vom Südwest-Monsun (dem Sommermonsun), wo Niedrigdruck, oft mit Gewitter, vom Arabischen Meer hereinzieht.

Die kühle Jahreszeit von Oktober bis Februar: Indien hat trockenes Wetter und eine Sonne, die bis Juni ununterbrochen scheint. Am kühlsten ist es von Dezember bis Februar, wenn auch der Großteil der ausländischen Touristen kommt. Von Oktober bis Dezember zieht der Nordost-Monsun (Wintermonsun) von der Bengalischen Bucht herein, doch der bringt nur entlang der Ostküste, in Kerala und in den Bergregionen im nordwestlichen Indien Regen. Im Dezember und Januar verursachen Morgennebel über Punjab, Haryana, Delhi und Uttar Pradesh enorme Flugverspätungen über ganz Indien.

Die heiße Jahreszeit von März bis Mai: Die Hitze baut sich sukzessive auf. In Südindien bleibt das Thermometer kurz vor den 35 Grad stehen, während es auf den Ebenen in Nordindien über 40 Grad klettert und manchmal – an den Tagen bevor in der zweiten oder dritten Juniwoche die ersten Gewitterwolken des Sommermonsuns am Himmel erscheinen – bis an die 50 Grad.

Bis vor zirka 125 Millionen Jahren war Indien ein Teil des Südkontinents Gondwana. Irgendwann teilte sich der Kontinent, und Indien begann, nach Norden zu gleiten und stieß dabei auf die eurasische Kontinentalplatte. Was geschah dann? Nun, die Kollision – wenn man einen Prozess von mehreren Millionen Jahren so nennen kann – führte dazu, dass die Sedimentablagerungen am Südufer Eurasiens zusammengepresst wurden, Falten schlugen und zum Himmel wuchsen. Voilà, der Himalaya, heute die höchste Bergkette der Welt! Die Kollision ist immer noch in Gang, der Himalaya erhebt sich immer höher zum Himmel, genauer gesagt fünf Millimeter pro Jahr.

Der Grund dafür, dass die Berge des Himalaya so hoch sind – in Indien mit an die zehn Spitzen von über 7500 Metern, im Nachbarland Nepal mit dem 8848 Meter hohen Mount Everest –, liegt darin, dass sie geologisch gesehen so jung sind und dass Wetter und Wind sie noch nicht haben abschleifen können. Die Erosion, soweit sie schon geschehen ist, hat viel Material in die Flüsse Indus, Ganges, Yamuna und Brahmaputra gelenkt, die es in die flache, nordindische Ebene getragen haben. Diese Ebene ist deshalb mit dicken Lagen fruchtbaren Flusssediments bedeckt. Auch wenn die Erdbeschaffenheit der Ebene von Ost nach West gleich ist, sind die Klimaunterschiede doch fundamental. Seit den großen Klimaveränderungen ein paar tausend Jahre vor Christus sind die Gegenden um den Indus (die Staaten Gujarat und Rajasthan und das Nachbarland Pakistan) regenarm, während die Ebenen um den unteren Lauf des Ganges und um den Brahmaputra (die Staaten Westbengalen und Assam und das Nachbarland Bangladesch) feucht und regenreich sind.

In den trockeneren Gegenden im Westen werden vor allem Weizen und Hirse angepflanzt, was zu einer Essenskultur geführt hat, in der die Kohlehydrate mehr durch Brot als durch Reis aufgenommen werden. Im Osten isst man dank des Regens und der weitläufigen Deltalandschaft mit einem Netz aus Flüssen, Bächen und Seen mehr Reis und Fisch.

Südlich von der Ebene erhebt sich das Dekkan-Plateau mit einer durchschnittlichen Höhe von 500 Metern über dem Meer, umgeben von den Randgebirgen Ost-Ghats und West-Ghats. Das Hochplateau fällt nach Osten ab, weshalb die meisten der Flüsse – Krishna, Kollidam, Godavari und Mahanadi – in die Bengalische Bucht fließen. Zwei der Flüsse, Tapti und Narmada, letzterer bekannt von den Protesten gegen die riesigen Damm-Bauten, mäandern aber nach Westen hinunter zur Küste des Bundesstaates Gujarat und ins Arabische Meer. Das Dekkan-Plateau hat alles von trockenen Gebieten im Regenschatten hinter den West-Ghats bis zu niederschlagsreichen Dschungeln im Osten.

Südindien bietet auch klimatologische Kontraste und viele unterschiedliche Arten Natur. Doch hier sind die Verhältnisse genau andersherum mit mehr Regen im Westen und weniger im Osten. In Kerala an der Südwestküste öffnen sich die Himmel unter beiden Monsunen. Gemeinsam schaffen sie eine Regenzeit von Juni bis Dezember, die eine prächtige grüne Landschaft mit Kokospalmen, moosbewachsenen Steinmauern, stockfleckigen Hausfassaden und Feuchtgebieten entstehen lässt, wie geschaffen für wasserintensive Pflanzen. Die meisten der Sommermonsune, die vom Meer im Westen hereinziehen, bleiben an den Nilgiri- und den Kardamombergen hängen, die wie eine Barriere zwischen Kerala und Tamil Nadu liegen. Tamil Nadu hat deshalb ein bedeutend trockeneres Klima, so dass die Landwirtschaft von dem Wasser abhängt, das der Kaveri-Fluss bringt, der vom Bundesstaat Karnataka auf dem Dekkan-Plateau herabfließt.

Weil Indien so viele verschiedene Naturformen und Klimazonen hat, ist die biologische Vielfalt bedeutend größer als zum Beispiel in Schweden. Hier gibt es bis zu 1200 Vogelarten, 240 Schlangenarten, 150 Eidechsenarten, 15 Katzenarten (unter anderen Tiger und Löwen), 28 Horntiere (darunter Antilopen und Wildziegen), drei Krokodilarten und eine Nashornart.

Die Wildtiere, die man am häufigsten sieht, sind allerdings Säugetiere, die uns recht ähnlich sind. In Indien leben die Affen an vielen Orten ganz in der Nähe der Menschen. Am häufigsten sind Rhesusaffen, Hutaffen und Bartaffen. In vielen indischen Städten – sogar im Zentrum von Neu-Delhi – leben sie in Gruppen auf den Hausdächern, geraten in Streit mit wilden Hunden und klauen unaufmerksamen Obstverkäufern das Obst. In der hinduistischen Pilgerstadt Varanasi, wo es Zehntausende Languren gibt, auch Indische Languren genannt, betrachtet man sie als heilig, eine Tradition, die ihre Wurzeln im Ramayana hat, wo der Affengott Hanuman Rama hilft, Sita aus Lanka zurückzuholen, wohin sie vom Dämonenkönig Ravana verschleppt wurde.

Doch trotz ihrer Vielfalt sind viele der Tiere durch die Ausbreitung des Menschen, die Umweltzerstörung und Wilderei bedroht, darunter vor allem einige der größten Säugetiere. Vor hundert Jahren gab es in Indien über 40 000 Tiger. 2008 nur noch 1411. Der Lebensraum der Tiere ist durch die wachsenden Städte, die sich ausbreitende Landwirtschaft und die schrumpfenden Wälder verkleinert worden, während gleichzeitig die Wilderer von den hohen Preisen für Tigerfell in China gelockt wurden. Doch inzwischen gibt es eine Trendwende. Nach der jüngsten Rechnung leben wieder 2226 Tiger in den 49 verschiedenen Reservaten in 17 der Bundesstaaten Indiens. Und die Prognose ist, dass sie sich weiter vermehren werden. Man nimmt an, dass man bei der nächsten Zählung der Tiger auf mehr als 3000 der gestreiften Großkatzen kommt.

Den Tiger gibt es sowohl in den Wäldern beim Himalaya als auch in Zentralindien und weit unten im Süden, doch der absolut beste und beliebteste Platz, um einen Blick auf das mythenumwobene Tier zu werfen, ist Bandhavgarh im Bundesstaat Madhya Pradesh. Hier, im Reservat mit der höchsten Tigerdichte der Welt, muss man schon außergewöhnliches Pech haben, wenn man keine der Katzen sieht. Die Gegend war früher die Jagd-domäne des Maharadschas von Rewa, der das Gebiet in den 60er Jahren dem indischen Staat schenkte. Bandhavgarh und der Nachbarpark Kanha sind heute die Eckpfeiler des Landesprojekts zur Rettung der Tiger.

Ein anderes respekteinflößendes und bedrohtes Katzentier ist der asiatische Löwe, der in den Wäldern von Gir im Staat Gujarat lebt. Früher einmal war der asiatische Löwe von Griechenland im Westen über Palästina, Syrien und Persien bis zum indischen Bihar im Osten verbreitet. Doch je mehr die Grassteppe urbar gemacht wurde und die Jagd mit dem Gewehr Pfeil, Bogen und Speer ersetzte, desto stärker ging die Zahl der Löwen zurück. Die Wälder von Gir sind heute der einzige Ort außerhalb Afrikas mit wilden Löwen und der einzige Ort auf der Welt, wo es noch wilde asiatische Löwen gibt. Dass sie bis heute überlebt haben, ist dem muslimischen Fürsten im Unterkönigtum Junagadh zu verdanken. Ende des 19. Jahrhunderts war die Population der Löwen auf nur noch etwa zwanzig Exemplare gesunken. Da entschied der Fürst, dass der Löwe geschützt werden sollte. Die Jagd wurde auf drei Löwen pro Jahr beschränkt. Als er von Europa die Anfrage bekam, ob es in den Wäldern von Gir noch Löwen gäbe, kreuzte er seine Finger und antwortete, sie seien ausgerottet, was wahrscheinlich die Rettung der Art bedeutete. Der rücksichtslosen Großwildjagd war ein Riegel vorgeschoben. Seit den 50er Jahren stehen sie unter Naturschutz, was dazu geführt hat, dass die 180 Löwen, die 1974 in den Wäldern von Gir lebten, sich bei der letzten Zählung im August 2017 auf 650 vermehrt hatten.

«Neu-Delhi (AFP). Über einen Elefanten, der 14 Menschen in Nordostindien getötet hat, ist das Todesurteil gesprochen worden. Es ist der Befehl ergangen, dass der Elefant, der den Kosenamen Ladin erhalten hat (nach dem Terrorführer Usama bin Ladin), noch vor Ende des Jahres erschossen werden soll. Ein Jäger ist beauftragt worden, der Ladin jedoch bisher nicht vor die Flinte bekommen hat – die Dorfbewohner des Distrikts Sonitpur beschreiben ihn als sehr listig.»

Solche Nachrichten lesen wir hin und wieder in den Zeitungen. Manchmal handeln sie von Elefanten, die sich mit Palmwein betrunken haben, den die Bauern in Behältern an Palmen gären lassen, und die dann in Dschungeldörfern oder unter Waldarbeitern im Staat Assam Amok gelaufen sind. Zusammengenommen erzeugen diese Nachrichten das Bild, dass der Elefant die Existenz des Menschen bedroht. In Wirklichkeit verhält es sich genau umgekehrt. Vor hundert Jahren gab es Hunderttausende wilde Elefanten in ganz Indien, heute sind sie auf kleine Waldstücke und Reservate zurückgedrängt, die vor allem in den Nilgiri-Bergen, Madhya Pradesh, Odisha und Assam liegen. Von den noch existierenden zirka 50 000 asiatischen Elefanten lebt ungefähr die Hälfte in Indien. Dank Schutzmaßnahmen ist die Population in den letzten Jahren gewachsen. Doch die Bedrohung bleibt. Die große illegale Nachfrage nach Elfenbein in Japan und China führt zu großangelegter Wilderei. Im Unterschied zu dem afrikanischen Elefanten haben bei den asiatischen Elefanten nur die Männchen Stoßzähne. Das hat dazu geführt, dass es heute bedeutend mehr Weibchen als Männchen gibt, was natürlich den Bestand der Art bedroht.

Doch nicht nur das Wildern gefährdet die Elefanten. Auch Rodungen und die Ausbreitung der Landwirtschaft tragen dazu bei. Eine gute Momentaufnahme dafür, wie der Mensch immer mehr Boden in Anspruch nimmt, ist das Dorf Athmallik im Staat Odisha, wo Pikay Mahanandia in den 50er Jahren aufwuchs (s. Kapitel 17). Damals breitete sich dichter Wald von den niedrigen Bergen bis hin zum Mahanadi-Fluss ein paar Kilometer weiter aus. In diesem Wald gab es viele wilde Elefanten, erzählt er. Heute sind die Bäume zwischen den Füßen der Berge und dem Ufer des Flusses abgeholzt, das Dorf hat sich ausgebreitet, und der ehemalige Wald ist heute urbar gemachter Ackerboden. Wenn Pikay nunmehr in sein Heimatdorf zurückkehrt, muss er feststellen, dass man nur noch selten Elefanten sieht. Sie sind in die Wälder verdrängt, die weiter vom Fluss entfernt stehen.

Der Wildlife Trust of India versucht, die Elefanten zu schützen, indem man Waldkorridore zwischen den verschiedenen Reservaten schafft, so dass sich die Elefanten zwischen den Gebieten bewegen können, was eine Voraussetzung für Fortpflanzung und Überleben ist. Doch solche Projekte schaffen ethische Dilemmata. Während man bedrohte Tierarten schützen will, gibt es auch das Bedürfnis, Land urbar zu machen und der wachsenden Bevölkerung erträgliche Lebensbedingungen zu schaffen. Ein abgeholzter Wald, ein bestellter Acker und eine neue Fabrik sind für die wilden Tiere fatal, doch für die Menschen in einem Dorf mit großer Armut und hoher Arbeitslosigkeit sieht es schon anders aus. Die Frage wird plötzlich brandaktuell, wenn die Europäer, die einen bedeutend größeren Anteil der Wälder ihres Kontinents gerodet haben, von den Indern auf einmal verlangen, dass sie ihre Natur bewahren sollen. Die Westeuropäer haben ihre Urwälder völlig zerstört, haben viele Tierarten aussterben lassen und sich auf diese Weise den Wohlstand gesichert, den Indien jetzt anstrebt. Doch mit welchem Recht, fragen sich indische Politiker, kann Europa die Forderung stellen, dass Indien seinen wirtschaftlichen Fortschritt zugunsten bedrohter Tierarten einstellt?

Der Elefant ist das größte auf dem Land lebende Säugetier. Das nächstgrößte ist das Nashorn. Von den ursprünglich drei Nashornarten, die in Indien lebten, ist nur noch eine übrig, das Panzernashorn. Früher war es fast überall auf den nordindischen Flussebenen verbreitet, doch jetzt kommt es nur noch im Reservat in Assam vor. Das Nashorn wird auch von Wilderern gejagt, die für die Schwarzmärkte in Ostasien arbeiten, wo das begehrte Horn traditionell als eine natürliche Variante von Viagra betrachtet wird.

Doch wie kann es sein – und damit sind wir wieder bei der Frage, die ich eingangs gestellt habe –, dass die fruchtbare nordindische Ebene, deren gute Voraussetzungen vor einigen tausend Jahren die Entstehung der bedeutendsten Hochkulturen der damaligen Welt begünstigt hatten, heute so arm und problembeladen ist?

Die Ursachen, soweit man sie genau ausmachen kann, liegen jedenfalls nicht nur bei Bodenbeschaffenheit und Klima, sondern auch in der Frage, wie der Mensch seine Gesellschaften organisierte und die guten Voraussetzungen, die ihm die Natur geschenkt hatte, verwaltete.

Vielleicht war die Natur im Norden zu großzügig – und verlockte die Menschen dazu, sie schon früh übermäßig zu nutzen, indem man die Wälder massiv rodete, was zu Überbevölkerung und Umweltzerstörung führte. Vielleicht sollte man auch hier wieder auf die militärtechnisch überlegenen Indoarier hinweisen, ein berittenes Volk aus Zentralasien, die im Norden patriarchale und feudale Gesellschaften schufen und das Kastensystem entwickelten, das auf lange Sicht soziale Beweglichkeit und damit politische und soziale Entwicklung hemmen sollte.

Andere Teile Indiens, vor allem im Süden und entlang der Küsten, hatten eine Geschichte mit reformfreudigeren Maharadschas und – genau wie in Europa – vielen konkurrierenden Kleinreichen. Die dravidischen südindischen Völker bauten den Kontakt mit anderen Reichen durch relativ friedlichen Handel auf, während die Einwohner auf den Ebenen im Norden immer aufs Neue von fremden Armeen angegriffen wurden und deshalb während kritischer Perioden gezwungen waren, ihre Gesellschaften wie Heerlager zu organisieren.

Die mächtigen nordindischen Imperien interessierten sich mehr für schöne Bauwerke als für soziale Reformen und waren an Bodenreformen, welche die Macht der Grundbesitzer und die seit Jahrtausenden bestehende Versklavung der Landarbeiter brechen konnten, nicht interessiert. Die alten Kulturorte am Ganges wurden in der Zeit der muslimischen Dynastien vom Mittelalter an in ein wirtschaftlich zurückgebliebenes Land und in zunehmend hierarchische und militaristische Gesellschaften verwandelt, die schließlich implodierten und der wirtschaftlichen Ausbeutung durch die Briten Tür und Tor öffneten.

Die Bundesstaaten Uttar Pradesh und Bihar um die Flüsse Yamuna und Ganges sind heiliges und historisches Gebiet. Hier spielten Mahabharata und Ramayana, hier entwickelte sich der Hinduismus zu dem, was er heute ist, der Buddhismus wurde hier geboren, und es herrschten einige der künstlerisch eindrucksvollsten Königreiche der Welt. Doch heute ist hier der Grundbesitz am ungerechtesten verteilt, die Armut ist am größten, die Politiker sind am korruptesten und die Kastenhierarchien am härtesten.

Seit Lasse Berg sein Buch «Entlang des Ganges» schrieb, sind die Metropolen Neu-Delhi auf der westlichen und Kalkutta auf der östlichen Seite der Ebene erwacht. Sie erleben gerade einen rasanten sozialen Wandel mit hohen Wirtschaftswachstumsraten. Doch dazwischen herrschen feudale Strukturen auf dem Land, und die Städte sind behördlich schlecht organisiert – und das auf den fruchtbarsten Böden Indiens.

Wenn man in Schweden 200 Kilometer auf der Landstraße fährt und die gleiche Entfernung in Indien zurücklegt, dann offenbart sich: Schweden verfügt über eine Umwelt im Gleichgewicht, während die indische Umwelt einer Katastrophe gleicht. Von einem schwedischen Busfenster aus gesehen stört kaum etwas das Bild vom gleichförmigen Nadelwald und einer ebenso konsequenten wie einheitlichen landwirtschaftlichen Umgebung. Von einem indischen Busfenster aus sieht man Haufen mit verrottendem Müll, zurückgelassene Baustoffe, Gräben voller Pappe und flatternder Plastiktüten. Doch das ist nur der äußere Schein. Was den Zustand von Natur und Tieren angeht, verhält es sich genau umgekehrt.

Eine skandinavische Landschaft mag ordentlich aussehen, doch die biologische Vielfalt ist durch intensive Wald- und Landwirtschaft verkümmert. Eine indische Landschaft mag schrecklich aussehen, ist aber deutlich abwechslungsreicher. In Indien stürzen die Eisvögel auf abflussschwarzes Wasser nieder, blitzen in blauen und bunten Farben mit den Blaukrähen von den Telefonleitungen und den Bienenfressern um die Wette. An den Straßenrändern surrt und schwirrt es von Insekten, Kröten und Fröschen, Frankolinen und Staren. Der Schwarzmilan, ein großer Raubvogel, schwebt in weiten Kreisen über die Großstädte und hält nach Kadavern Ausschau. Störche, baumwollweiße Kuhreiher und Silberreiher patrouillieren übers Reisfeld. Affen, fliegende Hunde und Mungos leben völlig ungeniert in bebauten Gegenden.

Vom schwedischen Busfenster aus sieht man im besten Fall ein Rotwild oder eine Krähe.

Eine Erklärung für die biologische Vielfalt in Indien läuft darauf hinaus, dass die Landschaft, die vom Busfenster so vermüllt aussieht, nicht so geordnet, aufgeräumt und auf menschliche Bedürfnisse ausgerichtet ist wie in Schweden. Knicks, Wasserteiche, unbeackertes Unkrautland und Sumpfgelände bleiben sich selbst überlassen, was den Tieren Raum gibt.

Bisher ist die Lage noch einigermaßen vertretbar. In Indien existieren zwölf Prozent der globalen Vogelfauna und ein ebenso großer Anteil des weltweiten Pflanzenbestands. Das Land hat

95 Nationalparks und 500 Wildreservate. Insgesamt 4,75 Prozent der Fläche des Landes stehen unter Naturschutz, während 20 Prozent aus Wald bestehen.

Doch die biologische Vielfalt ist durch den Erfolg der Menschen bedroht. Mit der zunehmenden Bevölkerung wächst auch der Druck auf Boden und Wasser. Die Feuchtgebiete werden trockengelegt. Die Wälder abgeholzt. Indien hat folglich ein gigantisches Umweltproblem. Große Flüsse, nicht zuletzt der Ganges, und Wasserläufe nehmen völlig verunreinigte Zuflüsse auf, sind pechschwarz und stinken nach Kloake. Über der nordindischen Ebene liegt wie ein Deckel eine Smogwolke, die von der Verbrennung von Holz und getrocknetem Kuhdung herrührt, aber auch von den Industrien im Nachbarland Pakistan und den Bundesstaaten Punjab, Haryana und Uttar Pradesh herrührt. Die Luft in Neu-Delhi wird mit jedem Jahr schlechter, was daran liegt, dass immer mehr Menschen ein eigenes Auto besitzen, aber auch daran, dass die Bauern in Haryana und Punjab, den Staaten nordöstlich von Delhi, ihre Weizen- und Hirseäcker abflämmen, weil das die effektivste und billigste Methode ist, den Boden für die nächste Saat vorzubereiten. Insgesamt 70 Prozent der Luftverschmutzung, die vor allem in den Wintermonaten den Smog in Neu-Delhi verursacht, stammt von dieser Praxis – so Gufran Beig, der das staatliche Forschungszentrum Safar leitet. Das bedeutet, dass der Smog zum Frühjahr hin, wenn die Abflämm-Saison zu Ende ist und die Winde drehen, abnimmt. Danach wird die Luft in Delhi aber nicht wieder sauber. Die indische Hauptstadt hat vielmehr, auch abgesehen vom Abflämmen, die siebtschlechteste Luftqualität der Welt. Von den 20 Städten mit der schmutzigsten Luft auf der Welt liegen 14 in Indien – so das Ranking der WHO. Und ganz oben – oder vielleicht sollte man lieber ganz unten sagen – findet man neben Delhi andere nordindische Städte wie Kanpur, Lucknow, Patna, Agra und Varanasi.

Das Autofahren und der Stromverbrauch wachsen dramatisch im Takt mit den verbesserten Einkommensverhältnissen der indischen Mittelschicht. Doch obwohl die Einwohner der meisten Großstädte in den Abgaswolken husten, die über den Straßen hängen, beträgt der Pro-Kopf-Ausstoß von Kohlendioxyd – 1,7 Tonnen pro Jahr – im Vergleich mit der EU nur ein knappes Fünftel und verglichen mit dem Durchschnittsamerikaner gar nur ein Zehntel. Im Unterschied zu den Hauptverursachern aus Nordamerika und Europa ist der Beitrag eines jeden Inders zur globalen Erderwärmung mit anderen Worten sehr klein. Indien, das 17 Prozent der Weltbevölkerung hat, steht laut einer offiziellen indischen Statistik für nur 4 Prozent des gesamten Ausstoßes von Kohlendioxyd. Bis 2050, wenn Indiens Wirtschaft wahrscheinlich die zweitgrößte hinter Chinas sein wird, rechnet man damit, dass der Anteil auf zehn Prozent gestiegen sein wird.

Eine Erklärung für den eher geringen Anteil am Kohlendioxyd-Ausstoß der Welt ist, dass es neben der 300–400 Millionen starken Mittelschicht 700 Millionen Inder gibt, die selten oder nie Auto und Moped fahren und keinen energiefressenden Kühlschrank oder eine Klimaanlage besitzen. Auch die Angehörigen der Mittelschicht haben, selbst wenn sie es sich leisten könnten, keine Spülmaschine, Waschmaschine oder einen Staubsauger. Sie haben nämlich eine Haushaltshilfe, die sich in manueller Arbeit um ihr schmutziges Geschirr und ihre schmutzige Wäsche kümmert. In Indien findet man nach wie vor Spülbürste, Feudel und Waschzuber vor.

Die Dorfstraßen baden nicht im Licht von Straßenlaternen, und die Dorfgeschäfte haben keine leuchtenden Reklameschilder. Schaut man sich ein nächtliches Satellitenbild von der Erde an, dann wird das sehr deutlich. Während große Teile Europas und der USA vor Licht strahlen, sind große Teile Indiens in Dunkel gehüllt.

Doch selbst wenn Indien im Verhältnis zu seiner großen Bevölkerungszahl kein offensichtlicher Umweltzerstörer ist, dann produziert das Land immerhin doch sehr viel Müll. Warum unternehmen Indiens Politiker nichts dagegen? Neben der Unfähigkeit der Behörden, die wohlklingenden Umweltgesetze auch durchzusetzen, gibt es noch eine andere Erklärung: Indien hat ganz einfach lange Zeit die wirtschaftliche Entwicklung, die Jahr für Jahr Millionen Inder aus der Armut holt, gegenüber einer aktiveren Umweltarbeit priorisiert.

Doch inzwischen tut sich etwas. Als sich die USA aus dem Pariser Abkommen verabschiedeten und auf Kohle setzten, bewegte sich Indien plötzlich in die andere Richtung. Inzwischen wurde, bei einer schon immer sehr ausgiebigen Nutzung von Solarenergie, der größte Sonnenkollektoren-Park der Welt fertiggestellt, während gleichzeitig der Neubau von Kohlekraftwerken gestoppt wurde. 2017 war indische Sonnenenergie zum ersten Mal billiger als Kohlekraft. Im ganzen Land werden jetzt riesige Sonnenkollektoren-Parks gebaut. Die indische Entwicklung wird entscheidend für das Klima der ganzen Welt sein, weil das Land – trotz niedrigem Pro-Kopf-Ausstoß – insgesamt der drittgrößte Produzent von Kohlendioxyd ist. Durch die strategische Fokussierung auf erneuerbare Energien rechnet Indiens Regierung jetzt damit, die Ziele des Pariser Abkommens einige Jahre früher als geplant zu erreichen.

Gleichzeitig hat man begonnen, mit Hilfe von Sonnenkollektoren unzugängliche Dörfer, die bisher ohne Elektrizität waren – unter anderem im Staat Uttar Pradesh –, mit Strom zu versorgen. Die Stromversorgung mit Sonnenenergie bedeutet, dass jede Familie, die in den abgelegenen Gegenden lebt, kostenlos Sonnenkollektoren, eine Batterie und einen Deckenventilator gestellt bekommt, dazu fünf LED-Lampen und einen Stromschalter. Die

Einführung der Sonnenenergie in den am weitesten entlegenen Dörfern führt auch dazu, dass sich die Gesundheit der Dorfbewohner verbessert, weil man fossile Brennstoffe wie Holz und getrockneten Kuhdung ersetzt und damit den ungesunden Rauch, den die Verbrennung erzeugt, vermeidet.

Auf diese Weise können Umweltarbeit und Wirtschaftswachstum, die zuvor noch als widerstreitende Interessen betrachtet wurden, Hand in Hand gehen.

21. Wenn die Demokratie obsiegt

Nun bin ich wieder zurück in Kerala, dem saftig grünen, südlichen Bundesstaat mit dem reichhaltigen Monsunregen. Von der Hauptstadt Thiruvananthapuram nehme ich den lokalen Bus ein paar Kilometer nach Süden zum Dorf Parassala, wo man an die Fähigkeit der örtlichen Demokratie, eine bessere Gesellschaft zu schaffen, glaubt.

Ein heruntergekommenes, von tropischem Grün überwuchertes Betonhaus beherbergt das Bürgerbüro der Kleinstadt und den Gemeinderat, *Panchayat*, was ursprünglich ein Rat aus fünf (*panch*) Mitgliedern heißt. Hier treffe ich den Vorsitzenden R. Biju, Marxist und Mitglied der Communist Party of India, der mir stolz berichtet, dass der Gemeinderat für die 51 000 Einwohner neun Schulen, zwei Krankenhäuser und sechs Gesundheitszentralen unterhält. Er fügt hinzu, dass fast 100 Prozent der Stadtbewohner lesen und schreiben können, was für Indien eine sensationell hohe Zahl ist.

«Unterricht und Krankenversorgung sind frei. Wer weniger als 12 000 Rupien (ungefähr 200 Euro) im Jahr verdient, bekommt auch die Medikamente gratis», erzählt er und bietet mir in seinem spartanisch eingerichteten Arbeitszimmer lokal geerntete Cashewnüsse und knubbelige, rote Bananen an.

Durch das offene Fenster: schnalzende Eichhörnchen im Guavenbaum. Im Zimmer: ein mit einem zerknitterten, weinroten Tuch bedeckter Schreibtisch, Stapel mit feuchtwelligen Papieren und Registerbüchern, zwei weiße Telefone, fleckige, türkisfarbene Betonwände und die erstickende, stillstehende Hitze, die uns wie eine feuchtwarme Wolldecke umschließt. Auf unseren Stirnen: glitzernde Schweißtropfen. Als R. Biju ein Taschentuch herausholt und sich das Gesicht wischt, beugt sich der Sekretär endlich vor und schaltet den Ventilator ein.

Die Gewohnheit, dass der Rat fünf Mitglieder haben soll, ist vor langer Zeit aufgegeben worden. Nun besteht der Gemeinderat aus 22 Mitgliedern, von denen neun Frauen sind und zwei den niedrigsten Kasten angehören. Man trifft sich zweimal im Monat.

R. Bijus positives Bild vom Kleinstadt-Kerala ist nicht leere Angeberei, sondern wird durch Indiens Volkszählung von 2001 und unzähligen wissenschaftlichen Untersuchungen bestätigt. Kerala ist in Indien Klassenbester, sowohl was soziale Wohlfahrt als auch die Gleichberechtigung der Geschlechter und lokale Demokratie angeht.

Momentan wird in Indien eine große Umverteilung der Macht von der Spitze zur Basis durchgeführt: *Panchayati Raj*. Gewählte Dorfräte gab es in Indien hier und da schon seit ein paar tausend Jahren, doch seit 1993 sind sie laut Verfassungszusatz auch obligatorisch. Jeder Bundesstaat muss jetzt dafür sorgen, dass regelmäßige Gemeinderatswahlen auf mindestens zwei Ebenen abgehalten werden, und ein Drittel aller Plätze muss für Frauen reserviert sein. Das ist eine beeindruckende Reform in einer Welt, wo die Macht dazu neigt, sich von den Bürgern zu entfernen. Vielleicht ist es, wie der Politikwissenschaftler und Indien-Kenner Sten Widmalm von der Universität Uppsala sagt: *Panchayati Raj* ist eine der größten Dezentralisierungsreformen der Welt und enthält die umfassendsten Reformen der Welt, was die Verwirklichung einer hohen Frauenquote angeht.

Kerala hat sich als einer der Bundesstaaten erwiesen, in dem die Gemeinderatsreform am konsequentesten und effektivsten durchgeführt wurde. Und hier ist man noch einen Schritt weiter gegangen. 1996 lancierte der Volkswirtschaftler Thomas Isaac, heute Finanzminister in der kommunistischen Regierung des Bundesstaates, das direktdemokratische Projekt «Kampagne des Volkes». Das Ziel war es, das Engagement der Mitbürger in der Lokalpolitik zu steigern, und zwar mit Methoden aus der Wiege der Demokratie im antiken Athen: Versammlungen, zu denen alle Mitbürger willkommen sind und sich Gehör verschaffen können.

R. Biju strahlt Selbstvertrauen aus, als er von den Erfolgen der Kampagne des Volkes berichtet. In Parassala werden jeden dritten Monat für alle offene Versammlungen abgehalten. Dann ist der große Saal neben Bijus Büro voll besetzt.

«Die Leute kommen mit ihren Anliegen und Problemen hierher und stimmen über Verbesserungsvorschläge ab, die der Gemeinderat dann weiterverfolgt. Das ist echte, direkte Demokratie», sagt er.

Was ist denn gerade die wichtigste Frage?

«Mülltrennung. Das sagen die Leute, die zu den großen Treffen kommen. Schauen Sie sich um, alles ist vermüllt. Was können wir gegen den Müll tun? Wir wollen eine Müllverbrennungsanlage bauen und die Kompostierung organisieren. Unser Ziel: eine grüne Stadt.»

Im Westen hat man oft eine pessimistische Vorstellung von der Demokratie Indiens. 1961 meinte der Schriftsteller Aldous Huxley, dass Indien, wenn der Premierminister Jawaharlal Nehru zurücktritt, eine Militärdiktatur werden würde. 1967 schrieb die *London Times*, dass die damals bevorstehende vierte Parlamentswahl vermutlich die letzte sein würde. Die Erfahrungen aus anderen post-kolonialen Ländern in Afrika und Asien war abschreckend. Bald würde auch die indische Demokratie wie ein fragiles Kartenhaus in sich zusammenfallen, so die allgemeine Befürchtung.

Im Juni 1975 schienen die Pessimisten recht zu behalten. Indira Gandhi war seit 1966 Premierministerin gewesen und hatte sukzessiv die Macht der Zentralregierung auf Kosten der Bundesstaaten gestärkt. Jetzt war die Lage schwierig. Die Ölkrise hatte dazu geführt, dass die Wirtschaft des Landes darbte und die Inflation stieg. In dieser Situation erklärte ein Gericht, dass Indira Gandhi ihren Platz in der ersten Kammer des Parlaments, der Lok Sabha, durch Korruption und Wahlbetrug erlangt habe, und verlangte, dass sie ihren Platz freimachen müsse.

Indira Gandhi antwortete mit der Ausrufung des Ausnahmezustands. Die Presse wurde zensiert, Oppositionspolitiker wurden gefangengenommen, Gewerkschaften beschnitten. Die Macht konzentrierte sich immer stärker in den Händen der Regierungschefin. Beschlüsse wurden nicht länger auf Regierungsversammlungen oder im Parlament geschlossen, sondern in der eigenen Kanzlei der Premierministerin und im Jugendverband der Kongresspartei, den ihr jüngster Sohn Sanjay Gandhi leitete.

Doch nicht einmal die fast alleinherrschende Indira Gandhi hatte den Glauben an die Demokratie aufgegeben.

Der Ausnahmezustand blieb, was der Begriff besagt: eine kurze Abkehr von der Normalität. Anderthalb Jahre nach der Aufhebung der Demokratie ordnete Gandhi Neuwahlen an, um die Unterstützung der Wähler für ihr antidemokratisches Regime zu erhalten, was ohne Frage einem absurden politischen Theater glich. Sie meinte, das Volk hinter sich zu haben. Doch sie war zu weit gegangen. Indira wurde von einer Mehrheit der Wähler abgewählt, fügte sich brav dem Wahlergebnis und überließ die Regierungsgeschäfte der siegreichen Opposition.

Im Ergebnis führte diese dunkelste Periode in der indischen Politik paradoxerweise zu einer Vertiefung der Demokratie. Die Kongresspartei, die seit der Unabhängigkeit an der Macht gewesen war, verlor die Wahl. Indien bekam eine Regierung ohne diese immer mächtiger gewordene Partei. Die neue Regierung berief augenblicklich eine Kommission ein – The Ashok Mehta Committee –, um zu untersuchen, wie die Macht der Zentralregierung verringert werden könnte. Der Vorschlag der Kommission, die Macht der Regionen zu stärken, führte unter anderem zur Gemeinderatsreform von 1993.

Der Glaube der Wähler an Indira Gandhi hatte aber nur kleinen Knacks bekommen, so dass die Kongresspartei nach der Wahl von 1980 wieder an die Regierung zurückkehren konnte. Indira wurde einmal mehr die oberste politische Repräsentantin ihres Landes. Das Vertrauen in ihre demokratischen Überzeugungen war wiederhergestellt, als ob die Jahre, in denen sie die Demokratie zu erdrosseln versucht hatte, vergessen waren.

Auch die kulturelle und sprachliche Vielfalt hat Pessimisten im Westen dazu verleitet, einen schnellen Untergang vorauszusehen. 1970 schrieb Bernard Nossiter in der *Washington Post*, Indien sei ein Land wie Babel, ein Land, dem eine gemeinsame Stimme fehle. Vom Unabhängigkeitstag an, fuhr er fort, sei das Land von separatistischen Tendenzen verpestet, die durch Sprachverwirrung noch größer würden und den Zusammenhalt des indischen Staates bedrohten.

Die Befürchtung, das Land würde auseinanderfallen, ist durch mindestens drei Konfliktherde aktuell geworden, als Separatisten bei dem Versuch, sich aus der indischen Union zu befreien, zu Waffen und Bomben griffen.

Seit den 50er Jahren haben bewaffnete Gruppen in Nagaland, Mizoram, Manipur und Assam im nordöstlichen Indien für ihre

Unabhängigkeit gekämpft. Ein großer Teil der Bevölkerung in diesen Gebieten gehört tibeto-birmanischen Volksgruppen an, die keine Hindus sind und auch früher kein Teil der indischen Reiche waren, ehe die Briten sie ihrem indischen Kolonialgebiet einverleibten. Doch in den letzten Jahren ist die Lage ruhiger geworden, der Kampfeswille ist der Sehnsucht nach Frieden gewichen, so dass heute Verhandlungen zwischen den Separatistengruppen und der indischen Regierung stattfinden.

Zu Beginn der 80er Jahre verlangten militante Sikhs ein selbständiges Khalistan (das ist Punjabi für «das Land der Reinen») im Bundesstaat Punjab. Militante Separatisten verschanzten sich im heiligen Goldenen Tempel der Sikh in Amritsar. Im Juni 1984 rollte die indische Armee mit Panzern an und eroberte den Tempel in einer blutigen Aktion, die Antipathien gegen die Regierung selbst unter den Gruppen hervorrief, die dem Bestreben nach Unabhängigkeit skeptisch gegenüberstanden. Im Oktober desselben Jahres wurde Indira Gandhi von ihren eigenen Sikh-Leibwächtern ermordet, die die Seiten wechselten und ihre Waffen gegen die Person richteten, die sie eigentlich schützen sollten. Dies führte zu Pogromen im ganzen Land mit über 3000 getöteten Sikhs.

Anfang der 90er Jahre ebbte der Wunsch nach Selbständigkeit für Punjab ab. Die meisten der hartnäckigen Separatisten waren ganz einfach im blutigen Kampf ums Leben gekommen. Außerdem war Neu-Delhi auf eine Reihe von Kompromissen eingegangen – so erhielt der Sikhismus unter anderem in der indischen Verfassung den Status einer eigenen Religion. Alte Wunden heilen. Warum? Eine Erklärung ist zunächst wachsender Wohlstand in Punjab. Eine andere hat mit der versöhnlichen Entschuldigungsreise der Vorsitzenden der Kongresspartei Sonia Gandhi zu Sikh-Tempeln und der Wahl des Sikh Manmohan Singh zum Premierminister zu tun.

Seit 1989 ist es der Konflikt in Kaschmir, wo bewaffnete muslimische Gruppen für den Anschluss an Pakistan oder die Unabhängigkeit kämpfen, der die Regierung in Neu-Delhi am meisten beunruhigt.

Parallel zur separatistischen Gewalt ist die Idee von einem vereinten Indien immer stärker geworden. Knapp 70 Jahre nach der Unabhängigkeit zeigt sich, dass die Pessimisten falschlagen. Die Wahlbeteiligung ist, im Gegensatz zum Westen, von Wahl zu Wahl gestiegen. In der ersten Wahl gaben zirka 45 Prozent der Wahlberechtigten ihre Stimme ab, heute beträgt die Wahlbeteiligung rund 60 Prozent. Außerdem wählen immer mehr Gruppen, die zuvor demokratisch marginalisiert waren: Frauen, Daliten, Stammesvolk *(Adivasi)*, Arme, Ungebildete. Im Bundesstaat Uttar Pradesh, dem bevölkerungsreichsten Staat Indiens mit 167 Millionen Einwohnern, hat die Daliten-Partei die politische Landkarte umgepflügt, indem sie sich gegen die etablierten Parteien behauptete und in der Regierung landete. Der Politikwissenschaftler und Wahlanalytiker Yogendra Yadav sagt sogar, dass Indien das einzige Land auf der Welt sei, in dem sich die niedrigsten Gesellschaftsschichten in vielen Bezirken durch eine höhere Wahlbeteiligung auszeichnen als die gebildeten privilegierten Gruppen.

Wenn man die Größe der indischen Wählerschaft bedenkt, kann man behaupten, dass in indischen Wahlen mehr Menschen ihre Stimme abgegeben haben als in irgendeiner anderen Demokratie in der Welt. In China wächst zwar die Wirtschaft schneller, doch dort ist auf der anderen Seite noch nie eine demokratische Wahl abgehalten worden. Im ständigen Zweikampf um die Rolle des sympathischsten Landes mit dem stärksten Wirtschaftswachstum erfanden indische Politiker auf dem World Economics Forum 2006 den Ausdruck «Indien – die am schnellsten wachsende demokratische Wirtschaft der Welt». Und das ist gewiss richtig. Die Wahl zum Parlament 2004 war, wie der Politikwissenschaftler Sunil Khilnani, bekannt für sein Buch *The Idea of India*, sagt, «der größte demokratische Wahlprozess in der Geschichte der Menschheit».

Gleichzeitig wirkt es so, als habe die Akzeptanz der sprachlichen Vielfalt, im Gegensatz zu den Befürchtungen von Bernard Nossiter, die Separatisten gezähmt. Der Historiker Ramachandra Guha sieht in seinem jüngsten Buch *India After Gandhi: The History of the World's Largest Democracy* die Nachbarländer als Beispiel für ein Scheitern des Einsprachigkeitsmodells.

In Sri Lanka versuchte man, das Singalesische als Amtssprache durchzusetzen, was zu dem Bürgerkrieg führte, der bis heute zwischen der singalesischsprachigen Regierung und den Tamilischen Tigern, die für die tamilische Minorität kämpfen, tobt.

Pakistan fiel nach wenigen Jahrzehnten aufgrund eines Sprachenstreits auseinander, als das bengalisprachige Ostpakistan / Bangladesch die Dominanz des urdusprachigen Westpakistan leid war und sich als selbständige Nation ausrief.

Wenn Hindi als alleinige Amtssprache in Indien durchgesetzt worden wäre, was ja viele Politiker in den 50er Jahren gerne wollten, dann hätten wir heute vielleicht nicht 22 Sprachen und eine indische Nation, sondern 22 Nationen und eine indische Sprache.

Ein Jahrzehnt nach der Unabhängigkeit wurde die Karte über die indischen Regionen neu gezeichnet. Die alte koloniale Aufteilung wurde verworfen, und stattdessen wurden Bundesstaaten geschaffen, die im Prinzip die alten, hergebrachten Sprachgebiete umfassten. Das erwies sich als ein Geniestreich. Heute haben die meisten Inder zwei selbstverständliche Identitäten. Man ist Bengali, Punjabi, Oriyai, Gujarati, Malayalami, Kannadigi usw. und gleichzeitig Inder. Es gibt immer noch ein paar Ecken des Landes, in denen Separatismus herrscht. Im muslimischen Kaschmir und den tibeto-birmanischen Bundesstaaten im Nordosten Indiens regieren Religion und Ethnizität. Im zentralen Indien, wo eine maoistische Guerilla unterwegs ist, dominiert eine Mischung aus Ethnizität und Klassenzugehörigkeit. Doch was das Recht auf die eigene Sprache angeht, ist die Frage gelöst. Man kann mit vielem unzufrieden sein, nicht zuletzt den schlecht organisierten und korrupten Behörden, doch eine Mehrheit aller Inder betrachtet die demokratisch gewählte Regierung in Neu-Delhi als legitim und selbstverständlich.

Die meisten Nationen werden von dem Kitt zusammengehalten, der entweder durch eine gemeinsame Sprache oder durch eine gemeinsame Kultur, Religion und Geschichte geschaffen wird. Darüber hinaus gibt es die Vorstellung, dass Demokratie eine gut ausgebildete Bevölkerung verlangt. Europäische Kommentatoren haben deshalb in dem zerrissenen und armen Indien ein Beispiel für ein hoffnungsloses Projekt gesehen.

Die wichtigste Erklärung für das Überleben Indiens als Nation ist neben dem Mehrsprachigkeitsmodell vermutlich die Garantie gleicher Rechte für alle Religionen durch den säkularen Staat. Seit der Unabhängigkeit zeichnete sich ab, dass Indien einen anderen Weg einschlagen würde als Pakistan, das heute ein muslimischer Einheitsstaat mit Sharia-Gesetzen ist. Was Indien auch immer sein mag – ein «hinduistisches Pakistan» ist es jedenfalls nicht. Indiens reichster Geschäftsmann ist Muslim, einige der populärsten Schauspieler von Bollywood sind Muslime, ebenso wie mehrere ranghohe Politiker. Von 2004 bis 2014 war der Premierminister ein Sikh (Manmohan Singh), von 2002 bis 2007 war der Präsident ein Muslim (Abdul Kalam) und von 1998 bis 2017 war die Vorsitzende der Kongresspartei eine geborene Katholikin (Sonia Gandhi). Trotz der Islamisierung in Kaschmir sind nur sehr wenige der 180 Millionen Muslime Indiens Fundamentalisten. Stattdessen glauben sie, wie sich herausgestellt hat, immer mehr an die indische Demokratie. Während nach einer kürzlich durchgeführten Studie 69 Prozent aller Inder großes Vertrauen in das demokratische System haben, beträgt die Zahl bei Indiens Muslimen 72 Prozent.

In den 90er Jahren erstarkte der Hindu-Fundamentalismus. Deshalb wird Indien seit 2004 von einer Partei regiert, die den Hinduismus in die Politik gebracht hat. Laut Ramachandra Guha wird die Bewegung der *Hindutva*, der politische Hinduismus, von einer äußeren Bedrohung genährt, also von der Existenz eines muslimischen, theokratischen «zweiten Indiens». Solange Pakistan existiert, schreibt Guha, wird es in Indien Hindu-Fundamentalisten geben. Der Kampfgeist der Hindu-Nationalisten wird von der Angst am Leben gehalten, dass Indiens Muslime mit Hilfe von Pakistan die Hindus, den Hinduismus und Indien vernichten könnten.

Seit die Hindu-Nationalisten in Neu-Delhi und auch in immer mehr anderen Bundesstaaten an die Macht gekommen sind, wurden an mehreren Orten das Schlachten von Kühen verboten und alle Kinos verpflichtet, vor jeder Filmvorführung die Nationalhymne zu spielen. Außerdem haben Menschenrechtsaktivisten und Intellektuelle den hindu-nationalistischen Premierminister kritisiert, weil er Hass-Verbrechen von Hindus gegen Muslime und andere Minderheiten nicht schnell und hart genug verurteilt hat. Doch verglichen mit der Rhetorik, die in den 90er Jahren an der Tagesordnung war, sind die Hindu-Nationalisten sanfter geworden. Die BJP hat sogar angefangen, bei den Muslimen und anderen religiösen Minoritäten auf Stimmenfang zu gehen. Vielleicht kann man die BJP heute mehr als eine Partei der Unzufriedenheit sehen, die manchmal mit der Angst der Hindus vor dem

Islam spielt, aber keine reine hindu-nationalistische Bewegung mehr ist. In einem wichtigen Punkt unterscheiden sich auch Indiens Nationalisten von Leuten wie Donald Trump oder nationalistischen Politikern in Europa: Die Strategie der BJP, Indien als Nation zu stärken, ist auf die Befeuerung von Freihandel und Globalisierung aus und nicht umgekehrt.

Das unabhängige Indien ist Europas Vergangenheit und seine Zukunft, meint Ramachandra Guha. Indien «ist Europas Vergangenheit, indem man die Konflikte der Modernisierung, Industrialisierung und Urbanisierung reproduziert hat», argumentiert er. Gleichzeitig ist Indien «Europas Zukunft, indem man es trotz allem (...) geschafft hat, eine multilinguale, multireligiöse, multiethnische politische und wirtschaftliche Zusammengehörigkeit zu schaffen».

Guhas alles andere als «politisch korrekte» Analyse lautet, dass der britische Kolonialismus einigend wirkte. Was wäre Indien ohne koloniale Institutionen und Einrichtungen wie Eisenbahn, Armee, Behörden, die englische Sprache, Cricket gewesen? Von den Briten übernahm man auch den Liberalismus, auch wenn er durch sozialistische Rhetorik und bis 1991 auch durch eine sozialistische Wirtschaftspolitik ergänzt wurde. Doch trotz Fünfjahresplänen, Zollschranken und Reglementierungen wurde die freie Wirtschaft immer hochgehalten, und die Bürger in Indien konnten frei wählen, wo sie im Land wohnen, arbeiten, studieren und investieren wollten. Vielleicht hat Indien genau deshalb überlebt, weil man auf allen Ebenen den Pluralismus akzeptierte und nicht versuchte, Gleichheit zu erzwingen.

Doch was bedeutet es, Inder zu sein? Worin besteht das Indische? Wenn nicht Religion und Sprache einen, was dann?

Abgesehen von der gemeinsamen Geschichte, so meint Ramachandra Guha, ist einer der Puzzlesteine der Hindi-Film. Alle indischen Bundesstaaten haben ihre Kultur, ihre Tradition und ihren Stil. Doch daneben gibt es einen weiteren «Bundesstaat», der alle vereint, und das ist Bollywood.

Die Filme aus der indischen Traumfabrik haben den Indern nicht nur eine Sammlung gemeinsamer Helden geschenkt, sondern auch Gesprächsthemen und eine verbindende Art, sich auszudrücken. Strophen aus Filmsongs und weiter verbreitete Filmdialoge, schreibt Ramachandra Guha, spielen in Gesprächen in der Schule, in der Universität, zu Hause, am Arbeitsplatz und auf der Straße eine Rolle. Solange man Hindi-Filme schaut und gemeinsam in deren Lieder einstimmt, so meint er, wird Indien überleben.

Shehla Masood aus Bhopal war eine von Tausenden Aktivisten, die für die Umwelt und gegen die Korruption in Indien kämpften. Eine ihrer besten Waffen in diesem Kampf war das neue Öffentlichkeitsprinzip des Landes (Right to Information Act), das 2005 im Parlament verabschiedet wurde. Nach diesem Gesetz sollen alle behördlichen Informationen, die für die Allgemeinheit interessant sein könnten, öffentlich gemacht werden.

Für Shehla leistete das Gesetz ausgezeichneten Dienst. Über jeden Vorgang, bei dem sie Bestechung vermutete, verlangte und bekam sie Auskunft. Bei einem der Geschäfte, die sie überprüfte, ging es um die britisch-australische Grubengesellschaft Rio Tinto, die die Genehmigung erhalten hatte, in einem unter Naturschutz stehenden Teak-Wald eine Diamantengrube anzulegen. Dieser Wald war zudem noch das Wasserreservoir für ein Reservat zum Schutz des bedrohten Tigers. Hier war eine Menge wichtiger Naturschutzgesetze einfach ausgehebelt worden, meinte Shehla und forderte Taten.

Doch ihr Kampf nahm ein dramatisches Ende. 2011 wurde sie tot in ihrem Auto gefunden, man hatte ihr in den Kopf geschossen. Ihre Aktivistenkollegen, die Freunde und die Familie waren überzeugt davon, dass sie ermordet wurde, weil sie drauf und dran war, einen weiteren großen indischen Korruptionsskandal aufzudecken.

Im selben Jahr hielt der Aktivist Kisan Baburao Hazare, bekannt als Anna Hazare, Indiens Regierung mit seinen Hungerstreiks in Atem, mit denen er die Korruption stoppen wollte. Und Hazare war nicht allein. Indien hat viele Probleme, doch manchmal hat man den Eindruck, das Land habe auch ebenso viele Aktivisten und Organisationen, die daran arbeiten, sie zu lösen. Ohne den massiven Druck durch Aktivisten von unten wäre Indien heute nicht die lebendige Demokratie, die es trotz allem ist. Ein Beweis für die Durchschlagskraft all dieser kämpferischen Freiwilligenorganisationen mit Fokus auf den Menschenrechten und sozialer Gleichberechtigung ist vielleicht die Tatsache, dass sogar Premierminister Narendra Modi sie fürchtet, weil er ihnen misstraut und findet, sie würden ausländische Interessen vertreten und indische Werte unterminieren. Ich bin davon überzeugt, dass diese indische Graswurzelbewegung das Land im internationalen Vergleich immer noch zu etwas Besonderem macht. Während viele Regierungen in der ganzen Welt den Zugang zu öffentlichen Dokumenten verweigern, hat Indien 2005 mit der uralten Geheimnistuerei der Behörden, die man von den Briten geerbt hatte, Schluss gemacht.

Die Korruption betrifft die gesamte Gesellschaft. Kein Tag vergeht, an dem die Presse nicht neue Details aus verschiedenen Korruptionsskandalen aufdeckt, in die Politiker wie Geschäftsleute involviert sind. Am schlimmsten aber schädigt die Korruption die Armen. Der größte Skandal sind nicht die riesenhaften Betrügereien, in die Top-Politiker verwickelt sind, sondern all die Millionen kleiner Bestechungsbeträge, die von Bürgern an Polizei, Lehrer und andere Beamte in lokalen Behörden gezahlt werden müssen, um Zugang zu etwas zu bekommen, worauf eigentliche alle einen kostenfreien Anspruch hätten. Eine einzelne Bestechung kostet vielleicht 2 Euro, nicht mehr, doch das genügt schon, um die Sache zu einem schwer überwindlichen und ärgerlichen Hindernis für die Armen zu machen.

Da ist es kein Wunder, dass die Menschen in den Dörfern und den Slumgebieten der Städte den Right to Information Act als eine Waffe im Kampf gegen die Korruptionsepidemie ansehen. In den ersten drei Jahren des Gesetzes stellten die indischen Bürger mehr als zwei Millionen Anträge auf Einsicht in behördliche Handlungen. Die Postämter im ganzen Land berichteten, dass die Zehn-Rupien-Briefmarken, die gebraucht wurden, um die Anträge zu verschicken, ausgingen.

Shehla Masood, die Aktivistin, die erschossen wurde, war Akademikerin aus der Mittelschicht, doch das Gesetz ist vor allem von armen Landarbeitern, Bediensteten und Tagelöhnern genutzt worden – kurz gesagt, von denen, die in der Gesellschaft keine andere Macht haben als ihre demokratischen Rechte.

Einer von ihnen war Shashidas Mishra, ein Straßenverkäufer in einer Kleinstadt im armen Bundesstaat Bihar. Bevor er sich auf seine tägliche Fahrradtour begab, um seine Verkaufsslogans für Kekse und Schokolade zu rufen, pflegte er am Amtsgericht vorbeizuradeln und einen Antrag auf Einsicht in die Handlungen der öffentlichen Hand zu stellen. Er wollte wissen, warum es in der örtlichen Krankenstation keine Medikamente und Ausrüstung gab, was die Polizei mit all den Mopeds und Fahrrädern unternahm, die man von Dieben beschlagnahmt hatte, und wie die Behörden überhaupt Steuergelder verwendeten. Er war hartnäckig. Während der ersten drei Jahre, in denen es das Gesetz gab, stellte er knapp 1000 Anträge auf Einsicht in öffentliche Handlungen. Manche fanden offenbar, er sei etwas zu hartnäckig. 2010 wurde er in der Nähe seines Heims tot neben seinem Fahrrad gefunden, auch er in den Kopf geschossen. Alle in seiner Umgebung außer der Polizei waren überzeugt, dass er ermordet worden war, weil er das Öffentlichkeitsprinzip zu heftig eingefordert hatte.

Kritiker sagen, die Bestechungskultur würde trotz des Right to Information Act weiterleben. Wahr ist aber auch, dass Tausende unheiliger Allianzen zwischen Politikern, Beamten, Mafia und Unternehmern aufgedeckt und öffentlich gemacht wurden. Politiker und Beamte sind angezeigt worden und die Zeitungen haben spektakulär berichtet.

Leider kann es aber offenbar gefährlich sein, wenn man allzu emsig nach der Wahrheit sucht. In den ersten Jahren nach der Verabschiedung des Gesetzes geschahen um die zehn Morde, die alle im direkten Zusammenhang mit der Überprüfung von Handlungen der Behörden zu tun hatten.

Auf der Liste von Transparency International, die zeigt, wie korrupt Bürger ihr Land einschätzen, landet Indien im internationalen Vergleich ungefähr in der Mitte. Neuseeland und Dänemark führen die Liste an und werden damit als am wenigsten korrupt angesehen, während der Südsudan und Somalia sich am unteren Ende der Liste eingerichtet haben. Indien hat seine Position um einige Plätze verbessern können, seit das neue Gesetz gekommen ist. Das Öffentlichkeitsprinzip zeigt offenbar Wirkung. Doch das ist natürlich ein schwacher Trost für die Angehörigen der ermordeten Aktivisten, deren einziges Vergehen es doch war, dass sie so leben wollten, wie es die Gesetze erlaubten. Und natürlich: Die meisten Täter kommen davon. Wenn man Macht und Geld besitzt, dann finden sich immer Methoden, Gier und Eigennutz zu verbergen.

22. Bollywood erobert die Welt

Im Westen verhalten wir uns in vieler Hinsicht sehr ethnozentrisch. Viele von uns leben doch in dem Glauben, dass der Westen sich die ganze Welt untergeordnet hat, und zwar sowohl wirtschaftlich als auch kulturell. Nichts könnte falscher sein.

Die koloniale Expansion im 19. Jahrhundert organisierte den Welthandel wie ein U-Bahn-Netz. Es gab direkte Verbindungen vom Zentrum – also Europa – in die Peripherie – also die Kolonien.

Doch im letzten Jahrzehnt sind die Querverbindungen zahlreicher geworden und werden stärker befahren. Zwei der größten Verbindungslinien verlaufen von China nach Afrika und von Indien nach Afrika. Die Abhängigkeitsdoktrin kannte nur ein Zentrum und eine Peripherie, einen Unterdrücker und einen Unterdrückten. Die Rückständigkeit der ehemaligen Kolonien war das Ergebnis der Abhängigkeitsposition, die sie dem Westen gegenüber einnahmen. Ich glaube, dass diese Analyse, die in den 60er Jahren von den lateinamerikanischen Neo-Marxisten angestellt wurde, richtig war. Doch die Theorie hat in gewisser Weise die immer lohnenswerteren und immer stärker genutzten Querverbindungen zwischen den Ländern im Süden vergessen.

Bei der Jagd auf Rohwaren und Märkte in Afrika liegt China

weit vor Indien. Doch was den Kulturimperialismus angeht, führt Indien. In der Welt des Films hat Bollywood schon lange Querverbindungen zwischen den ehemaligen Kolonien hergestellt. Die genreüberschreitenden und tränenreichen Filme aus den indischen Filmfabriken wurden schon in den 50er Jahren in Westafrika ungeheuer populär. In Nigeria, das dank Indien heute eine eigene, wachsende Filmindustrie besitzt, waren sie besonders erfolgreich. Vor allem die muslimische, hausasprachige Bevölkerung im Norden schätzte die indischen Filmhelden. Amerikanische Filme schilderten ein Leben, das sich auf einem anderen Planeten abspielte. Doch in den indischen Filmen erkannte man sich wieder.

Indische Filme handelten zum Beispiel oft vom Widerspruch zwischen der Liebesheirat und arrangierten Ehen. Außerdem trugen die Männer oft Turban und die Frauen einen zarten Schleier, der das Gesicht verbarg. Auf den Märkten liefen sie an meckernden Ziegen und gackernden Hühnern vorbei. Und die Helden fuhren eher Mopeds als Autos. Die Identifikation zwischen den beiden Kulturen war, mit anderen Worten, stark, auch wenn Indien bunter, glitzernder, lustiger und pompöser wirkte. Wie Nigeria – nur etwas größer und lauter. Etwas, wovon man träumen konnte.

Auch in Somalia, Ägypten und Marokko und praktisch im gesamten Nahen Osten diente lange Bollywood – und nicht Hollywood – als Traumfabrik. New York in allen Ehren, doch in jenem Teil der Welt schimmert Bombay mindestens ebenso prächtig.

Auch nach Osten hin war der indische Kulturimperialismus erfolgreich. Im Mittelalter verbreiteten indische Geschäftsleute die indische Kultur und Religion nach Südostasien. Vielleicht sind indische Filme deshalb heute für die Menschen in Malaysia, Indonesien und Kambodscha so leicht zugänglich.

Bollywood hat mehrmals die Indian Film Academy Awards –

das Gegenstück zur Oscar-Gala – von Bombay nach Bangkok oder Singapur und andere südostasiatische Metropolen vergeben. Außerdem drehen indische Filmunternehmen ihre Filme gern in Malaysia, wo der indische Filmverleih auch die größte Kino-Kette zur Hälfte besitzt. Die Indian Film Academy Awards werden in der Regel von rund einer halben Milliarde Fernsehzuschauer gesehen. Das sind deutlich mehr als bei der Oscar-Gala. Die meisten Zuschauer sind weder Europäer noch Amerikaner. Und in Indonesien hat Bollywoods *Kuch Kuch Hota Hai* von 1998 ein größeres Publikum angezogen als der parallel ausgestrahlte Film *Titanic* aus Hollywood.

Der Filmkenner Amrit Gangar, den ich in der Bibliothek in The Asiatic Society treffe, einem antikisierten Palast im Kolonialviertel Bombays, glaubt, dass Bollywoods Image im Westen als farbenfroh, aber uninteressant bald vorüber sein wird.

«Das ist die Globalisierung», sagt er. «Die hat zwei Dinge mit sich gebracht. Zum einen ist das Publikum im Westen heute aufgeschlossener für Fremdes. Zum anderen haben die indischen Filme begonnen, Probleme, Lebensstile und Umgebungen zu schildern, die etwas allgemeingültiger sind und nicht nur Indien betreffen. Die Filme werden, wie die Welt auch, immer uniformer.»

Es kommt einem ein wenig unwirklich vor, dass es so weit weg von uns eine fast unbekannte Welt aus Filmen, Premierenfeiern, Tratsch und Filmstars gibt. Als gäbe es eine Parallelwelt: pompöser, viel zahlreicher an Menschen und deutlich melodramatischer als unsere. Manchmal ist es ein unliebsamer Gedanke, dass nicht alles mit uns im Westen beginnt und endet.

Als die Gebrüder Lumière 1896 in einem Hotel in Bombay bewegliche Bilder zeigten, ahnten sie nicht, dass sie in ein Land gekommen waren, das im kommenden Jahrhundert der weltführende Produzent von Filmen werden würde. Als der erste Spielfilm *Raja Harishchandra* 1913 in derselben Stadt Premiere hatte, wusste auch niemand, was da geschah. Doch während der Stummfilmzeit sollten schon über 1200 Filme in Indien produziert werden, und Mitte der Dreißigerjahre hatte sich Bombay mit rund zwanzig Filmstudios als das landesweite Filmzentrum etabliert. Der Tonfilm hatte die Voraussetzung für das Genre geschaffen, das mehr oder minder immer noch regiert: der Masala-Film, eine Mischung aus mehreren Genres (*Masala* heißt «Mischung»). Ein wenig Spannung, ein wenig Action, ein wenig Romantik, ein wenig Humor – zusammen mit den obligatorischen, großangelegten Gesangs- und Tanznummern, die oft auf hinduistische Mythologie anspielen (das mythologische Liebespaar Krishna und Radha ist ein populäres Vorbild). Der Starkult ist groß, der Ausdrucksstil grell und überdeutlich, die Musik mitreißend und die Tänze gut choreographiert.

Um in Bollywoods Massenproduktion von Filmen Schauspieler zu werden, muss man tanzen können, aber nicht unbedingt singen und auch nicht notwendigerweise schauspielern. Schlechte Schauspielkunst wird vom Rhythmus und der Schönheit der Tänze aufgewogen, wo die Gesangstitel im Nachhinein von professionellen Sängern eingesungen werden. Trotzdem fliegt den Schauspielern am Ende der ganze Ruhm zu, auch für die Songs.

Heute produziert Indien rund 1000 Filme im Jahr, die von einem globalen Publikum von zirka 3,6 Milliarden gesehen werden. (Hollywood produziert nur 500 Filme im Jahr, die von etwa 2,6 Milliarden Menschen gesehen werden). Dass der Film in Indien so groß geworden ist, kann zum Teil damit erklärt werden, dass er – vor allem der visuelle und nicht so sehr dialog-basierte indische Film – das perfekte Unterhaltungsmedium für das große analphabetische Publikum ist. Ein anderer Grund liegt darin, dass das Fernsehnetz bis in die 80er Jahre noch nicht in alle Orte gelangt war. In Gegenden ohne Empfang, die abgelegensten und ärmsten Landesteile, reisten mobile Kinogesellschaften mit Projektoren und einem weißen Tuch herum und zeigten Filme.

In den Dreißigerjahren wurde Bombay zum Zentrum für den kommerziellen Film auf Hindi. Doch parallel dazu wuchsen Filmindustrien in anderen indischen Sprachen in Süd- und Ostindien. Die Hindi-Filmunternehmen in Bombay – Bollywood – dominieren immer noch stark, doch es werden jedes Jahr auch Hunderte von tamilischen Filmen in Chennai gedreht, das nach der Gegend Kodambakkam, in der viele Filmstudios liegen, «Kollywood» genannt wird. Auch Hyderabad ist eine große Filmstadt mit einer jährlichen Produktion von Hunderten Filmen auf Telugu, deshalb der Name «Tollywood».

Die kommerziellen Filme werden in drei Kategorien eingeteilt. Da ist der mythologische Film, dessen Handlung aus der Mahabharata oder der Ramayana entnommen ist, dann der Actionfilm mit Schurken und waghalsigen Stuntnummern und schließlich das Drama mit alltagsnahen Problemen wie arrangierten Ehen und Kastengegensätzen. Dann kann man noch einen vierten Typ hinzufügen: den nationalistischen Film über den Freiheitskampf und die Ideale, für die Mahatma Gandhi stand, zum Beispiel *Mother India* von 1957 (über eine Frau, die alles für die Familie aufgibt), *Lagaan – Es war einmal in Indien* von 2001 (über ein Cricketmatch zwischen Indern und Briten) und *Gold* von 2018 (über die Goldmedaille der indischen Nationalmannschaft bei den Olympischen Spielen in London 1948).

Neben den kommerziellen Filmen gibt es einen eher künstlerisch und sozial engagierten Film, der Preise auf Filmfestivals gewinnt und im Westen gezeigt wird. Hierher gehört die vom italienischen Neorealismus inspirierte 50er-Jahre-Trilogie des Bengalen Satyajit Ray über die Kindheit des armen Jungen Apus, dann Shekhar Kapurs *Bandit Queen* (1994), Mira Nairs *Salaam Bom-*

bay (1986), *Mississippi Masala* (1999) und *Monsunhochzeit* (2001) und Ritesh Batras *The Lunchbox* (2013).

Doch nur schmale Rinnsale sind aus Bollywoods kommerzieller Filmproduktion in den Westen getröpfelt. Einerseits, weil die Filme oft technisch unausgegoren und zu banal für das rational denkende westliche Publikum sind, andererseits, weil sie Anspielungen auf die indische Mythologie enthalten, die niemand westlich des Indus versteht. Doch inzwischen ist eine Verbindung zwischen Bollywood und Hollywood geschaffen worden, während gleichzeitig die Kluft zwischen einerseits künstlerischen kleinen Filmen und andererseits kommerzieller Wirklichkeitsflucht geringer geworden ist. In den letzten Jahren hat Bollywood mehr breite, populäre Filme mit hoher technischer und künstlerischer Qualität und glaubwürdiger psychologischer Handlung produziert. Gestaltung der Charaktere und Erzähltechnik, die einst so spezifisch indisch waren, ähneln immer mehr Hollywood. Außerdem drehen indische Filmproduzenten immer öfter im Ausland, vor allem in der Schweiz, Österreich, Malaysia und Südafrika, weil die wachsende Mittelschicht gern indische Schauspieler vor einem Hintergrund von Modernität und technischer Entwicklung und am liebsten auch vor großartigen Bergpanoramen agieren sieht.

23. Literarische Feste und heiße Debatten

Wenn man den Eindruck hat, alle im Westen würden von der Krise des gedruckten Wortes reden, dann ist es erholsam, nach Osten zu reisen. In Indien erleben seit der Jahrtausendwende sowohl die Zeitungslektüre wie auch das Verlagswesen einen Boom. Noch nie zuvor sind so viele Bücher erschienen, die von so vielen gelesen wurden, was natürlich eine Folge der sich verändernden Gesellschaft mit schnellem wirtschaftlichen Wachstum, steigendem Ausbildungsniveau und sozialer Befreiung ist. Ein wenig wie in Westeuropa während der ersten Hälfte des 20. Jahrhunderts.

An einem Tag im Januar nehme ich den Pink City Express von Neu-Delhi nach Jaipur, um das Jaipur Literature Festival zu besuchen, das sich das größte Literaturfestival der Welt mit freiem Eintritt nennt. Ein schöner demokratischer Gedanke, den man aus der Coffeehouse-Bewegung der 50er Jahre mit City Light Books in San Francisco und The Bohemian Embassy in Toronto entliehen hat. Während fünf intensiver Tage im Januar drängen sich jedes Jahr Journalisten, Aktivisten, Abiturienten aus dem Ort, coole Kids aus der Hauptstadt, Hausfrauen im Sari und andere bücherlesende Normalbürger vor den zehn Bühnen im Garten um den ehrwürdigen Diggi Palace aus dem 19. Jahrhundert in der Wüstenstadt Jaipur.

Das britische Imperium mag vor langer Zeit untergegangen sein und nur von wenigen vermisst werden, doch auf seinen Trümmern lebt eine englischsprachige Welt, die sich von Wellington über Neu-Delhi bis nach Vancouver erstreckt. Verschiedene Ethnien und Sitten mit einer gemeinsamen Sprache ermöglichen einen spannenden, globalen Ideenaustausch.

Indische und internationale Schriftstellerstars drängen sich neben hingebungsvollen Buchlesern, die gekommen sind, um Ingwerchai aus rotbraunen Keramiktassen zu schlürfen und ihren literarischen Idolen zuzuhören. Bei fast jedem Programmpunkt gibt es spontanen Applaus nach extra kernigen Aussagen.

In einer Welt, in der Intoleranz und Fundamentalismus eine Renaissance erleben, hat man das Gefühl, das multikulturelle Indien insgesamt und das Jaipur-Festival im Besonderen würden zum Atemholen einladen. Hier gibt es nicht nur eine mehrere hundert Jahre alte Tradition des Nebeneinanders von verschiedenen Sprachen und Religionen, sondern auch eine lange literarische Tradition. Der britische Autor William Dalrymple, der zusammen mit seiner indischen Schriftstellerkollegin Namita Gokhale und mit Sanjoy Roy das Festival gründete, verweist auf die Poesie-Lesungen im südindischen Chola-Reich (das 300 v. Chr. gegründet wurde) und in den mittelalterlichen Maharadscha-Palästen und Höfen der Moguln-Kaiser.

«Ich bin gestern am Bahnhof vorbeigekommen und sah angereiste Collegestudenten, die sich kein Hotel leisten können und deshalb auf den Bahnsteigen schlafen, um beim Literaturfestival dabei sein zu können. Das sagt doch etwas über die Kraft der Literatur in diesem Land aus», erklärt ein begeisterter Dalrymple in einer seiner Eröffnungsreden.

Doch auf dem Literaturfestival erfahre ich auch, dass viele Inder sich Sorgen machen wegen der wachsenden Intoleranz. 2015 gaben mehrere Autoren ihre Preise und Auszeichnungen der indischen Literaturakademie Sahitya-Akademie zurück, um gegen die rechte Hindu-Regierung des Landes mit Premierminister Narendra Modi an der Spitze zu protestieren, weil diese Vielfalt und das freie Wort – lange Zeit die Insignien Indiens – gefährde.

«Er verdammt den Hass und die Bedrohungen nicht, denen sich freimütige Autoren ausgesetzt sehen. Modis Nachgiebigkeit verstärkt die Intoleranz», sagt die indische Autorin Anjum Hasan, die ich im Gedränge treffe.

Doch bisher ist das Wort noch frei. Auf dem Festival in Jaipur ist in den letzten Jahren alles diskutiert worden, vom Coming Out als Homosexueller bis hin zu religiöser Intoleranz, indischer Demokratie und der Arbeitssituation für indische Schriftstellerinnen.

Parallel zur indischen Literatur auf Hindi und Englisch ist Poesie und Prosa auch in vielen anderen indischen Sprachen erschienen, wie Bengali, Gujarati, Oriya und Marathi. Am bekanntesten ist Rabindranath Tagore, ein bengalisches Multitalent, der malte, komponierte und Romane, Novellen, Theaterstücke und Gedichte auf Bengali schrieb, von denen er einen Teil selbst ins Englische übersetzte. 1913 wurde er der erste Nicht-Europäer, der den Nobelpreis für Literatur erhielt, «aufgrund der tiefen und hohen Beziehung sowie der Schönheit und Frische seiner Dichtungen, die auf eine glänzende Weise sein dichterisches Schaffen auch in dessen eigentümlichem englischen Gewand der schönen Literatur des Abendlandes einverleibt».

Damals hatte das Nobel-Komitee noch nicht die sprachliche Kompetenz, seine Bücher zu lesen, die ja auf Bengali verfasst sind. Der Preis rühmt vor allem das Verdienst, dass Tagore seine Gedichtsammlung Gitanjali selbst ins Englische übersetzte und somit der Welt zugänglich machte.

Das literarische Establishment Europas sah Tagore damals als einen spirituellen Guru an, und das galt auch für einen seiner größten Bewunderer, den irischen Dichter William Butler Yeats. Vielleicht wurde das Bild von einem indischen geistigen Führer noch durch Tagores langen, buschigen Bart verstärkt, der in Wirklichkeit damals in Kalkutta eine recht verbreitete Erscheinung war. Doch Tagore war kein Guru, auch wenn seine Texte oft existentielle Gedanken ausdrücken. Er betrachtete seine Umwelt öfter aus einer politischen denn aus einer geistigen Perspektive. Zum Beispiel war er richtig wütend auf seinen Freund Mahatma Gandhi, als dieser behauptete, das vernichtende Erdbeben in Bihar 1934 sei die Strafe Gottes für die hochkastigen Brahmanen und ihre Verachtung für die Unberührbaren.

Die Hoffnung auf einen radikalen Gott in allen Ehren, doch das war nach Tagores Ansicht ein Aberglauben.

Ich beschließe, die Bedeutung Tagores im heutigen Indien zu erforschen, und begebe mich in seine Heimatstadt Kalkutta oder Kolkata, wie die Stadt nunmehr offiziell heißt.

Nach einer 33 Stunden langen Zugreise von Bombay aus steige ich an der Howrah-Station aus dem Gitanjali-Express (passenderweise nach Tagores Gedichtsammlungen benannt). Ich begebe mich auf Kalkuttas Straßen und erkenne bald, dass ich noch nie zuvor so viel Leben und Bewegung an ein und demselben Ort gesehen habe. Vierzehn Millionen Menschen auf wenigen Quadratkilometern zusammengedrängt. 3,7 Quadratmeter pro Person. Mein Gott, ist das eng hier. Henri Michaux drückte es in *Ein Barbar auf Reisen* von 1931 so aus: «Ich kenne einige Hauptstädte. Vergesst es! Hier haben wir Kalkutta! Kalkutta, die vollgepackteste Stadt des Universums!»

Kalkutta funktioniert, vibriert, expandiert. Der Überlebensinstinkt des Menschen und der Lebensfunke triumphieren über die Apathie. Hier ist das Dasein lebenswert – trotz allem. Autos,

Menschen und Tiere stürzen sich in einem andauernden Chicken-Race aufeinander, und man denkt, jetzt wird es knallen, aber wie durch ein Wunder reiben sie sich nur aneinander, dass es knirscht, Schulter an Schulter, Karosserie an Karosserie – pang, bumm – oje, das war ein Rückspiegel – ein kurzes Chaos, dann machen sie sich wieder los, im Großen und Ganzen noch heil. In den Blicken der Menschen gibt es eine andere Art Ruhe. Über die Straße gehen? Eine Hand hoch, der Verkehr gibt Gas, du rennst rüber. Ein Ruck, alle gehen in die Eisen, es ist für einige magische, smograuchende Sekunden still, und dann pulsiert alles im selben Tempo weiter wie zuvor.

Doch im Zentrum von Kalkutta hat man mehr das Gefühl, in einer Scheune gelandet zu sein oder auf einem Dorfmarkt als in einer Weltmetropole. Blökende Schafe und herumfliegendes Getreide. Entspannt und fröhlich. Kartoffelsäcke werden geschleppt, Gemüse wird gewaschen, Fleisch gestückelt, Zuckerrohr gepresst, Kühe streunen herum und lecken an alten Exemplaren der Zeitung von Kalkutta *The Telegraph,* und trippelnde Ziegenherden schieben sich zwischen Taxis und Rikschas hindurch. Es riecht nach Räucherwerk, Kot, Holzfeuer, Schweiß, Dieselabgasen und – Blumen. Genau, mitten in Dreck und Staub: ein wunderbar kitzelnder Duft von Tagetes, der Lieblingsblume des Hinduismus.

Das Privatleben ist auf die Straße gezogen. Das ganze Leben wird aufgerollt – alles auf einmal, hier und jetzt. Auf dem Bürgersteig: Kochgerät, Wasserpumpen, Matratzen, Dosen mit persönlichen Dingen, Feuerstellen, schlafende Babys, lesende Männer, waschende Frauen. Eine Familie, die an einer Straßenkreuzung wohnt, hat sogar ein paar einfache Bilder an eine Hausfassade gehängt. Eine schwarz-weiße Fotografie der Familie direkt unter dem Schild mit dem Straßennamen. Privatleben mitten im öffentlichen Raum. Ich schlendere durch die Straßen um den New Market und bin plötzlich in einer Küche (huch, bin fast auf den Teig getreten), einer Toilette (heute Probleme mit dem Magen, sehe ich), einem Schlafzimmer (dass er in diesem Lärm schlafen kann), einem Wohnzimmer (guten Tag, ich komme aus Schweden, doch Kalkutta gefällt mir sehr gut) und einer Werkstatt (fieberhafte Aktivität).

Das letzte Stück zum Haus, wo Tagore wohnte, fahre ich in einem rumpeligen Taxi mit quietschenden Stoßdämpfern durch kleine Gassen voller Leben. Frauen, die Kleider waschen und Essen kochen, Männer, die ihre Körper einseifen, Kinder auf dem Weg zur Schule. Neben mir im Taxi begleitet mich die Historikerin Hena Basu, die erzählt, dass hier im Jorasanko-Viertel hauptsächlich Tagelöhner und Arbeiter aus den armen Dörfern im Bundesstaat Bihar wohnen, die in der Hoffnung auf Arbeit in die Großstadt gezogen sind. Wir steigen aus dem Taxi, das im Gedränge nicht weiterkommt, und begeben uns zu Fuß zum Haus der Familie Tagore, das heute ein Museum ist.

Tagore ist ein indischer Nationalheld. Er ist Schriftsteller und Komponist der *Jana Gana Mana*, der Nationalhymne des Landes. Doch spricht man nicht gern darüber, dass er die Hymne ursprünglich zu Ehren von König George V., dem Repräsentanten der verhassten Kolonialmacht, schrieb. Die Briten antworteten auf die höfliche Geste, indem sie Tagore adelten – ein Titel, den er, klug genug, nach dem Massaker von britischen Soldaten an der Zivilbevölkerung in Punjab 1919 wieder zurückgab. Das stellte seinen Ruf als Nationalheld wieder her.

Und seine Verehrung in Indien ändert auch nichts daran, dass er im Nachbarland Bangladesch als ebenso großer Held gesehen wird und auch hier der Komponist der Nationalhymne *Amar Shonar Bangla* ist. Das liegt natürlich daran, dass Tagore Bengale war und dass Bengalen geteilt ist: Die westliche Hälfte gehört seit dem Abzug der Kolonialmacht 1947 zum indischen Staat Westbengalen, während die östliche Hälfte die selbständige Nation

Bangladesch bildet. Tagore hat somit einen Platz in den Rekord-büchern als der einzige Mensch der Welt, der die Nationalhym-nen von zwei Ländern geschrieben hat.

Hena Basu ist in Kalkutta geboren und aufgewachsen. Hier ist es selbst nach indischen Maßstäben außergewöhnlich laut, eng und chaotisch. Hena sagt, das Gewühle würde süchtig machen. Wenn sie das entschieden geordnetere Neu-Delhi besucht, be-kommt sie Entzugserscheinungen. Ich kann sie verstehen. Die in-tensivierte Form menschlichen Zusammenseins dieser Stadt trifft mich mitten ins Herz. Einige Zeit in Kalkutta zu verbringen und dann an irgendeinen anderen Ort der Erde weiterzureisen, das ist, als würde man den Frühstücksespresso gegen eine Kanne schlap-pen Filterkaffees eintauschen.

Die Stadt lebt in Hena Basu, genauso wie die Gesänge von Ta-gore. Sie erzählt, dass bengalische Kinder mit einem Tagore-Ton in sich geboren würden. Die Erklärung dafür sei, dass viele Müt-ter während der Schwangerschaft die Gesänge des Nationaldich-ters summen würden. Und wenn die Kinder lesen lernen, dann gehören Tagores Texte zu den ersten, mit denen sie üben. Das Lesen und Singen seines Werks zieht sich durch alle Lebenspha-sen bis ins hohe Alter. Die Texte passen zu allen Gefühlslagen, meint Hena Basu, in Lebenskrisen wie in glücklichen Stunden.

Tagore ist eine seltsame Mischung aus Märchenerzähler, Kin-derliederkomponist, Psalmenverfasser, politischer Debattierer und sozialer Agitator. Lyrisch nationalistisch, ein Interpret der Stimme Gottes, politisch subversiv und Reformator – alles in ei-nem. Feierlich, sentimental und leicht geträllert. Lieder für die Gebildeten wie fürs Volk. Seine Musik wird immer noch im Ra-dio und auf Festivals gespielt, und es werden immer noch neue Ausgaben seiner Bücher gedruckt und CDs mit seiner Musik ver-kauft. Tagore ist mehr als ein geliebter Schriftsteller, meint Hena Basu, in Bengalen wird er wie ein Gott verehrt.

Wir fahren weiter in dem klapprigen Taxi zur Rabindra Bharati-Universität am Rand von Kalkutta, wo die Familie Tagore, die aus reichen Großgrundbesitzern bestand, ihre Landwirtschaft betrieb. Wir landen mitten in einer Willkommenszeremonie für zehn japanische Gaststudenten, die man mit Tagore-Liedern und einem Tanz von Mädchen mit Glöckchen an den Füßen willkommen heißt. Die Universität ist auf Kultur im Geiste des vielseitigen Tagore spezialisiert: Gesang, Tanz, Kunst, Drama und Literatur. Doch hier werden auch Wirtschaft und gesellschaftswissenschaftliche Themen unterrichtet. Sogar bei den Lektionen in Volkswirtschaft liegt der Fokus auf dem bengalischen Nationaldichter, nämlich in Form seiner Ideen zum Dorf als selbstversorgender Einheit – Ideen, die denen von Mahatma Gandhi ähnelten.

Tagore war ein früher Modernist. Er war ein Gegner des autoritären Frontalunterrichts, denn er war durch seine weltweiten Reisen und Treffen mit den größten Intellektuellen seiner Zeit, unter anderem mit der italienischen Pädagogikreformerin Maria Montessori, inspiriert. Außerdem fand er, die indische Großfamilie würde unmenschliche Forderungen an frisch verheiratete Paare stellen, wenn man sie niemals in Ruhe ließ. In Indien gibt es eine geistliche Tradition, in der ein Mann mit fünfzig sein weltliches Leben verlässt; er wandert dann und bettelt sich zwischen verschiedenen Pilgerzielen voran, oder er zieht in den Wald, um zu meditieren. Tagore mochte diese Tradition nicht. Ältere Männer werden zu Hause gebraucht, um sich um Familie, Kinder und Enkelkinder zu kümmern, fand er. Stattdessen sollte lieber das junge, frisch verheiratete Paar abgeschieden im Wald leben, um seine Romanze ausleben und seine Beziehung vertiefen zu können – und die Älteren sollten sich so lange um Haushalt und kleine Kinder kümmern.

Ich gehe mit Hena Basu in die Stadtbibliothek von Kalkutta,

wo sie mit Hilfe von Tagores Texten und Liedern Blinde unterrichtet. Dort lerne ich den blinden Studenten Nilratna Bala kennen, der zwei Tage die Woche in die Bibliothek kommt, um Texte von Tagore und anderen bengalischen Schriftstellern in Blindenschrift zu lesen. Er sagt, er möchte mir ein Tagore-Lied vorsingen. Hena Basu holt das handbetriebene Indische Harmonium der Bibliothek heraus. Und Nilratna singt ein Lied über die Freiheit, was eines der Lieblingsthemen von Tagore war. Es ist ein Lied in Bengali, das in Hena Basus Übersetzung so heißt:

> *Wenn du zögerst, erniedrigst du dich selbst*
> *Lass dich von der Gefahr nicht erschrecken*
> *Befreie dich von der Angst*
> *Sei stark*
> *So sollst du deinen Zweifel überwinden,*
> *überwinde dich selbst.*

Doch die indische Literaturgeschichte beginnt viel früher, nämlich mit dem Streit zwischen den beiden verbrüderten Geschlechtern Kaurava und Pandava über das Königtum Hastinapura. Die Fehde erlebt ihren Höhepunkt auf dem Schlachtfeld Kurukshetra – 160 Kilometer vom heutigen Neu-Delhi entfernt –, wo das Geschlecht der Pandava siegreich war. Alles das wird in dem gewaltigen Gedicht Mahabharata geschildert, das in den Jahrhunderten um die Zeitenwende herum verfasst wurde und immer noch als das umfassendste literarische Werk der Welt gilt. Es ist in Sanskrit geschrieben und besteht aus 18 Teilen und 90 000 Doppelversen, was bedeutet, dass es dreimal länger als die Odyssee und die Ilias zusammen und viermal länger als die Bibel ist.

Die Mahabharata wurde, ehe man sie niederschrieb, mündlich tradiert und längere Zeit immer wieder erweitert und verbessert, weshalb sie eine Menge verschiedener Verfasser haben muss, doch schreibt man sie in der Regel Vyasa zu. Abgesehen von der Erzählung vom blutigen Bruderzwist besteht das Werk aus Volkssagen, religiösen Gedanken, belehrenden Texten und einer Biographie von Krishna. Eine populäre Erzählung ist die von der treuen Ehefrau Savitri, der es gelingt, durch ihre unerschütterliche Liebe die Mächte des Todes irrezuführen und ihren toten Ehemann wieder zum Leben zu erwecken.

Die größte Bedeutung für den Hinduismus hat das religiöse Lehrgedicht des siebten Teils, die *Bhagavad Gita*: Sie schildert ein Gespräch zwischen Arjuna vom Geschlecht der Pandava und seinem Kutscher, der Krishna ist. Der Gott erklärt Arjuna, dass die Menschen nach den Gesetzen ihrer Kaste handeln sollten. Da Arjuna aus der Kriegerkaste ist, muss er in den Krieg ziehen.

Ich habe Teile der Mahabharata in verschiedenen Formen gestaltet gesehen. Als Schattentheater in der Stadt Solo im indonesischen Java, wo die Geschichte seit Jahrhunderten jede Nacht – von Mitternacht bis zur Morgendämmerung – gespielt wird. Dann als indische Fernsehserie von B. R. und Ravi Chopra. Als sechs Stunden langes Fernsehtheater des britischen Regisseurs Peter Brooks. Ich muss gestehen: Jedes Mal bin ich eingeschlafen. Das liegt nicht am Mangel an Dramatik, sondern an der Länge: Die Mahabharata ist eine Ewigkeitserzählung, die kein Ende zu nehmen scheint.

Als ich 2007 in Kerala ein Unternehmen für Filmanimation besucht habe, war man dort gerade dabei, den Zeichentrickfilm *Hanuman 2* zu produzieren, einen Nachfolger des ungeheuer populären Vorgängers *Hanuman*, den Millionen indischer Kinder gesehen haben. Hanuman ist einer der Helden in Ramayana (Sanskrit für «Ramas Wanderungen»), die davon handelt, wie der Königssohn Rama aus Ayodhya wegen einer intriganten und bösen Stiefmutter sein Anrecht auf den Thron verliert. Er flieht zusammen mit seiner Ehefrau Sita und dem Bruder Lakshmana, und sie erleben verschiedene Abenteuer. Der Dämonenkönig Ravana verschleppt Sita nach Sri Lanka, aber der Affenkönig Hanuman und seine Affenarmee schaffen es, sie zu befreien. Schließlich kehren Rama und Sita im Triumph nach Ayodhya zurück und besteigen den Königsthron.

Die Ramayana wurde zunächst mündlich tradiert, dann aber im 3. Jahrhundert n. Chr. niedergeschrieben, vermutlich von Valmiki. Ramas Abenteuer sind ebenso wie die Mahabharata in Indien und Südostasien seit über tausend Jahren in ungebrochener Tradition als Theaterstück, Schattentheater und Tanzdrama gestaltet worden. Heute werden Bollywoodfilme über Ramas Abenteuer gemacht oder Fernsehserien, Bücher, Kindermärchen und Comic-Hefte. Auch mein Freund aus Bombay, der Krimi-Autor Ashok Banker hat die Ramayana in moderner Form in einer Reihe von Büchern für Erwachsene verarbeitet, die zu einem großen Verkaufserfolg wurden.

Die Ramayana hat den Grund für *Kavya* gelegt, einen künstlerisch ausgeschmückten Gedicht-Stil, der von einem Brahmanen namens Kalidasa entwickelt wurde. Er lebte im 4. Jahrhundert n. Chr. am Hof von König Chandragupta II. und schrieb lyrische wie auch erzählende Gedichte als Theaterstücke, die auch westliche Schriftsteller wie Goethe und Schiller inspiriert haben. Mit *Meghaduta* (Wolkenbotschaft) etablierte Kalidasa eine neue literarische Form, die man die Botschafterdichtung nennt und die mehrere Jahrhunderte später in Südindien viele populäre Nachahmer fand.

An der südindischen literarischen Akademie, *Sangam*, dichtete man schon im 1. Jahrhundert n. Chr. in der dravidischen Sprache Tamilisch. Doch die Datierung der Werke ist schwierig, weil sie entweder mündlich von Generation zu Generation weitergegeben oder auf Palmblätter immer wieder abgeschrieben wurden, wenn die alten Blätter zu verrotten drohten. Als die ältesten Texte gelten die *Tolkappiyam*, eine Art Lehrbuch, wie man Sätze komponiert und Gedichte schreibt, den Poetikbüchern des Aristoteles und des Horaz ähnelnd.

Die klassischen Werke in allen Ehren, doch als Salman Rushdie 1983 *Mitternachtskinder* herausgab, öffnete das einer ganz neuen Generation im Westen die Augen für indische Literatur. Der Leser trifft auf eine kunterbunte und farbenrohe Welt in einer sprudelnden Prosa voller Gleichnisse und Wortverdrehungen und mit einer Handlung, die übernatürliche Aspekte mit Realismus und politischer Satire verbindet. Rushdie, dessen Stil man gern mit dem lateinamerikanischen magischen Realismus verbindet, setzt sich in seinen Büchern mit Indiens Vielfalt auseinander. Das ist in seiner Menge an Eindrücken verrückt, humoristisch, satt und überwältigend.

Als Rushdie nach den *Satanischen Versen* (1988) von der iranischen Führung mit einem Todesurteil wegen der Verhöhnung des Islam bedroht wurde, machte ihn das im Ausland berühmter als irgendeinen anderen indischen Schriftsteller der heutigen Zeit. Seine Bücher waren für das Bild des Westens von Indien vielleicht ausschlaggebender als für das lesende Publikum in Indien selbst. Seine Rolle als «der» indische Autor – der im Übrigen aus einer muslimischen Familie stammt und nicht lange in Indien gewohnt hat – ist von vielen in Frage gestellt worden, die der Meinung sind, dass seine Berühmtheit andere, vor allem die in indischen Sprachen verfasste Literatur (Rushdie schreibt auf Englisch) verdrängt hat.

Der indische Roman war seit seiner Entstehung im 19. Jahrhundert von europäischer Literatur inspiriert. Premchand, der 1880–1936 lebte, schrieb auf Hindi und Urdu und war von Mahatma Gandhis idealistischem Menschenbild und seinem sozialen

Pathos geprägt, doch auch von Europäern wie Dickens, Gorki und Tolstoi. In seinen Büchern, zum Beispiel *Godan* von 1936, ergreift er Partei für die armen Landbewohner und gegen die Bürokratie und die Grundbesitzer in einer Zeit, als die Urbanisierung und Modernisierung der Gesellschaft Fahrt aufnahmen. Vergleichbare proletarische Themen bearbeitete Mulk Raj Anand (1905–2004), der unter anderem *Kuli* schrieb, die Schilderung der Jugend eines niedrigkastigen Jungen auf dem Land und der Begegnung mit sowohl der indischen als auch der britisch-kolonialen Macht.

In derselben Generation gibt es noch den südindischen R. K. Narayan, der wie Anand auf Englisch schrieb und dessen Romane in der fiktiven Kleinstadt Malgudi spielen, inspiriert von Mysore, wo Narayan wohnte. Sie handeln von einer verschlafenen Stadt, die von der neuen Zeit mit ihrer neuen Moralvorstellung verändert wird. Seine Bücher hatten im Westen großen Erfolg dank Graham Greene, der ihn mit Tschechow verglich. Insgesamt gab es 14 Romane um Malgudi, unter anderem *Der Lehrer und seine Ehefrau*, *Der Anführer* und *Der Schildermaler*.

In den 80er und 90er Jahren debütierte in Salman Rushdies Fußspuren eine Reihe indischer Autoren, die auf Englisch schrieben und internationalen Erfolg hatten. In all ihren Büchern erfuhr man, wie schon bei Rushdie, viel über Indiens Politik und Geschichte, als hätten sie alle den Ehrgeiz gehabt, den großen indischen Roman zu schreiben, der die indische Seele erklären würde.

Vikram Chandra schrieb in *Tanz der Götter* von einem Dichter, der sich als Affe offenbart, Rohinton Mistry, der Parse ist (die indische Bezeichnung für Zoroastrier), schrieb in *Das Gleichgewicht der Welt* vom Schicksal und Abenteuer zweier armer Landbewohner in Bombay zur Zeit des Ausnahmezustands unter Indira Gandhi. Vikram Seth schrieb den Mammutroman *Eine gute Partie*, der zwei Jahre indische Geschichte in den 50er Jahren anhand seiner Protagonisten beschreibt.

Arundhati Roy schrieb *Der Gott der kleinen Dinge*, das mit einer poetischen und malerischen Sprache von einer Familie und ihrem Schicksal in den Backwaters in Kerala erzählt. Nach einer langen Pause kehrte sie mit *Das Ministerium des äußersten Glücks* zurück, in dem eine der Hauptpersonen *Hijra* ist, ein indisches Wort für Transsexuelle. Er/sie landet mitten in den Pogromen gegen Muslime im Bundesstaat Gujarat 2002 und flieht dann, schwer traumatisiert, auf einen muslimischen Friedhof in Alt-Delhi, um ein Pensionat für Indiens gemobbte Unglückskinder zu eröffnen: unberührbare Hindus, Muslime, Transgender und Drogensüchtige. Typisch Roy. Wenn man ihre linkspolitischen Ausführungen in den letzten zwei Jahrzehnten verfolgt hat, dann wird einem klar, dass sie eine der zornigsten und scharfzüngigsten intellektuellen Kritiker der indischen Kombination von Marktliberalismus und Hindu-Nationalismus ist. Man könnte sagen, dass sie der unliebsame Gast ist, der auf dem Fest die gute Stimmung ruiniert. Natürlich, die Börse boomt, die Wohlfahrt der Mittelschicht wächst, der Staat ist säkularisiert, die Wahlen sind einigermaßen demokratisch. Aber Roy weist nur zu gern darauf hin, dass das Kastensystem noch lange nicht am Ende ist, dass Muslime und Ureinwohner nach wie vor Diskriminierung erleben und dass die regierende Hindu-Rechte Intoleranz toleriert – oder, wie Arundhati Roy es formuliert: «Das, wovon das Volk glaubt, es sei Freiheit, ist in Wirklichkeit Sklaverei.»

24. Die Erinnerung an ein Imperium

Indien war der Juwel in der Krone des britischen Imperiums. Doch alle, die damals dabei waren, sind jetzt tot. Und das mächtigste Kolonialreich der Welt, das ein Viertel der Erdoberfläche unter sich hatte, ist zu einem kleinen Fleck auf der Weltkarte geschrumpft. *Little Britain*, könnte man sagen, was ja auch der Name einer Comedyserie war, die die BBC vor ein paar Jahren ausstrahlte.

Doch wer schert sich heute noch um alte imperiale Erinnerungen? Immer mehr Briten, wie es scheint. Die britische Fernsehserie *Indian Summers* von 2015 spielte in Shimla, der indischen Sommerhauptstadt der Briten. Wir schreiben das Jahr 1932, und nett gekleidete Kolonialisten mit rosigen Wangen sitzen auf Terrassen und trinken Tee und Gin mit Tonic und schauen über das Reich, das sich die britische East India Company 300 Jahre zuvor unter den Nagel gerissen hatte. Und vor einigen Jahren kam der Kinofilm *The Best Exotic Marigold Hotel* und dazu der Nachfolger *The Second Best Exotic Marigold Hotel*. Die Filme spielen zwar nicht in der Kolonialzeit, spinnen die Romantik um ein britisches Indien aber weiter: Maharadscha-Paläste, Turbane, Elefanten und dann die pensionierten Engländer, die nach Jaipur ziehen und sich aufs Neue in das Land verlieben, das man am 15. August 1947 so demütigend verlassen musste.

Heute bieten britische Reiseveranstalter Rundreisen durch Indien an, die man *The Raj Reborn*, also das wiedergeborene Imperium nennt. Und in London sind Restaurants aufgetaucht wie das Gymkhana, das anglo-indisches Essen unter dunklem, blank lackiertem Holzdach und neben Jagdtrophäen des Maharadschas von Jodhpur serviert. Und das Dishoom mit dem Werbeslogan «From Bombay with love» versetzt die Gäste sowohl nach Osten als auch in der Zeit zurück. Mit leise schnurrenden Deckenventilatoren, schwarz-weiß kariertem Steinfußboden, dunklen Holzstühlen und Tischen mit Marmorplatten wird das Gefühl eines kosmopolitischen, britisch geordneten Asien erweckt. Das Essen ist sehr kolonial. Hier probiert man ein *Kejriwal*, einen Toast mit Chili-Käse und zwei gebratenen Eiern, oder ein *Bombay omelette* mit gehackten Chilis, Tomaten und Zwiebeln und dazugehörigem *Pau*, dem fluffigen, portugiesisch inspirierten Bombay-Brot.

Die East India Company wurde 1600 von Königin Elisabeth I. gegründet, war aber ein Privatunternehmen, das die Welt im Auftrag der Krone eroberte. Das Unternehmen schaffte sich eine eigene Armee an, die 1803 doppelt so groß war wie die des britischen Staates. Man könnte sagen, der Kolonialismus wurde an eine Beraterfirma outgesourct, die, wie sie von sich selbst behauptete, «zur großartigsten Handelskompanie des Universums» wurde.

Doch das war einmal. Heute ist der Name East India Company von dem Geschäftsmann Rajiv Mehta aus Bombay übernommen worden, der einen Riecher für den britischen Zeitgeist besitzt und daraus eine erfolgreiche Kette von Nostalgiegeschäften gemacht hat, die koloniale Antiquitäten, Bücher, feine Tees und luxuriöse altmodische Lebensmittel verkauft. Der Ehrgeiz ist, wie er auf seiner Seite erklärt, «den untadeligen Stammbaum und das beneidenswerte Kulturerbe der historischen Marken zu kapitalisieren». Wenn man bedenkt, welche Reichtümer das Unternehmen bei den indischen Herrschern und ihren Untertanen erbeutete, dann ist das eine Behauptung, die mehr mit einem romantisierten nostalgischen Bild der Kolonialzeit übereinstimmt als mit der Wirklichkeit. Doch warum diese Nostalgie um das britische Imperium? Immerhin sind doch 70 Jahre vergangen, seit die Briten durch den Triumphbogen «Gateway to India» marschierten und ein für alle Mal nach Hause segelten. Als der Literaturprofessor Paul Gilroy, Autor mehrerer Bücher über den Postkolonialismus, in The Guardian über die Nostalgiewelle befragt wurde, verglich er sie mit einer Krankheit. Die Romantiker seien von «pathologischer Melancholie» heimgesucht worden, urteilte er und beschrieb die Träume als kranke Phantasien über eine vergangene Zeit. Das Großartige, wofür Großbritannien stand, ist Geschichte. Das Imperium wiederherzustellen, ist unmöglich. Die EU war aus Sicht vieler Briten ein Schuss in den Ofen. Da bleibt nur das Nächstbeste, nämlich der Brexit und die unrealistischen Träume über eine verlorene koloniale Welt.

Doch es gibt auch Briten, die gern die unbehaglichen Seiten der Kolonialzeit aufzeigen, die heute in der Restaurant- und Filmwelt so verherrlicht wird. Einer von ihnen, der Schriftsteller William Dalrymple, wie schon erwähnt der Begründer des Jaipur Literature Festival, räumte in einem Artikel im Guardian mit dem Mythos auf, bei Kolonialismus ginge es nur um gleichberechtigten Handel, der den Indern genutzt habe, die dank ihrer klugen europäischen Herren den Parlamentarismus, die englische Sprache, die Eisenbahn und das Cricketspiel übernommen hätten. Das sei vielleicht richtig, aber gleichzeitig hätte auch die britische East India Company Reichtümer lokaler Fürsten und des auseinanderfallenden Moguln-Reiches an sich gerissen. Die gestohlenen Kunstschätze kann man heute in britischen Schlössern und Herrensitzen finden. Allein im Schloss Powis in Wales gibt es eine größere Sammlung indischer Kunst als im Nationalmuseum in Neu-Delhi.

Die East India Company erzielte zeitweilig enorme Gewinne, die viele ihrer Chefs steinreich machte, schrammte danach aber knapp am Konkurs vorbei und war schließlich auf wirtschaftliche Unterstützung von der britischen Regierung angewiesen. Der britische Kolonialismus war somit ein historischer Vorläufer der heutigen multinationalen Konzerne, die staatliche Unterstützung bekommen, weil man hofft, dass es ganze Volkswirtschaften davor bewahrt, in den Abgrund gerissen zu werden.

Das Erbe der East India Company, schreibt William Dalrymple, sei ganz einfach eine Warnung an die Welt, was passieren kann, wenn private Unternehmen zu viel Macht haben und sie missbrauchen.

Auch so kann man sich an das untergegangene britische Imperium erinnern.

25. Ihr sollt uns nicht bemitleiden

Einer der ersten Reiseschriftsteller in Indien, der iranische Historiker Al-Biruni, schrieb im 11. Jahrhundert, dass die Hindus «glauben, es gäbe kein anderes Land, das so vollendet ist wie das ihre, keine Könige wie die ihren, keine Religion wie die ihre und keine Wissenschaft, die ihrer gleiche». Er spürte wohl, wie überzeugt das Volk in dem großen Land im Osten von seiner eigenen Vortrefflichkeit war. Das indische Selbstvertrauen war nämlich lange sehr stark. Inder können ohne zu zögern diverse Erklärungen liefern, warum Indien ein so vorzügliches Land ist. Die Liste indischer Erfindungen ist lang:

Das Zahlensystem und die Null wurden im 6. Jahrhundert von dem indischen Mathematiker Aryabhata erfunden.

Der Wert von «Pi» wurde zum ersten Mal von dem Inder Baudhayana, auch im 6. Jahrhundert, errechnet.

Die Zeit, die die Erde für eine Umdrehung um die Sonne benötigt, wurde zum ersten Mal von dem indischen Mathematiker und Astronomen Bhaskara im 5. Jahrhundert berechnet. Zu welchem Ergebnis kam er? Nun, dass es 365,259756484 Tage dauert, um einmal um die Sonne zu reisen.

Die erste Universität der Welt wurde ca. 700 v. Chr. in Takshila in Indien gegründet.

Das indische Ayurveda war das erste systematische Medizinwissen der Welt.

Das Schachspiel wurde in Indien unter dem Namen *Chaturanga* erfunden.

Indien besitzt eigene Satelliten im Weltall, und es befördert sie mit eigenen Raketen dorthin. Seit 2014 befindet sich der indische Satellit Mangalyaan in der Umlaufbahn um den Mars, und 2018 entdeckte Chandrayaan 2 zum ersten Mal, dass es Wasser auf dem Mond gibt.

Indien ist in der ganzen Welt bekannt für seine Computerindustrie. Es gehört zu den Ländern mit den meisten Programmierern der Welt.

Indien ist der weltgrößte Produzent von Milch, Butter, Mangos, Tee, Jute, Kokosnüssen, Cashewnüssen, Traktoren, Lederwaren, Gemüse und Obst. Indische Unternehmen dominieren die globale Stahlindustrie.

Indien hat die größte Gewinnung von Diamanten.

Und das größte Eisenbahnnetz. Indian Railways ist der größte Arbeitgeber der Welt.

So können Inder immer weitermachen und aufzählen, wo sie überall den ersten Platz belegen. Oft nutzt man dann auch die Gelegenheit, ein paar Seitenhiebe Richtung China abzugeben. Die Chinesen, so sagt man, seien versklavt und indoktriniert. Die Inder hingegen seien demokratische und freie Seelen. Wenn Inder emigrierten, bekämen sie im neuen Land oft die besten Jobs, heißt es, und als Beispiel gelten dann die USA, wo 20 Prozent aller Angestellten bei Microsoft Inder sind und 12 Prozent aller Ärzte indischen Ursprungs – und Europa, wo Inder heute keine hilfesuchenden Flüchtlinge mehr sind, sondern hart arbeitende IT-Experten, die kurz bleiben, um uns zu helfen, um dann in ihr dynamisches Heimatland zurückzukehren.

Die Selbstgefälligkeit ist in der amerikanischen Serie von Dilbert und dem Bürohund Dogbert parodiert worden, in der ein kleiner indischer Bediensteter vorkommt, der mechanisch wiederholt:

«Ich bin den meisten Völkern auf der Erde überlegen.»

Und:

«Ich bin darauf trainiert, nur an Feiertagen zu schlafen.»

Wissen Sie, welches Land nach der Tsunami-Katastrophe am zweiten Weihnachtsfeiertag 2004 als erstes mit Hilfeeinsätzen in Sri Lanka vor Ort war? Man half sämtlichen betroffenen Ländern, stellte hochspezialisierte Feld-Lazarette auf, stellte Schiffe bereit und sandte 35 Boote der Marine, Hunderte Rettungshelikopter und 20 000 Soldaten. Eine gigantische Hilfsarmada, die über den gesamten Indischen Ozean ausschwärmte, von den Seychellen im Westen bis Thailand im Osten.

Ich spreche hier nicht, wie man meinen würde, von den USA, sondern von Indien. Wie sah es denn im Winter und Frühjahr 2005 mit den Nachrichten in westlichen Medien über die Hilfseinsätze Indiens auf dem Indischen Ozean aus? Man berichtete kaum darüber. Für uns war Indien, das von der Flutwelle auch hart getroffen wurde, eines der Opfer. Ein Land, das einem schon vor der Katastrophe leidtun musste, und das im Grunde für das bisschen Hilfe aus dem Westen dankbar sein sollte. Doch die indische Reaktion schockierte viele im Westen, als man die Hilfe von außen dankend ablehnte und erklärte, man habe genug eigene Ressourcen, um sowohl die eigenen Opfer als auch die anderen Länder um den Indischen Ozean herum zu unterstützen.

In den westlichen Medien herrschte immer noch das alte Bild: Länder im Norden helfen Ländern im Süden. Dass ein Land im Süden anderen Ländern im Süden helfen konnte, passte nicht in unsere Vorstellungswelt.

Viele leben mit einem veralteten Bild von der Weltwirtschaft.

Das ist kein Wunder. Noch vor 30 Jahren waren Europa und Nordamerika wirschaftlich und machtpolitisch gesehen das Zentrum, während der Rest der Welt an der Peripherie lag. Der Handel war einseitig. Die Kolonien produzierten Rohwaren, und Europa veredelte sie. Die Kolonien wurden ausgebeutet – von Europa. Dieses Bild war so vorherrschend, dass ich verblüfft und verwirrt war, als ich 1983 mit 21 Jahren in Indien in ein Museum ging und römische Münzen und Amphoren sah, die man aus der indischen Erde gegraben hatte. Wie waren die denn da hingekommen?, fragte ich mich. Die Antwort lautete, dass es eine Zeit vor dem Kolonialismus gab, als Indien und China die führenden Wirtschaftsimperien der Welt waren und Europa an der Peripherie lag. Schon vor 2000 Jahren betrieb das südindische Chola-Reich intensiven Handel mit Europa. In meinem Geschichtsbuch in der Grundschule stand, der Portugiese Vasco da Gama habe Indien «entdeckt». In Wirklichkeit wurde er nur von ostafrikanischen, arabischen und indischen Seefahrern auf seit langem etablierten Seerouten richtig geleitet. Es war nicht einmal etwas Neues, dass Europäer auf diesen Routen fuhren, das hatten Römer und Griechen bereits lange vorher getan.

In den 60er Jahren wurde von lateinamerikanischen Neo-Marxisten die Abhängigkeitstheorie lanciert. Nach dieser Theorie war die Unterentwicklung der Dritten Welt das Resultat der Abhängigkeit der ehemaligen Kolonien vom Westen. Damals war das eine richtige Analyse. Doch die Theorie hat lange die Tatsache verborgen, dass mehrere Länder an der Peripherie die Abhängigkeit längst durchbrochen haben und dass es inzwischen lohnende Querverbindungen gibt, soll heißen einen Süd-Süd-Handel sowie einen umgekehrten «Kolonialismus», wo der Süden am Norden verdient.

In Indien hat die europäische Vorstellung, man sei das Zentrum der Welt, Politiker und Teilnehmer an der öffentlichen Debatte lange verärgert. Seht unsere Geschichte an, sagen sie: Indische Geschäftsleute handelten schon vor über tausend Jahren mit Südostasien und verbreiteten erst Buddhismus und Hinduismus und dann den Islam nach Osten. Schaut auf unsere Entwicklungshilfe heute für die armen Länder in Afrika. Vergegenwärtigt euch die indische Traumfabrik Bollywood, die Filme produziert, die in der Welt außerhalb von Europa von Hunderten Millionen Menschen gesehen werden. Und seht die indische Wirtschaft an, die ihre Konkurrenten im Westen aufkauft, was dazu geführt hat, dass die ehemalige Kolonialmacht Großbritannien sich damit abfinden musste, dass Jaguar und Land Rover, zwei westeuropäische Kultautos, die ehedem als typisch britisch betrachtet wurden, heute zum indischen Tata-Konzern gehören.

Im Jahr 1700 waren China und das indische Moguln-Reich die beiden größten Volkswirtschaften der Welt. Jedes der beiden Länder war für sich wirtschaftlich mächtiger als der gesamte europäische Teil der Welt – gemeinsam standen China und Indien für die Hälfte der gesamten Wirtschaftsleistung der Welt. Mein Heimatland Schweden war da, auf seinem Randplatz der Weltkugel, noch arm und elend.

1798 gab der britische Wirtschaftswissenschaftler Thomas Robert Malthus *An Essay on the Principle of Population* heraus, wo er die Theorie vertrat, dass, wenn keine politischen Maßnahmen ergriffen würden, die Bevölkerung schneller wachsen würde als die Menge an verfügbaren Lebensmitteln. Im Jahr darauf reiste er nach Skandinavien, um Armut und Bevölkerungsexplosion einmal aus der Nähe zu studieren. Auf einer Reise zwischen Värmland und Stockholm bemerkte er:

«Um das allgemeine Elend, das hier herrscht, noch zu verschärfen, war das Land im vorigen Winter von einer Hungersnot heimgesucht worden, die schlimmer war als alles, woran sich sogar die Ältesten erinnern konnten (…) Die Menschen hatten sich vor dem Hungertod gerettet, indem sie Rindenbrot aßen und ein Gras, das wir im Nachhinein als Sauerampfer identifizierten.»

Diese entsetzliche Not herrschte überall im Norden. Allerdings war Malthus sehr rasch durch Norwegen gereist, da er das Gefühl hatte, dort ginge es den Menschen besser. Schweden hingegen war das ärmste Land, das er gesehen hatte. Und die Wurzeln des Elends, so meinte Malthus, lägen in der schwedischen Überbevölkerung.

In den Jahren 1867–69 wurden Schweden und Finnland zunächst von Kälte, dann von Trockenheit heimgesucht. Das führte zu Missernten und Hungersnot, und hungrige Bauern waren wieder gezwungen, Gras zu essen, Brot aus Rinde zu backen und Brei und Pfannkuchen aus Flechten zu machen. «Über ganz Europa und noch weiter verbreitete sich die Botschaft blitzschnell durch Zeitungsartikel und Nachrichtentelegramme von Land zu Land. Im Norden herrscht Hungersnot, und es ist die Pflicht eines jeden anständigen Menschen, zu helfen», wie Magnus Västerbro 2018 in *Svälten*, seinem jüngst mit dem schwedischen Augustpreis ausgezeichneten Buch über die Hungerjahre, die Schweden formten, schreibt. In Bremen, Lübeck und Flensburg wurden Nothilfekomitees für die hungernden Schweden gegründet, und in London und Newcastle wurden Sammlungen gestartet, während im sonnigen San Francisco eine musikalisch untermalte Soiree stattfand, wo die Besucher laut Västerbro «mit einer handfesten Summe dazu beitrugen, das Leiden in Dunkelheit und Kälte auf der anderen Seite der Erde zu lindern». Ein anderer Spender war das neureiche Agrarland Argentinien, das Norrland mit Lebensmitteln unterstützte, wo Menschen verzweifelt nach Nahrung suchten, die Bäuche der Kinder aufgeschwollen waren, die Kindersterblichkeit himmelhoch war und Typhus wütete.

Den meisten, wenn auch nicht allen, ist heute nicht mehr bewusst, dass früher einmal die Entwicklungshilfe von Süden nach Norden ging. Doch der Schwedische Hof hat es nicht vergessen und sah sich 1998 veranlasst, einen späten Dank auszusprechen. In einer Rede im Zusammenhang mit einem Staatsbesuch des argentinischen Präsidenten in Stockholm sagte König Carl XVI. Gustaf: «In den Notjahren wurden auch Lebensmittel aus dem reichen Argentinien ins arme Norrland gesendet. Diese Unterstützung ist heute unter uns Schweden nicht mehr so gegenwärtig, wurde aber natürlich mit großer Dankbarkeit angenommen.»

Das wirtschaftliche Zentrum der Welt in Asien, Entwicklungshilfe aus Südamerika und hungergeplagte Empfänger von Almosen in Nordeuropa. Ja, so war es damals. Die Frage ist: Kann das wieder passieren? Mehrere Zukunftsprognosen stellen fest, dass Mitte oder spätestens Ende dieses Jahrhunderts die wirtschaftliche Dominanz Europas und der USA beendet sein wird. Dann wird Brasiliens Wirtschaft größer sein als die Japans. Russlands, Mexikos und Indonesiens Volkswirtschaften werden größer sein als die Deutschlands. Und die der Türkei größer als die Italiens. Dann werden Asiens Giganten ihre starken Positionen in der Weltwirtschaft wieder eingenommen haben. China wird dann die weitaus größte Volkswirtschaft sein, mit Indien auf dem zweiten oder dritten Platz.

Dass Europa genau wie im 18. und 19. Jahrhundert von Hungerkatastrophen heimgesucht werden wird, erscheint jedoch nicht einmal in den allerschlimmsten Zukunftsszenarien wahrscheinlich, da die moderne Infrastruktur dazu führt, dass Nahrung zu geringen Kosten über weite Entfernungen transportiert werden kann. Früher entstanden in einer Region Not und Mangel, wenn die Ernte aufgrund extremer Wetterbedingungen mehrere Jahre hintereinander schlecht ausfiel, was die Ursache für die letzte schwedische Hungersnot war. Auch wenn extreme Witterungsbedingungen aufgrund der Klimaveränderung häufiger

werden, wird das doch in unserer Welt nicht passieren, wenn
nicht – wie kürzlich in Nigeria, Somalia, im Südsudan und im
Jemen geschehen – kämpfende Kriegsparteien die Lebensmittel-
transporte aufhalten.

Einem Bedürftigen zu helfen, scheint unkompliziert und barm-
herzig. Natürlich kann Beistand in einer Katastrophe ungeheuer
wertvoll sein, um auf kurze Sicht eine entstandene Not zu lindern. Doch birgt es das Risiko, dass Sammelaktionen nach Natur-
katastrophen in Asien, Afrika und Lateinamerika das Bild vom
Norden als Geber und vom Süden als Empfänger verstärken und
somit ein Stereotyp bedient wird, dessen Haltbarkeitsdatum seit
langem abgelaufen ist.

Wirkungsvoller als Almosen für den Bettler ist das politische
Bemühen um strukturelle gesellschaftliche Reformen. Auf lange
Sicht sind plötzliche Anfälle von Wohltätigkeit viel weniger wert
als gleiche Bedingungen im Handel zwischen Nord und Süd. In
der Woche nach dem Tsunami beschlossen die USA, den Betroffenen in Asien 350 Millionen Dollar zu schenken. Zwei Wochen
nach dem Tsunami beschlossen die USA, die Zölle auf den Im-
port von Krabben aus Thailand und Indien zu erhöhen. Zusammen mit anderen amerikanischen Importzöllen, die bedeutend
höher sind für Länder im Süden als für solche im Norden, haben
die USA sich damit ganz schnell jeden geschenkten Tsunami-Dol-
lar wieder zurückgeholt. Mit anderen Worten: Was die Länder im
Norden in Almosen geben, nehmen sie durch handelspolitische
Restriktionen locker wieder ein.

Die Tsunami-Katastrophe hat erkennen lassen, welches vor-
urteilsbehaftete Bild von Indien im Westen vorherrscht. Als Präsident Bush in den Tagen nach der Katastrophe sagte, die Wohltätigkeit der USA sei ein typischer Ausdruck für die Warmherzigkeit
der amerikanischen Nation, da antwortete ein Leitartikler der

Times of India wütend: «Die betroffenen Länder sind nicht mehr nur anthropologische Kuriositäten, sondern wichtige Märkte für die reichen Länder. Wenn man Asien nicht hilft, ist die gesamte Weltwirtschaft bedroht. Die Geber ziehen ebenso viel Nutzen aus der Unterstützung wie die Empfänger. Unterstützung für Asien ist keine Wohltätigkeit. Lasst doch die Heuchelei. Unterstützung für Asien ist Wirtschaftspolitik.»

In den zornigen Zeilen des indischen Journalisten schwingt auch die Botschaft mit: Behandelt uns wie Gleiche, anstatt uns zu bemitleiden. Diese Haltung – schickt keine Entwicklungshelfer und Nothilfen, schickt Geschäftsleute, handelt mit uns und investiert in unser Land! – ist auch die Devise der indischen Regierung. Im August 2018 wurde Kerala von einem extremen Monsunregen heimgesucht, der schwere Überschwemmungen mit Hunderten Todesopfern und Millionen Menschen auf der Flucht vor den Wassermassen mit sich brachte. Die Vereinigten Arabischen Emirate boten 100 Millionen Dollar Nothilfe. Die Antwort der indischen Regierung war:

«Danke! Aber nein danke!»

Die Weigerung, Hilfe von außen anzunehmen, geschieht aus der Erkenntnis heraus, dass Indien auf lange Sicht mehr Nutzen von globalem freien Handel hat als von Almosen. Doch einer der Gründe war auch, dass Indien von der Welt nicht als Hilfsempfänger betrachtet werden will, sondern eher als Helfer. Nach den Überschwemmungen in Kerala bezahlte die Regierung in Neu-Delhi selbst die Hilfeleistungen für seinen südlichen Landesteil. Für die Regierung war es wichtig, das Gefühl nationalen Stolzes für die Bürger aufrechtzuerhalten, etwas, was noch stärker betont wird, seit die Hindu-Nationalisten an die Macht kamen. Die Botschaft lautet: Wir haben eine eigene effektive Katastrophenhilfe, und wir haben Geld und Ressourcen. Kurz gesagt: Wir kommen allein zurecht!

26. Der Zweikampf zwischen den beiden asiatischen Riesen

Ich kann nicht aufhören, Indien mit China zu vergleichen. Beide Länder haben in den letzten Jahrzehnten Hunderte von Millionen Menschen aus der Armut in eine konsumierende Mittelschicht aufsteigen sehen. Die Fortschritte in beiden Ländern sind der Grund dafür, dass das Millenniums-Ziel der UNO, die Armut der Welt bis 2015 zu halbieren, erfüllt werden konnte.

In China ging das schneller und in größerem Ausmaß als in Indien, wo man immer noch mit großen Armutsproblemen kämpft. China ist ohne Frage auf seinem Weg zu Modernität und Wohlfahrt viel weiter gekommen. Doch die Frage ist, wer auf lange Sicht besser aufgestellt sein wird: China mit seinem autoritären und effektiven Staatsapparat oder Indien mit seinem langsamen und manchmal dysfunktionalen, aber dennoch demokratischen System?

Ein gutes Bild davon, wie holprig und langsam die Modernisierung in Indien fortschreitet, erhält man im Roman des indischen Schriftstellers Aravind Adiga *Last Man in Tower*, der von einem Hochhaus in Bombay handelt. Ein eifriger Unternehmer will die Einwohner des Hauses auskaufen, alles abreißen und neu bauen. Das neue Haus hat auch schon einen Namen: *Shanghai Confidence* soll es heißen. Es soll nicht so aussehen wie die anderen stockfleckigen und abblätternden Häuser in Bombay, sondern selbstbewusst, glänzend und modern. So wie in China, ganz einfach. Doch ein Wohnungsbesitzer legt sich quer. Er ist nicht interessiert daran, sich auskaufen zu lassen. Es handelt sich um eine hinreißende Schilderung des Konfliktes zwischen dem Bedürfnis nach Veränderung bzw. Entwicklung und dem Recht eines jeden Menschen, Nein zu sagen. Der indische Unternehmer wünscht sich zutiefst, er wäre in China. Dann hätte er nicht um Erlaubnis fragen oder sich um demokratische Rechte scheren müssen. In China hätte er mit Hilfe der Polizei den widerspenstigen Mann rausgeschmissen, alles abgerissen und neu gebaut.

An diesen indischen Unternehmer, der sich nach China wünscht, musste ich denken, als ich in Peking in einem Taxi auf der Allee des Himmlischen Friedens – Chang'an Avenue – fuhr und über die spiegelblanke und stahlgraue Skyline der Stadt schaute. In Peking reißt man nicht ein Haus nach dem anderen ab, hier denkt man größer und macht ganze Stadtviertel dem Erdboden gleich. Viele der alten Hutongs, der traditionellen Ansammlungen von durch schmale Gassen abgeteilten Eine-Wohnung-Baracken, sind schon abgerissen worden, um Häusern mit 50 Wohnungen Platz zu machen.

In Indien, dachte ich da in meinem Taxi, würde man gegen solche gigantischen Abrissprojekte gerichtlich vorgehen, und sie würden jahrelang in verschiedenen Gerichtssälen gedreht und gewendet werden. Neue Straßen anzulegen, Hotels in Strandnähe zu bauen oder Slum-Baracken durch Mietskasernen zu ersetzen, führt todsicher dazu, dass die Menschen vor Gericht ziehen, die Medien zu Hilfe rufen und Protestmärsche organisieren. In Peking hängt man lediglich ein Plakat auf, wenn man bald abreißen will, und das reicht. Es hilft auch nichts, dass viele Hausbesitzer durch das Gesetz geschützt sind. Wenn sie nicht ausziehen wollen, dann graben die Bauherren den Boden um das Haus auf, so dass es unmöglich wird, reinzukommen, wenn die Tür plötzlich zehn Meter hoch in der Luft ist und mitten auf einer Baustelle. Chinesische Mikroblogger können die Internetpolizei umgehen und im besten Fall die Nachricht an die Umgebung weitergeben, doch meist ist es dann schon zu spät.

China hat eine lange Geschichte kaiserlicher Zentralmacht und gehorsamen Obrigkeitsdenkens, in der die Akzeptanz der konfuzianischen Texte, des bürokratischen Systems und der Autorität des Imperiums ausschlaggebend dafür war, ob man sich Chinese nennen durfte. Indien auf der anderen Seite besitzt eine ebenso lange Tradition vieler verschiedener kleiner Fürsten und eine Vielfalt, was Religion, Ideologien, politische Systeme und Sprachen angeht, die selbst die Könige zu akzeptieren gezwungen waren. Ziviler Ungehorsam und Graswurzel-Aktivismus haben auch in Indien lange Tradition – ein Beispiel ist die Chipko-Bewegung, die schon zu Beginn des 18. Jahrhunderts Bäume umarmte, um den Maharadscha von Jodhpur daran zu hindern, sie für den Bau seines Palastes abholzen zu lassen.

Die reiche Flora der indischen Graswurzelbewegung erntet immer noch Siege um Siege gegen Politiker, staatliche Beamte und multinationale Unternehmen. Lang ist die Liste der Ausbaupläne, die revidiert oder aufgegeben werden mussten, und der Politiker und multinationalen Unternehmen, die aufgrund der Proteste der indischen Bevölkerung umdenken mussten.

In China hingegen siegen praktisch immer der Staat und das Kapital. Vielleicht sind Pekings Häuser deshalb so glänzend, sauber und fehlerlos und die von Bombay so schimmelig und heruntergekommen, denke ich, als das Taxi vor dem Platz des Himmlischen Friedens – Tianmen – hält, wo sich zwei Wochen zuvor ein frustrierter Chinese im Protest gegen die von der Kommunistischen Partei kontrollierte Gerichtsbarkeit selbst angezündet hat.

Als Indien Ende der 40er Jahre unabhängig wurde und China kommunistisch, waren die beiden Länder ungefähr gleich gestellt – mit Hungerkatastrophen, Analphabetismus und wirtschaftlicher Stagnation. Viele Wissenschaftler und Schriftsteller haben während der 70 Jahre, die seither vergangen sind, die Entwicklungsmodelle Chinas und Indiens verglichen. Ich erinnere mich dabei besonders an das Buch *Asiatisk Erfarenhet* («Asiatische Erfahrung») von Sven und Cecilia Lindqvist (1964), in dem sie ein von Religion und Aberglauben gelähmtes Indien beschreiben, in dem Veränderungen aufgrund der Demokratie ewig brauchen. In China hingegen hatte Mao die Religion ausgerottet und sich selbst und die Partei an die Stelle Gottes gesetzt – und Dinge erledigt bekommen. In Indien sehen sie eine unberührbare Toilettenputzfrau, die wie ein scheues Arbeitstier ihr Gesicht abwendet, in China einen arbeitenden Kamerad, der die Toilette mit natürlicher Selbstachtung putzt. Den Autoren fiel es nicht schwer, zwischen indischer Unterwürfigkeit und chinesischem Stolz zu wählen.

Indien litt unter seinem unterdrückenden Kastensystem und seiner monströsen Armut, die sogar schlimmer war als im China der Hungerkatastrophen, nachdem der «Große Sprung nach vorn» missglückt war.

China blieb bis 1978, als man den Kapitalismus zu übernehmen begann, eine politisch gesteuerte Kommando-Wirtschaft. Indien besaß eine Form des Sozialismus mit einem Dickicht aus Reglementierungen der Privatwirtschaft, hohen Zollschranken und niedrigem Wirtschaftswachstum, die erst 1991 aufgegeben wurde.

Die Ökonomien beider Länder sprangen infolge der Liberalisierungen an. Doch was geschah dann? Wer siegte im Rennen um die Entwicklung?

Amartya Sen, indischer Nobelpreisträger für Wirtschaft des Jahres 1999, hat in einem seiner Essays in *The New York Review of Books* (*Quality of Life: India vs. China*) die Lebensqualität heute in China und Indien verglichen.

In Indien sterben 66 von 1000 Kindern, bevor sie fünf Jahre alt sind, in China nur 19. Das erstaunt kaum, wenn man bedenkt, dass die chinesische Regierung fünfmal so viel Geld in Gesundheitsversorgung investiert wie die indische. In Indien können 74 Prozent aller Erwachsenen lesen und schreiben, in China ganze 94 Prozent. Das ist nicht erstaunlich, wenn man die extrem schlechte Qualität staatlicher indischer Grundschulen bedenkt. In Indien können knapp 80 Prozent aller Mädchen zwischen 15 und 24 Jahren lesen und schreiben. Das sind natürlich enorme Fortschritte verglichen mit vor 20 Jahren, doch in China können praktisch alle jungen Frauen lesen und schreiben.

Amartya Sen listet eine Reihe weiterer Daten auf, die ohne Ausnahme erschütternd für Indien und erfreulich für China sind. Sogar die Nachbarländer Sri Lanka, Nepal und Bangladesch, sämtlich mit extrem niedrigem Pro-Kopf-Einkommen, haben in den letzten Jahren größere Verbesserungen in Sachen Wohlfahrt erfahren als Indien. Es scheint also, meint Amartya Sen, als sei Indien gescheitert, die Früchte seines extrem hohen Wirtschaftszuwachses zu ernten.

Was hält Indien zurück?

Ich bin zurück in Peking, wo ein seltsames Haus, von einem holländischen Stararchitekten entworfen, sich mitten in der Stadt erhebt. Es sieht aus wie ein riesiges, eckiges Hufeisen oder vielleicht auch wie ein Paar Hosen, die hier draußen allein unterwegs sind. *Tower of Power* wird das Haus genannt, weil es die Zentrale des China Central Television, also des staatlichen Fernsehens ist, das alles von Nachrichten und Analysen bis leichter Unterhaltung auf massenhaft vielen Kanälen sendet. Doch in keiner einzigen Sendung werden politische Ansichten ausgedrückt, die von denen der Machthaber abweichen.

In Indien hingegen gibt es 360 unabhängige Fernsehstationen. Mehr als 200 von ihnen haben ihren Fokus auf Nachrichten und Gesellschaftsprogrammen, die der Kontrolle der politischen Macht dienen. Einige der wichtigsten Enthüllungen in Sachen Machtmissbrauch und Rechtsbeugung sind durch die unabhängigen Fernsehsender angestoßen worden. Gleichzeitig ist Indien das Land mit der höchsten Zeitungsdichte der Welt. Ein großer Teil der Tageszeitungen pflegt eine kritische Einstellung zur herrschenden Macht. In China gibt es nur eine Stimme: die der Partei. In Indien werden ständig Wahlen für alles Mögliche abgehalten – vom Gemeinderat bis zum Parlament. In China hat es noch nie eine demokratische Wahl gegeben. Indien hat unabhängige Gerichte, in China werden sie von der Obrigkeit kontrolliert. Beide Länder haben die Todesstrafe, doch China richtet in manchen Wochen mehr Menschen hin, als in Indien seit der Unabhängigkeit hingerichtet wurden.

China ist in Sachen Wohlfahrt also haushoch überlegen, doch Indien gewinnt genauso klar den Kampf um Demokratie, Gerechtigkeit und Freiheit. Bleibt die Frage: Behindert Demokratie die Entwicklung?

In den 60er und 70er Jahren, als Indiens Wirtschaft fast gar nicht wuchs, haben viele genau das behauptet. Die Meinung, dass die Demokratie der Wirtschaft schade, stand auch hinter dem Ausnahmezustand unter Indira Gandhi mit der zwei Jahre lang währenden Beschränkung der Presse- und Meinungsfreiheit.

Aber nein, meint Amartya Sen, Demokratie ist gut für die Entwicklung. Dank der Aktivitäten der Bürger und ihrer Forderungen nach Reformen ist die Wohlfahrt in den vergangenen 30 Jahren doch gewachsen. Dass die chinesischen Führer mit dem Diktat der Zentrale und einem relativ geringen demokratischen Druck von unten die Armut verringern, die Gesundheitsversorgung verbessen und den Analphabetismus fast ausrotten konnten, liegt daran, dass sie so extrem zielgerichtet vorgingen. China war nicht etwa erfolgreich, weil es keine Demokratie hat, sondern weil es über eine effektive und gut funktionierende Bürokratie verfügt.

Es geht also nicht um Diktatur oder Demokratie, sondern um die Beschaffenheit des Staatsapparats, der in China funktioniert und in Indien dysfunktional ist. Wenn sich die chinesischen Führer entschließen, ein Projekt durchzuziehen, dann wird es so gemacht. In Indien tun die Politiker in vielen Fällen nur das Allernötigste, und das ist so wenig, dass sogar indische Wirtschaftsbosse jetzt auf die Barrikaden gehen und stärkere politische Interventionen in die Gesellschaft verlangen. Der Mangel an politischem Willen wird durch einen ineffektiven Staatsapparat noch verstärkt, in dem das Geld versickert wie Wasser in einem Sieb. Rajiv Gandhi, der in den 80er Jahren Premierminister war, pflegte zu sagen: «Von 100 Rupien, die von der Regierung für etwas ausgegeben werden, erreichen nur 15 Rupien den Endverbraucher.»

Man kann sagen, dass in Indien also eine heillose Lässigkeit und eine strukturelle Gewalt existieren, die von Kastenloyalitäten und Vetternwirtschaft genährt werden und dazu führen, dass man dabei zusieht, wie die Armen vor den Augen der Politiker und der konsumierenden Mittelschicht in der Gosse sterben. Wenn man an die Millionen und Abermillionen denkt, die in den indischen Großstädten auf der Straße leben, dann kommt einem China wie eine bedeutend menschlichere Gesellschaft vor.

Wäre es nur in China nicht so schrecklich still, während Indien von Tausenden widerstreitenden Stimmen nur so brummt.

Thomas Friedman, Leitartikler der *New York Times*, hat Indiens Entwicklungsweg als holprig, rissig und voller Löcher beschrieben. Die indischen Fahrzeuge können nicht so schnell fahren, aber auf der anderen Seite gibt es auch nicht so viele Hindernisse. Die Fahrt kann langsam, aber doch stetig in Richtung Zukunft fortgesetzt werden.

Chinas Entwicklungsweg hingegen ist breit wie die «Straße des Ewigen Friedens» in Peking, mit acht Spuren und ebenem, glattem Asphalt. Hier können die Fahrzeuge Vollgas geben. Doch irgendwo da vorn ahnt man eine riesenhafte Blase, wo die schnellfahrenden Autos brutal von der Straße geschleudert werden.

Man kann auch den Vergleich mit der Dampfmaschine wählen. Auf der chinesischen Maschine gibt es kein Ventil, wo sich die Wut der Bevölkerung Luft verschaffen kann. Wenn die chinesische kommunistische Partei keine demokratischen Reformen einführt, dann ist die Frage nicht, *ob* der Druck zu groß werden und der ganze Apparat explodieren wird, sondern *wann*.

Die indische Maschine stößt ständig die Unzufriedenheit des Volks aus, und der Druck im Tank wird auf einem normalen Niveau gehalten.

27. Der Elefant mit dem Mikrochip im Ohr

Es gibt Tausende gezähmter Elefanten in Indien. Vor sehr langer Zeit wurden sie von König Porus von Punjab benutzt, um die Invasionsarmeen Alexanders des Großen, die von Westen herandonnerten, zu stoppen. Vor nicht ganz so langer Zeit wurden Elefanten von der Indian Railways benutzt, um auf Rangierbahnhöfen Waggons umher zu heben, und von der Indian Forest Service, um bei Waldarbeiten Bäume zu ziehen.

Doch in Kerala hat das schwere Schuften für die Elefanten ein Ende. Sie werden nun hauptsächlich bei Zeremonien in hinduistischen Tempeln gezeigt, so wie beim Pooram-Festival in Thrissur und im Shri Minakshi-Sundareshwara-Tempel in Madurai, und für Reittouren mit Touristen genutzt.

Auf der Waldlichtung in Elephant Junction in Murukkady in Kerala ruhen die Elefanten auf einem Bett aus Palmblättern. Ich gehe zusammen mit dem Elefantenpfleger Ajuth Kumars mit sanften federnden Schritten über die weichen Laubbetten, weil ich erfahren will, wie es den gezähmten Arbeitselefanten heute geht. Viele im Westen würden gern die Touristentouren auf Elefanten in Asien verbieten, weil sie meinen, die Tiere würden unter der Behandlung, der sie dabei ausgesetzt sind, leiden. Ajuth hat diese Kritik schon oft gehört. Und ja, der Ritt von Touristen auf dem Elefantenrücken den Berg hinauf am Maharadscha-Palast in Amer in Rajasthan in Nordindien, das ist eine Sache, bei der man sich fragen kann, ob man dem Tier da gerecht wird. Doch er will mir versichern, dass die gezähmten Elefanten es nirgends besser haben können als hier im bedeutend ruhigeren Touristengeschäft in den Kardamombergen.

«Die Arbeit mit den Elefanten ist streng reglementiert. Die Elefanten dürfen keine schweren Arbeiten mehr ausführen, sie haben einen Mikrochip im Ohr und sind registriert, und wenn sie abends auf der Straße unterwegs sind, müssen sie Reflektoren tragen, damit sie nicht überfahren werden», sagte er und bleibt vor einem kräftigen Männchen stehen, das gerade von seinem Pfleger abgeschrubbt wird, während drei Weibchen dabeistehen und Palmblätter mümmeln.

Drei Elefanten bleiben an der zwei Meter hohen Betonplattform stehen, wo eine Gruppe deutscher Touristen auf ihre Tour wartet. Dann setzten sich die Tiere in Gang. Aber nein, sie tanzen nicht los, nacheinander trotten sie langsam und gelassen mit ihrer leichten Last hin zu den stattlichen Tamarinden- und Jacaranda-Bäume im dampfenden Regenwald.

Umstrittene Gebiete
und Grenzen

AFGHANISTAN

JAMMU
UND
KASCHMIR

Aksai
Chin

CHINA

PAKISTAN

HIMACHAL
PRADESH

Himalaja

Indus

PUNJAB

UTTARAKHAND

HARYANA

■ Delhi

BHUTAN

SIKKIM

ARUNACHAL
PRADESH

NEPAL

Kathmandu ■

■ Thimphu

RAJASTHAN

Jaipur ●

● Agra

Ganges

UTTAR
PRADESH

Darjeeling ●

Brahmaputra

ASSAM   NAGALAND

Jamuna

Varanasi ●

BIHAR

Ganges

MANIPUR

Kutch

● Bhuj

GUJARAT

Bhopal ●

MADHYA PRADESH

I N D I E N

JHARKHAND

Dhaka
■

WESTBENGALEN

BANGLA-
DESCH

Narmada

CHHATTISGARH

Kolkata ●

Sundarbans

Nagpur ●

ORISSA
(ODISHA)

MYANMAR
(Burma)

MAHARASHTRA

Godawari

Mumbai
(Bombay)

● Poona

TELANGANA

● Hyderabad

Golf von Bengalen

Arabisches
Meer

GOA

Krishna

ANDHRA PRADESH

I N D I S C H E R
O Z E A N

KARNATAKA

Mangalore ●

● Bangalore

● Chennai
(Madras)

Andamanen
(indisch)

Lakkadiven
Lakshadweep

Mysore ●

TAMIL NADU

KERALA

Cochin ●

Nikobaren
(indisch)

SRI LANKA

MALEDIVEN

0   200   400   600 km